ERLÄUTERUNGEN UND DOKUMENTE

Günter Grass
Katz und Maus

Von Alexander Ritter

Philipp Reclam jun. Stuttgart

Die Novelle »Katz und Maus« von Günter Grass liegt
unter Nr. 11822 im Deutschen Taschenbuch Verlag
(München 1993) vor.
Für manchen klärenden Hinweis dankt der Herausgeber
dem Autor Günter Grass, Pater Kurt Kasper, Herrn Ober-
studiendirektor Hans Herold und Herrn Kay Dohnke.

RECLAMS UNIVERSAL-BIBLIOTHEK Nr. 8137
Alle Rechte vorbehalten
© 1977 Philipp Reclam jun. GmbH & Co., Stuttgart
Bibliographisch ergänzte Ausgabe 2001
Karten: Theodor Schwarz, Urbach
Gesamtherstellung: Reclam, Ditzingen. Printed in Germany 2005
RECLAM, UNIVERSAL-BIBLIOTHEK und
RECLAMS UNIVERSAL-BIBLIOTHEK sind eingetragene Marken
der Philipp Reclam jun. GmbH & Co., Stuttgart
ISBN 3-15-008137-8

www.reclam.de

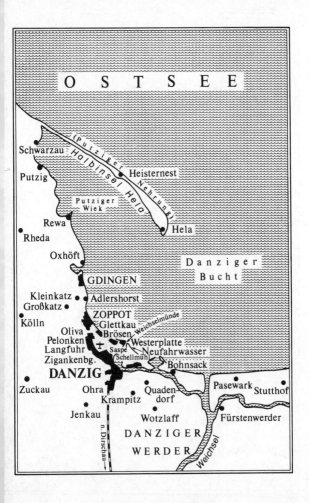

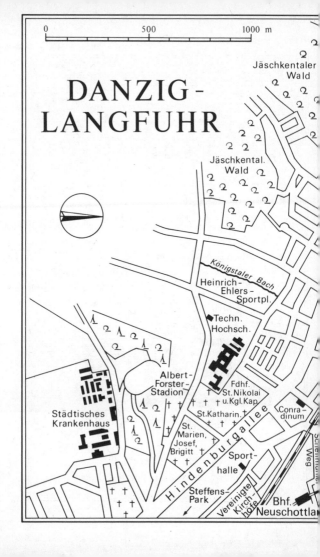

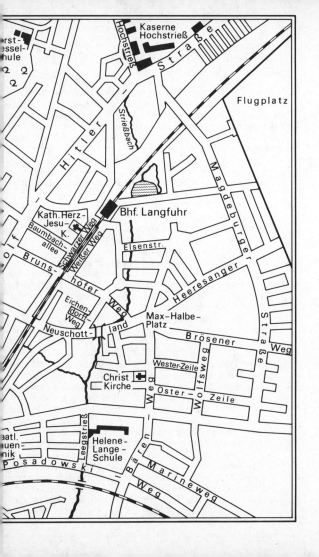

I. Texterläuterungen

Katz und Maus: Die als Titel gebrauchte sprichwörtl. Wendung signalisiert in der formelhaften Kürze den erzählerischen Grundzug der Novelle, die Auseinandersetzung des Stärkeren mit dem Schwächeren. Er gehört in die literarische Tradition der paarweisen Kurztitel wie Jane Austens »Pride and Prejudice« (1813), Stendhals »Le Rouge et le Noir« (1830), Gustav Freytags »Soll und Haben« (1855), Leo Tolstois »Krieg und Frieden« (1869), mit denen, symbolisch oder allegorisch verkürzt, gegensätzliche, aber funktional nicht voneinander trennbare Qualitäten des Lebens angesprochen werden. Der weitere sprachliche Zuordnungsbereich kennzeichnet den Titel als eines der geläufigen Begriffspaare wie Freund und Feind, Licht und Schatten, Haus und Hof, allerdings ohne den nachdrücklichen Akzent der Alliteration. Die allegorisierende Aussage der Überschrift erschließt über inhaltlich verwandte und begrifflich damit verbundene Redensarten wie ›Die Katze läßt das Mausen nicht‹, ›Mit Speck fängt man Mäuse‹, mit den zahlreichen attributiv gebrauchten Anlehnungen wie ›mausetot‹ und ›katzenfreundlich‹ ein weites Assoziationsfeld beim Leser. Mit der so aufs Allgemeine des epischen Vorgangs vorausdeutenden Überschrift wird die Lesererwartung auf ein Thema eingestimmt, das voraussichtlich so konkret und damit vordergründig faßbar ist wie das Katz-und-Maus-Spiel, das aber ebenso hintergründig sein wird wie die zum Titel gewordene Redensart und die implizierte Variante des Rollentausches von Katz und Maus zu Maus und Katz.
Auf dem Schutzumschlag der Erstausgabe (der Einband der Taschenbuchausgabe gibt nur einen Ausschnitt wieder) ist nach dem Entwurf von Günter Grass eine Katze abgebildet, die ein Ritterkreuz (ohne Stiftungsdatum 1939 und Hakenkreuz) um den Hals trägt. Der schwarz-weiß gefleckte Körper ruht vor einem grünen Hintergrund. Das körperlich Massige, das exotisch aufdringlich gefleckte Fell und die weit geöffneten Augen vermitteln Bedrohlichkeit. Zusammen mit dem Titel und der Gattungsbezeichnung gibt das Umschlagbild eine vom Autor sorgfäl-

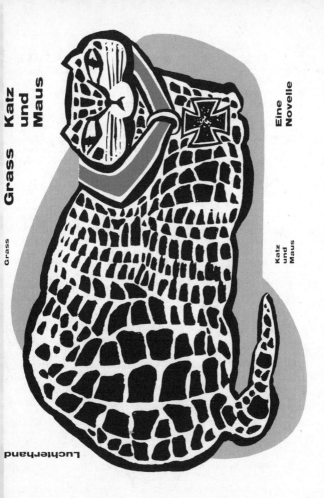

Schutzumschlag von Günter Grass zur Erstausgabe

tig abgestimmte Vorausdeutung auf ein zeitgeschichtliches
Geschehen und provoziert die Frage nach der Maus, die
graphisch nicht berücksichtigt ist.

Eine Novelle: Über das Verhältnis der Dichtung »Katz und
Maus« zu dem gattungsformalen Anspruch, den der Autor
mit dem Untertitel erhebt, urteilt die Kritik unterschiedlich. So sieht Walter Höllerer die novellistischen Merkmale von »linearer Handlung, einem Wendepunkt und
einem Falken« bestätigt (Akzente 3/62, S. 231). Für Benno
von Wiese dagegen fehlt der Erzählung »zur Novelle
[...] eigentlich alles, was diese bisher ausmacht« (B. v. W.,
Novelle, Stuttgart 1971, S. 83), und für Hermann Pongs
ist das »gut funktionierende Novellengetriebe [...] um
eine leere Mitte« die gelungene Travestie auf eine klassi-
sche Erzählform (H. P., Romanschaffen im Umbruch der
Zeit, Tübingen ⁴1963, S. 428 f.). Unabhängig von diesen
divergierenden Urteilen lassen sich in »Katz und Maus«
grundsätzliche Bedingungen novellistischen Erzählens erkennen, in für die moderne Literatur z. T. symptomati-
scher Abwandlung: Die Fabel ist von überschaubarer Anlage, und die lineare Handlung fügt sich im Verlauf des
epischen Vorgangs aus einem kontinuierlich sich verdich-
tenden Geflecht berichteter Episoden, konvergierender
Motiventwicklungen und zeitgeschichtlich gebundenen Informationen. Der Erzählprozeß konzentriert sich ver-
meintlich auf eine Person, nämlich Mahlke, schließt aber
den Ich-Erzähler, eine komplementär zum Helden sich ge-
bärdende Figur, als ebenso wichtig mit ein. Das Leitmotiv
vom Adamsapfel kann im Sinne von Paul Heyse als
›Falke‹ verstanden werden, der mit dem doppelt ange-
legten Wendepunkt unmittelbar in erzählerischer Beziehung steht (1. Mahlke begreift in der Kriegsauszeichnung
des Ritterkreuzes das lange vergeblich gesuchte Mittel zur
Bedeckung seiner Anomalie am Hals; 2. Mahlke begreift
die Bedeutungslosigkeit des kriegsmäßig erworbenen Ritterkreuzes für sein Leben). Im Rahmen der erzählerischen
Absicht ist die traditionell idealistische Zielsetzung einer
Progression durch Läuterung hier verkehrt worden zur
pubertär markierten Regression des Helden in einer des-
illusionistisch gezeichneten Welt. *Unerhörtes habe sich zugetragen* (Kap. VIII), resümiert der Erzähler Pilenz und

bezieht sich damit auf Goethes klassisch gewordenen Ausspruch über das nach seiner Ansicht wesentliche Merkmal novellistischen Erzählens gegenüber Eckermann vom 29. Januar 1827: »[...] denn was ist eine Novelle anders als eine sich ereignete unerhörte Begebenheit.«

Handlungsübersicht

Kapitel	Zeit	Schauplatz	Hinweise zum Geschehen
I	Sommer 1940 (1939)	Schlagballfeld, Wrack, Turnhalle, Marienkapelle	Schlagballfeld (»Katz und Maus«), Schwimmenlernen, Taucherfolge vor der Gruppe
II	Sommer 1940	Osterzeile, Wrack, Schule	Pilenz bei Mahlke (Grammophon, Konserven, Kriegsbeginn)
III	Sommer 1941	Wrack, Schule	Onaniewettkampf, Tulla Pokriefke, Karikatur an Wandtafel
IV	Winter 1941/42	Schule, Wrack	Puschelmode, winterliche Aktion auf dem Wrack
V	Winter 1941/42	Schule	Vortrag des 1. Ritterkreuzträgers (Luftwaffenleutnant)
VI	Sommer 1942	Wrack	Entdeckung der Funkerkabine
VII	Sommer 1942	Schule	Vortrag des 2. Ritterkreuzträgers (Kapitänleutnant), Diebstahl des Ritterkreuzes
VIII	Sommer 1942	Schule, Wrack	Aufklärung des Diebstahls, Schulwechsel Mahlkes
IX	Sommer/ Winter 1942	Marienkapelle, Osterzeile	Auflösung der Gruppe (Mahlke im Wehrertüchtigungslager), Pilenz bei Mahlke
X	Frühjahr 1943 bis Februar 1944	Strandbatterie, Oliva, Ecke Bärenweg/ Osterzeile	Kriegsdienstleistung der Gruppe (Mahlke zur Ausbildung in der Tuchler Heide, im Fronteinsatz, Brief)
XI	März bis Mai 1944	Tuchler Heide	**Gruppe zur militärischen Ausbildung** (Mahlkes militärische Erfolge als Panzersoldat)

| XII | Juni 1944 | Schule | Vortrag des 3. Ritterkreuzträgers (Unteroffizier Mahlke) verhindert, Desertion |
| XIII | Juni 1944 | Marienkapelle, Wartehäuschen, Osterzeile, Wrack | Desertion, Mahlke verschollen |

I

Schlagballfeld ... Tickspieler ... Schlagholz ... Wechsel Fangball Übergetreten: Regelbegriffe des Schlagballspiels, das in den dreißiger Jahren Teil des Schulsports war und in Meisterschaftskämpfen gepflegt wurde. Die einleitenden Anmerkungen zu diesem Spiel und seinem Stand erweitern die Vorausdeutung der Überschrift auf die grundsätzlich ambivalente Rollenverteilung von ›Jäger‹ (Fangoder Tickgruppe / Katze) und ›Gejagtem‹ (Schlag- oder Läuferpartei / Maus). So kündigt der Ich-Erzähler seine vordergründig auf das Spiel bezogene Rolle als Tickspieler = Jäger an.

Zahnarzt: Motivbeziehung zu Günter Grass' Roman »örtlich betäubt« (1969). Die stofflichen und thematischen Verbindungen zwischen den vier Erzählwerken »Die Blechtrommel« (1959), »Katz und Maus« (1961), »Hundejahre« (1963) und »örtlich betäubt« hat u. a. John Reddick in seinen Studien diskutiert (vgl. Literaturhinweise).

Mein Zahn lärmte: Der Schmerz ist eines der zahlreichen Erzählmotive, die durch Wiederaufnahme bei unterschiedlichem Kontext das erzählte Geschehen strukturieren: Zahnschmerz / Ich-Erzähler Pilenz (Kap. I, Erzählanfang) – sinnbildlich verstandene Halsschmerzen / Held Mahlke (eigentliche Handlung) – Bauchschmerz / Held Mahlke (Kap. XIII, Erzählschluß).

Stadion: mit Zuschauerrängen versehenes ovales Sportfeld. Gegenüber Manfred Bourrée (Echo der Zeit, 18. 11. 1962) hat es Günter Grass als seine schriftstellerische Aufgabe bezeichnet, »eine historische ›Topographie‹ seiner Heimatstadt Danzig zu schreiben«. Auch die Handlung der Novelle »Katz und Maus« ist wie die der beiden anderen Dichtungen der sog. ›Danziger Trilogie‹, »Die Blechtrommel« und »Hundejahre«, von der Kriegszeit, den Nachkriegsjahren und in der Schauplatzgestaltung vor allem von Danzig und Umgebung bestimmt. Bei dem angesprochenen Stadion ist das Albert-Forster-Stadion gemeint, benannt nach dem von der NSDAP 1930 für das Freistaatgebiet Danzig eingesetzten Gauleiter. (Vgl. hier u. ö. den Stadtplan.)

ein dreimotoriges Flugzeug: Ju 52, von Junkers produziertes Standardtransportflugzeug der Lufthansa und vor allem der Luftwaffe vor und während des Zweiten Weltkrieges.

Krematorium: lat. cremare, verbrennen. Anlage zur Feuerbestattung.

Studienrat Mallenbrandt: Vgl. die entspr. Anm. im weiteren Verlauf dieses Kapitels.

Adamsapfel: Wie Adam über den Sündenfall zum Bewußtsein seiner Blöße gelangt, so deutet der Erzähler mit der volkstümlichen Bezeichnung für den männlichen Schildknorpel (Adamsapfel: sinnbildlicher Bezug auf den in der Kehle steckenden Apfelteil) auf einen analogen Erkenntnisakt des Helden hin. Der Erzähler verfolgt, zwischen unsicher empfundener Unterlegenheit und ungesicherter Überlegenheit schwankend, den Lebensweg Mahlkes, wie er sich aus dreifacher Ursache ergibt: 1. (psychologisch) Mahlke sucht seine pubertäre Irritation angesichts der körperlichen Anomalie an seinem Hals durch die Suche nach einem verdeckenden Schutz zu überwinden; 2. (sozial) Mahlke sucht seine Außenseiterposition unter den Mitschülern durch sich steigernde, auf Anerkennung ausgerichtete ›Heldentaten‹ zu kompensieren, die aber die pubertäre Problematik seines ungeklärten Selbstverständnisses besonders in der erlangten ›Führerrolle‹ nur verstärken; 3. (religiös) Mahlke sucht seine psychisch und sozial bedingten pubertären Schwierigkeiten in erotischmystischer Verehrung der Jungfrau Maria aufzuheben. Das mit der Mahlke-Figur verknüpfte Adam-Motiv und die parabelhafte Parallelität zur zeitgeschichtlichen Situation (der Führer Adolf Hitler und das dt. Volk) bringt Gerhard Kaiser auf die einprägsame Formel: »Die Variation der Adam-Situation ist eine Verkehrung: Dort erkennt ein absolutes Bewußtsein einen, dessen Sündenfall darin besteht, nach absolutem Bewußtsein getrachtet zu haben – er hat vom Baum der Erkenntnis gegessen. Hier wird ein Kollektiv vergottet, das selbst bewußtlos ist, durch einen, der verkennt, statt zu erkennen« (S. 15).

Artikel: Ersatzvokabel im Jargon der Zeit für ›Adamsapfel‹ (vgl. *polnischen Artikel* für die Madonnenmedaille, Ende dieses Kapitels).

Ich aber ... muß nun schreiben: In diesem Abschnitt stellt sich der Ich-Erzähler in seinem ambivalenten erzählerischen Selbstverständnis und Erzählerverhalten vor, d. h., er wird von dem übergeordneten fiktiven Erzähler im Auftrag des Autors präsentiert. Er weiß sich als erfundenes Medium, begreift den zwangsläufigen Erzählauftrag und die somit subjektive Perspektive, durch die der nachfolgende Bericht über Mahlke eine an sein Erleben gebundene Welterfahrung ist, eine durch diese Subjektivität zusätzlich relativierte fiktive Wirklichkeit. Der schon an dieser Stelle andeutungsweise vorgeführte Wechsel der Beteiligung des Erzählers an der von ihm berichteten Handlung, vom sich erinnernden Erzähler in einer datierbaren Erzählergegenwart (um 1960, Düsseldorf) übergehend zum weiter berichtenden, aber zugleich erinnerten und handelnden Erzähler in der erzählten Vergangenheit (1940–44, Danzig), weist auf die kunstvolle Erzählstruktur hin, die sich aus den ineinander übergehenden Veränderungen von Erzählperspektive, Zeit- und Schauplatzbedingungen fügt. Des Ich-Erzählers Ankündigung, *ihn*, den Adamsapfel des Helden Mahlke, *an jeden Ort zu führen, der ihn siegen oder verlieren sah,* deutet auf beider Partnerschaft im Rollenspiel von »Katz und Maus«, zeigt aber auch die, wie später noch deutlicher wird, nur scheinbare Selbstsicherheit des Erzählers gegenüber dem Freund und Kontrahenten Mahlke.

Boot der Czaika-Klasse: Bei Kriegsausbruch verfügte die poln. Marine u. a. auch über 6 Minensuchboote (183 BRT, Länge 42 m, Breite 5,5 m, Tiefgang 1,7 m). Während des Seekrieges in der Danziger Bucht wurde eines der Schiffe, die »Rybitwa« (poln., Lerche) von der Reichsmarine aufgebracht, sank aber während des Einschleppens in den Danziger Hafen und blieb im seichten Wasser liegen. Das Wrack, eine für Mahlke und seine Freunde künstliche Insel vor der Küste, wird zum wichtigen Schauplatz der Novelle.

da der Ort der Handlung ... festgelegt ist: Die erzählte
Wirklichkeit ist nicht nur historisch, sondern auch geogra-
phisch *festgelegt:* Zu den zahlreichen topographischen Ver-
bindlichkeiten gehören vor allem die Hinweise auf die beiden Schauplätze, zwischen denen sich die Handlung im
wesentlichen abspielt, das Wrack vor Neufahrwasser und
Danzig-Langfuhr, die ›Insel‹ und die ›Stadt‹. Beide bleiben wie alle anderen für die jugendlichen Helden topo-
graphische Markierungen auf der Weltkarte, frei von zeit-
geschichtlicher, d. h. kriegsgeschichtlicher und polit. Bedeutung.

graupelig: adjektiv. Ableitung von Graupel, ›Hagelkorn‹
(19. Jh.); bildhafter Vergleich für Mahlkes Frieren und
seine ›Gänsehaut‹.

*Bedienungsanweisungen ... in polnischer und englischer
Sprache:* Zu Großbritannien bestanden von seiten Polens
besonders enge polit. und wirtschaftliche Beziehungen.
Nach den ultimativen Forderungen des Deutschen Reiches
(21. 3. 1939) an Polen um Rückgliederung des Freistaates
Danzig und Schaffung einer exterritorialen Verbindung
zwischen dem Reichsgebiet und Ostpreußen gab England
eine Garantieerklärung ab (31. 3. 1939), die aber nach
dem Einmarsch dt. Truppen in Polen (1. 9. 1939) nicht
eingehalten wurde.

Modlin: Von den sechs poln. Minensuchbooten ist nur die
»Rybitwa« in Modlin gebaut worden, einer Stadt nord-
westl. Warschaus am Zusammenfluß von Narew und
Weichsel.

Gdingen: poln. Gdynia, seit 1920 (Vertrag von Versailles
28. 6. 1919: dt. Abtretung von Posen und Westpreußen an
Polen, Gründung des Freistaates Danzig 1920) zum größ-
ten poln. Kriegs- und Handelshafen an der Danziger
Bucht ausgebaut. Nach Polens Niederlage im Zweiten
Weltkrieg (6. 10. 1939) übernahm die Reichsmarine den
Hafen unter dem für das nationalsozialistische Geschichts-
verständnis bezeichnenden Namen ›Gotenhafen‹.

im Jahr zuvor: Spätherbst 1939.

Kompaßhäuschen: auf dem Schiffsdeck freistehender Kom-
paßständer mit einem Schutzkasten aus Holz oder Metall,
in dem hinter Glas der Kompaß frei aufgehängt ist.

Tenöre ... Möwenmist essen: albern abgewandelte populäre

Vorstellung über Reinheit und Weichheit der Stimme nach Kalk- bzw. Kreidegenuß.

Kriegsbeginn: 1. September 1939.

suspendiert: lat. suspendere, ›unterbrechen‹; (einstweilen) des Dienstes entheben, vorübergehend vom Unterricht befreien.

Hallenbad Niederstadt: Ecke Schleusengasse / Große Schwalbengasse in Danzigs Stadtteil Niederstadt.

Anstalt Brösen: Badeanstalt in Brösen, ein bei Bewohnern von Danzig-Langfuhr beliebter kleiner Ausflugsort an der Küste, der mit der Straßenbahn erreicht werden konnte.

im Sand drillen und dann an die Angel nehmen: damals übliche Methoden des Schwimmunterrichts (Übung der Schwimmbewegung im Trocknen, anschließend an einem angelähnlichen Gerät hängend, im Wasser).

Buddel: ndl. Form von frz. bouteille; umgspr. für ›Flasche‹.

Schraubenzieher: Im Verlauf der Handlung wechselt Mahlke den Halsschmuck mehrfach, um von seinem scheinbar anormal großen Adamsapfel, Merkmal seines Pubertätszustandes, abzulenken: Schraubenzieher, Madonnenamulett, Medaille der Schwarzen Madonna, Büchsenöffner, Puscheln, Sicherheitsnadel, Leuchtplakette, Grammophonkurbel, Krawatte, gestohlenes Ritterkreuz, verliehenes Ritterkreuz. Die Varianten des Leitmotivs ›Halsschmuck‹ deuten grundsätzlich auf seine pubertäre Verunsicherung und sein krampfhaftes Bemühen, durch möglichst auffällige Attribute Originalität zu zeigen und Anerkennung in den für ihn wichtigen sozialen Gruppen von Gleichaltrigen (Schülern) und Erwachsenen (Lehrer) zu gewinnen. Die getragenen Gegenstände informieren über die drei Herkunftsbereiche der entlehnten Autorität, die von dem Einzelgänger Mahlke aber nur in ihrer Brauchbarkeit für die eigene Selbstdarstellung begriffen werden: der Bereich des täglichen Lebens, der Religion und des Militärs.

Und dann zeigte Mahlke es uns: Nach dem Katz-und-Maus-Erlebnis setzt die Reihe von Mahlkes Imponiergesten als Kompensationsakte pubertärer Labilität ein, hinter denen sich die Suche nach dem noch fehlenden Selbstverständnis verbirgt. Wachsende Geltungssucht und der egozentrische Bezug seines Handelns lassen sein erzähltes Leben im sinnbildlichen Bezug zum einleitenden Schlagballspiel als ver-

zweifeltes Wettkampfverhalten eines ›Läufers‹ der
›Schlagpartei‹ erscheinen, jägerhaft beobachtet von einem
Vertreter der ›Fanggruppe‹, dem Ich-Erzähler: 1. wett-
kampfmäßige Handlungen: Schwimmen, Hallenturnen,
Onanieren, Panzerabschießen; 2. konkurrenzlose Handlungen: Tauchen im Wrack, Halsschmuckkreationen, Diebstahl des Ritterkreuzes, Gebete.

Drussel: Marineausdruck für Schiffstau.

Minimax: Feuerlöschgerät der Firma Minimax AG, bis 1945
in Berlin.

Schotts: meist gerade und wasserdichte Quer- und Längs-
wände im Innern eines Schiffes, die der Unterteilung in
wasser- und feuersichere Abschnitte dienen.

Mole: lat. moles, ital. molo; ein Damm, meist in Steinbau-
weise *(Molengranit)*, der einen am offenen Meer liegenden Hafen oder eine Hafeneinfahrt vor Wellen schützen
soll.

mit Waschfrauenhänden: die vom Wasser aufgeweichte und
wellig gewordene Handfläche, hergeleitet vom inzwischen
ausgestorbenen Beruf der Waschfrau.

Drehkränzen: Das Minensuchboot »Rybitwa« war urspr. mit
einer Kanone Kal. 7,5 cm und vier Maschinengewehren
ausgerüstet gewesen, letztere auf drehbaren Untergestellen
montiert.

eincremte: Zur Aufrechterhaltung des Wärmehaushalts im
Körper ›isolieren‹ Leistungsschwimmer sich gegen niedrige
Wassertemperaturen mit einer Fettschicht, eine Geste, die
hier in Mahlkes Katalog der Imponierhandlungen gehört.

denn Taschengeld hatte Mahlke genug: Mahlkes Drängen in
eine Führer-/Vorbild-Position ist wesentlich durch seine
familiären Erfahrungen vorbereitet; die *Halbwaise* wird
ausschließlich von Frauen erzogen (Mutter, Tante), als
einziges Kind verwöhnt, als Junge in eine Familienober-
haupt-/Vater-Rolle gedrängt. Familiäres Vatervorbild, fa-
miliärer Vateranspruch und sein Reifestand, der diesen An-
sprüchen nicht gewachsen ist, leiten ihn zu Selbstüberschätzung und lassen seine Handlungen komisch und grotesk
erscheinen.

die Jungfrau: Die für Mahlke alterstypische Problematik
der Beziehung zum anderen Geschlecht führt in der Folge

seiner kath. Erziehung zu einer erotisch-religiösen Verehrung der Jungfrau Maria.

überm roten Bruststreifen auf weißem Turnhemdstoff: Die
Turnkleidung des Conradinums, seines Gymnasiums, bestand aus roter Hose, weißem Turnhemd mit rotem Brust-
ring und schwarzem ›C‹ (= Conradinum) auf weißem
Grund.

Studienrat Mallenbrandt: Günter Grass hat eine mögliche
Vorbildfunktion des Studienrats Theodor Wallerand, der
am Conradinum u. a. in Sport unterrichtete und auch
Veröffentlichungen zum Schlagballspiel vorgelegt hat, für
die fiktive Figur des Sportlehrers Mallenbrandt abgelehnt.
(Vgl. in diesem Band III, 5.)

Amulett: lat. amuletum, ›Talisman‹, kleiner Anhänger, oft
mit Geheimzeichen und Inschriften, der seinem Träger
Schutz und Kraft verleihen soll.

eines katholischen Arbeiter-Turnvereins: Daß sowohl der
Held Mahlke, der Ich-Erzähler, Teile der Bevölkerung
Danzigs und auch der Autor Günter Grass (bis 1974) als
gebürtiger Danziger kath. sind, steht nur in scheinbarem
Widerspruch zu der an sich traditionell protest. Bevölke-
rung West- und Ostpreußens. Seit der Missionsreise des
Bischofs Adalbert von Prag (997) bis Gidanie und der
Unterstellung Pommerellens (Ostpommern mit Danzig als
Hauptstadt) unter die Verwaltung des Bischofs von Ku-
jawien ist Danzig ein Ort intensiver kath. Kirchenarbeit.
Im Laufe der Jahrhunderte haben fast alle kath. Orden hier
Klöster gegründet (z. B. Zisterzienser 1178, Franziskaner
1420), die Stadt baulich geprägt, das geistige und soziale
Leben mitbestimmt, bes. durch die kirchliche Sozialarbeit.
Während der Freistaatzeit wird Eduard Graf O'Rourke
erster Bischof von Danzig mit Sitz in Oliva. Die nun besonders rege missionarische und bauliche Tätigkeit der
Kirche wirkt sich vor allem auch in Danzig-Langfuhr aus,
einem Vorort mit überwiegend Arbeiterbevölkerung, die
von der Kirche u. a. in sog. Arbeitervereinen betreut wird.

irritierte: lat. irritare, ›erregen, stören‹.

Lazarettschiff ... Ostpreußen: ital. lazzaretto (urspr. bibl.
Name des armen, kranken Lazarus), Krankenhaus, zumeist
Militärkrankenhaus. Die Schiffe der Gesellschaft »See-
dienst Ostpreußen«, unter ihnen das jüngste Fahrgast-

Szenenfoto aus der Verfilmung von »Katz und Maus« durch Hansjürgen Pohland (Foto: Stiftung Deutsche Kinemathek, Berlin)

schiff »Kaiser«, die seit den zwanziger Jahren auf der Route Swinemünde–Zoppot–Pillau verkehrten, später auch Kiel und Memel anliefen, wurden mit Kriegsbeginn als Hospitalschiffe eingesetzt.

Stichlinge: kleine Fische, zur Familie der Knochenfische mit Stachelflossen gehörend, bis zu 18 cm groß.

Neunaugen: fischähnliche Wirbeltiere, zur Klasse der Rundmäuler gehörend (saugnapfartig kreisrunde Mundöffnung), bis zu 1 m groß und an jeder Kopfseite mit neun wie Augen aussehenden Organöffnungen.

festgezurrte: ndl., Seemannsspr., festgebundene.

Mannschaftslogis: frz. logis, ›Unterkunft‹. Auf dem Schiff der Wohnraum für die Mannschaft ohne Dienstgrade. In älteren Schiffen, wie auch hier, befindet sich das Logis noch vorne im kollisionsgefährdeten Bugraum.

Strömlinge: kleine Heringe der östl. Ostsee.

Dorsch: junger Kabeljau, als Raubseefisch der Dorschartigen in allen nördlichen Meeren verbreitet.

Flundern: zu den Stachelflossern zählende Plattfische ähnlich der Scholle.

Qualster: umgspr. für ›Schleim, Auswurf‹.

Marinekutter: einem Ruderboot vergleichbares großräumiges Übungsschiff der Marine mit 10 bis 14 Ruderplätzen, das zu Ausbildungszwecken eingesetzt wird.

Dünung: schwache, weiträumige Wellenbewegung des Meeres nach einem Sturm, aber auch windunabhängige Grundbewegung der See.

Entlüftern: aus dem Schiffsinnern durch das Deck nach außen führende Rohre, durch die der Schiffsinnenraum entlüftet wird.

Nieten: Verbindungsstifte, die z. B. beim Zusammenfügen der Stahlplatten im Schiffsbau Verwendung finden.

zwischen Brösen und Glettkau: So wie Brösen für Danzig-Langfuhr (vgl. oben Anm. zu *Anstalt Brösen*), so ist der kleine Küstenort Glettkau zwischen Brösen und Zoppot für die Bürger von Oliva Ausflugs- und Badeort.

Sheffield: Industriestadt in Mittelengland, berühmt wegen ihrer qualitativ hochwertigen Produktion von Metallwaren.

mit der Fettschicht gefirmt: ungewöhnliche Verwendung des kath.-liturgischen Begriffs der ›Firmung‹ (zweites Sakrament zur Befestigung im Glauben und Glaubensbewährung im Leben), die aus der distanzierend kritisch und mit ironischem Anflug dargestellten Rolle der kath. Kirche für den Helden zu verstehen ist.

Frühmesse: Messe, Kurzform der liturgischen Geste zur Entlassung der Gläubigen nach dem Gottesdienst (ite, missa est: geht, die Entlassung findet statt). Kath. Bezeichnung für den Gottesdienst. Mahlkes außergewöhnliche Religiosität wird auch dadurch ersichtlich, daß er über die Verpflichtung hinaus, die Messe an Sonn- und Feiertagen zu besuchen, täglich zur Frühmesse, dem Gottesdienstangebot vor Arbeitsbeginn, geht.

nicht weit zur Marienkapelle: Die Beschreibung des Weges erweist den Ich-Erzähler als Kenner der Stadttopographie Danzig-Langfuhrs. Grass hat den historischen Anspruch seiner Beschreibung bejaht, den Einfluß biographischer Erfahrung bedingt zugestanden (vgl. in diesem Band III,5). Die beschriebene städtische Wirklichkeit Danzigs, gültig für die Jahre 1940 bis 1944, ist aber wie die zeitgeschichtliche Bindung nur eine Folie der relativen Authentizität, die über die fiktive Wirklichkeit der Welt Mahlkes gelegt ist. Grass' Danzig hat damit einen Realitätswert wie Fontanes und Döblins Berlin, wie das Dublin von James Joyce und Dos Passos' New York.

Freihafen: abgezäunter Teil des Hafengebietes, der zur Erleichterung des Überseehandels außerhalb des inländischen Zollgebietes liegt.

Linienschiffe: älterer Begriff für ›Schlachtschiffe‹; seit der Zeit der Segelschifflotten das Hauptkampfschiff, das seine Geschütze am günstigsten ›in der Linie‹ der hintereinander fahrenden Kriegsschiffe einsetzen kann.

Schwimmdock: ein im Querschnitt U-förmiger schwimmender Ponton, zum Trockenstellen von reparaturbedürftigen Schiffen.

Fesselballone: an einem Drahtseil gehaltene Ballons in den Größen von 600 bis 1500 m³. Wie über vielen anderen milit. für den Feind interessanten Zielen wurden auch über dem Hafengebiet Danzigs während des Zweiten Weltkriegs Fesellballons als Sperren gegen das Eindringen feindlicher Flugzeuge eingesetzt.

Helene-Lange-Schule, dann Gudrun-Schule: Helene Lange

(1848–1930), Lehrerin, Führerin der dt. Frauenbewegung, hatte entscheidenden Anteil an der Verbesserung der höheren Mädchenschulen und der Lehrerausbildung vor dem Ersten Weltkrieg; Gründerin des »Allgemeinen deutschen Lehrerinnenvereins«. Die Umbenennung will die Germanisierungsbestrebungen der nationalsozialistischen Ideologie im öffentlichen Leben sichtbar machen. (Gudrun, aus ahd. gund, ›Kampf‹, und ahd. ruma, ›Geheimnis‹; Heldin des mhd. Epos »Kudrun«, in der NS-Ideologie Symbolfigur für die dt. Frau.)

Schichauwerft: Schichau-Maschinenbauanstalt, bis 1945 in Elbing mit weiteren Werften in Danzig und Königsberg.

Hammerkran: auch Helling- oder Hammerkopfkran, großer Kran auf Werftanlagen mit einer insgesamt drehbaren Kransäule, die am Mastfuß über dem Portal beweglich gelagert ist.

Schellmühl 98: Sportverein des Danziger Vorortes Schellmühl, gegr. 1898.

ein geteertes Kreuz: Wesentlicher Bestandteil des Geflechts sich wiederholender Motive sind Kreuzvariationen. Sprachliche und sinnbildliche Abwandlungen verweisen auf die zentrale Symbolik des kirchlichen Kreuzes, der historischen Tapferkeitsauszeichnung des Ritterkreuzes und des ungenannten nationalsozialistischen Hakenkreuzes.

die Marienkapelle, eine ehemalige Turnhalle: In der Novelle wird von den Widersprüchen, Abnormitäten und falschen Orientierungen einer Gesellschaft im Krieg berichtet. Zu den dichterischen Bildern dafür zählt auch die in der Architektur einer Kirche vergleichbare Turnhalle des Gymnasiums und die in einer ehemaligen Turnhalle eingerichtete Marienkapelle.

während der Freistaatzeit: Der Freistaat Danzig existierte vom 10. Januar 1920 bis zum Ausbruch des Zweiten Weltkrieges am 1. September 1939 und dem damit verbundenen Auszug des vom Völkerbund eingesetzten Kommissars für Danzig, Prof. Carl Jacob Burckhardt (1891–1974).

des Bistums: Gemeint ist das Bistum Danzig (vgl. oben Anm. zu *eines katholischen Arbeiter-Turnvereins*).

In der neugotischen ... Herz-Jesu-Kirche: Neugotik, architektonische Erneuerung der gotischen Baukunst des Mittelalters, in Deutschland bes. durch die Romantik seit

Goethes Hinweis auf deren dt. Ursprung (Von deutscher Baukunst, 1773). Wichtigster Vertreter ist Karl Friedrich Schinkel, Schöpfer auch des Eisernen Kreuzes (vgl. Anm. zu *denn was ihm guttat . . .* in Kap. VIII), das in der Variante des Ritterkreuzes zentrales Motiv dieser Novelle ist.

kommunizierender Gymnasiast: kommunizieren, lat. communio, ›Gemeinschaft‹; Kommunion, in der kath. Kirche Gemeinschaft mit Gott und der Gemeinde in der eucharistischen Gabe, d. h. dem Abendmahl.

Hochwürden: (Reverendus) Anrede und Ehrenbezeichnung für Geistliche, heute vor allem noch bei offiziellen Anlässen gebräuchlich.

Ministranten: lat. ministrare, ›dienen‹; Meßdiener, meist Knaben, die beim Zelebrieren der Messe helfen.

Falsch! Mir wäre das Ding bestimmt nicht entgangen: demonstrative Sprachgeste der angeblichen Erzähler-Eigenständigkeit, mit der die Irritation durch Mahlke als Stimulans zur weiteren ›Verfolgung‹ verdeckt wird.

Stufengebete: (kath. Kirche) auch Staffelgebete; bis vor der Liturgiereform (II. Vat. Konzil 1963) gesprochene Gebete des Priesters zu Beginn der Messe an den Stufen des Altars (Psalm 43/42, Confiteor bzw. Sündenbekenntnis).

nach dem Rummel in Frankreich: nach dem dt. Westfeldzug und der Niederlage Frankreichs (10. 5.–22. 6. 1940).

mittenmang: nddt., mittendrin.

schlug ein . . . Balg . . . auf eine Kinderblechtrommel: Motivbezug zu Grass' Roman »Die Blechtrommel« (1959). (Vgl. in diesem Band III,2.)

Feldstecher: kleines Doppelfernrohr.

polnischen Adler: das poln. Wappentier (Wappen: weißer Adler auf rotem Grund).

Pilsudski: Josef Pilsudski (1867–1935), poln. Staatsmann und Marschall, Mitbegründer und Führer der »Polnischen Sozialistischen Partei«. Von 1918 bis 1922 Staatschef und Oberbefehlshaber der poln. Armee. Beendete 1920 siegreich den Krieg gegen Rußland. 1926 stürzte Pilsudski durch einen Militärputsch die verfassungsmäßige Regierung, regierte als Kriegsminister, zwischenzeitlich als Ministerpräsident, in autoritärer Amtsausübung bis zu seinem Tod.

Reede: offene See unmittelbar außerhalb des Hafens.

Offiziersmesse: engl. officers mess, Aufenthalts- und Speiseraum für Offiziere der Schiffsbesatzung.

profiliert: profilieren, Abl. von lat. filum, ›Faden‹, ital. profilo, ›Seitenansicht‹, Umriß; hier im Sinne von ›erhaben herausgearbeitetem‹ Bild.

Matka Boska Czestochowska: Die sog. »Schwarze Mutter Gottes«, ein vermutl. byzantin. Heiligenbild, wird als religiöses Nationalheiligtum der Polen in dem 1382 gegründeten Paulinerkloster Jasna Góra verehrt. Dieses Kloster von Tschenstochau (poln. Częstochowa), einer Kreisstadt an der Warthe im westl. Polen, ist der meistbesuchte Wallfahrtsort Polens.

Patina: Oxydschicht auf der Metalloberfläche, vor allem auf Kupfer.

Treibsand: feiner, durch starke Wasseranreicherung fließfähiger Sand; hier vermutl. ungenau verwendete Bezeichnung für den vom Wind auf das Wrack ›getriebenen‹ Sand.

Lieblingssequenz: Die Sequenz ist eine seit dem Mittelalter in den Gottesdienstablauf der kath. Kirche eingefügte latein. Dichtung, die bei feierlichen liturgischen Handlungen gesungen wird.

Freitag vor Palmsonntag: eine Woche vor Karfreitag, dem biblisch überlieferten Tag der Kreuzigung Christi.

Virgo ... amara: (Forts.) fac me tecum plangere. Übers.: ›O du Jungfrau der Jungfrauen, wollst in Gnaden mich anschauen, laß mich teilen deinen Schmerz.‹ Zeile aus dem Hymnus »Stabat Mater dolorosa«, der an bestimmten Marienfesten zwischen den Lesungen gesungen wird.

Amtsleiter: polit. Leiter oder Amtsleiter, Mitglied der NSDAP in führender Position (z. B. Blockleiter, Ortsgruppenleiter).

Parteikluft: allgem. Parteiuniform, je nach polit. Funktion in Details abgewandelt, bestehend aus Tellermütze mit Schirm, braunem Hemd und schwarzem Schlips, braunem Waffenrock mit Spiegel, Armbinde mit Hakenkreuzemblem, brauner Breecheshose, Langschäfter, Koppel mit Schnalle, Schulterriemen.

Kommodore Bonte: Friedrich Bonte (1896–1940), Kommodore (Kapitän zur See in Admiralsstellung) der Zerstörer-Flotille, die im Kampf um die norweg. Hafenstadt Narvik im April 1940 von brit. Marineeinheiten vernichtet wurde. Bonte, der beim ersten feindlichen Angriff fiel, wurde posthum das Ritterkreuz verliehen.

II

Trapezattraktion: in Zirkus oder Varieté dargebotene gewagte Turnübungen an einem an Seilen freihängenden Schaukelreck.

mit oxydiertem Zwiebeldach: zwiebelförmige Dachkonstruktion, bes. seit der Renaissance in Deutschland verbreitet; zumeist mit Kupferabdeckung, deren Oberfläche in chemischer Reaktion mit Sauerstoff und Wasser zu grünem Kupferoxyd ›oxydiert‹.

Sixtinischen Madonna: Altarbild von Raffael, eigtl. Raffaello Santi (1483–1520), ital. Baumeister und Maler, darstellend Maria mit dem Kind und den hl. Sixtus. Original in Dresden.

Schnee-Eule: scheuer Nachtraubvogel der nördl. Breiten, Einzelgänger, vom Menschen gejagt und fast ausgerottet. Für Mahlkes Lebensverständnis ist dieses ausgestopfte Tier eine erzählerisch beziehungsreiche Beigabe.

doch soll nicht von mir die Rede sein . . . : Wie auch an anderen Textstellen versucht der Ich-Erzähler zu verschleiern, daß sein Bericht auch ein Bericht über ihn selbst ist, es auch um seine erinnerte Jugend und gegenwärtige Schreiberexistenz geht.

Grammophon: griech., frühere Bezeichnung für Plattenspieler, mit Uhrwerkantrieb, spielt über Stahlnadeln Schellackplatten ab (mit 78 Upm).

bronziert: mit Bronzefarbe, Gold- oder Silberbronze, angestrichen.

Ritus: lat., feierlicher, religiöser Brauch, Zeremoniell. Wie bei der Demonstration des Grammophons legt Mahlke seine Aktionen als Ritual an. Das Imponierenwollen durch Gesten der Selbststilisierung bleibt Zeremoniell aus pubertär unsicherem Eigen- und Weltverständnis, in der ernsthaft betriebenen Übersteigerung dem Militär- und Parteikult des Nationalsozialismus verwandt, von den Jugendlichen in beiden Fällen unkritisch genossen.

eines Torpedobootes der Wolf-Klasse: Im Ersten und Zweiten Weltkrieg kleine, schnelle Kriegsschiffe, deren Hauptwaffe der Torpedo (Unterwassergeschoß) ist. (Wolf-Klasse: 6 Boote, 800 t Wasserverdrängung, je 6 Torpedorohre.)

Aviso: ital., Bezeichnung für älteren Schiffstyp eines schnellen, leichtbewaffneten Aufklärungsschiffes, Vorläufer des kleinen Kreuzers im Zweiten Weltkrieg.

»Grille«: traditionsreiche Bezeichnung (1. »Grille«, 1858 bis 1916, Admiralstabsschiff für die Ausbildung von Marineoffizieren und Reisen Kaiser Wilhelms I.) für den Neubau der dt. Kriegsmarine (1934), Admiralstabsschiff für die Ausbildung von Marineführungsoffizieren und für Besichtigungsreisen Hitlers, Zielschiff für Torpedo- und Unterseeboote.

Tinktur: lat. tingere, ›befeuchten, färben‹; eigtl. dünnflüssiger Auszug aus Pflanzen- oder Tierstoffen.

Primus: lat., der Vorderste, Erste; früher geläufige Bezeichnung für Klassenbester.

Überzieher: umgspr. für Präservativ; Gummihülle, Schutzmittel beim Geschlechtsverkehr.

Steffenspark: langgestreckte Parkanlage an der Hindenburgallee zwischen Danzig und dem Vorort Langfuhr.

Kombüse: ndl., Schiffsküche.

Hostie: lat. hostia, Opfer, das bei der kath. Meßfeier und Kommunion sowie beim Abendmahl in der lutherischen Kirche gebrauchte ungesäuerte Brot, eine scheibenförmige Oblate.

Jungvolk ... Hitlerjugend ... Jungzug ... Jungzugführer: »Deutsches Jungvolk« (DJ) und »Deutsche Jungmädel« (DJM; 10–14jährige) sowie »Hitlerjugend« (HJ) und »Bund Deutscher Mädel« (BDM; 14–18jährige) waren Organisationsformen der 1936 zur Staatsjugend erklärten Hitlerjugend, der 1926 gegründeten Jugendorganisation der NSDAP. Jungzug meint eine organisatorische Untergliederung des Jungvolkes. Seit 1939 war die Mitgliedschaft verbindlich.

Jäschkentaler Wald: Waldgebiet am Rande Danzig-Langfuhrs.

Heim- und Schulungsabende: teilnahmepflichtige Versammlungen der in der Staatsjugend organisierten Mitglieder zur polit. Schulung.

Sonderaktionen: Im Zuge der angespannten Wirtschaftslage bes. während der Kriegsjahre ließ die Partei (NSDAP) in den Haushalten anfallendes Altpapier, Metall usw. für die industrielle Wiederverwendung sammeln. Die Straßensammlungen zugunsten des *Winterhilfswerks* wurden gleichfalls von der NSDAP durchgeführt und sollten in ihrem Erlös sozialen Zwecken dienen.

farbigen Schülermützen: Die Gymnasiasten trugen damals Schülermützen, an die als zusätzliche Kennzeichnung zu der einheitlichen Grundfarbe (Farbe der jeweiligen Schule) unterschiedlich farbige Bänder genäht waren (Farbe der jeweiligen Klasse oder Klassenstufe).

Dinglamdei: sprachspielerische Wortschöpfung, Ausdruck einer terminologischen Flucht des Erzählers, bestimmte Gegenstände eben nicht begrifflich genau mitteilen zu wollen. Dieser Umstand spielt bes. im Hinblick auf die bis zum Schluß des Berichtes aufgehobene direkte Benennung des Ritterkreuzes eine leitmotivisch wichtige Rolle.

Große Ereignisse bewegten damals die Welt: Die kontrastierende Gegenüberstellung der Zeitgeschehnisse, der Krieg mit Polen als Beginn des Zweiten Weltkrieges, mit den parallel dazu ablaufenden Vorkommnissen um Mahlke nutzt der Ich-Erzähler, um in seiner ›Erzähljagd‹ nach dem ›Partner-Feind‹ Mahlke die zeitgeschichtlich belanglose Existenz des Helden vorzuführen. Andererseits wirkt die Heldenfigur Mahlke auf Pilenz immer noch übermächtig, wenn er in ironiefreiem Erzählton über die wie unter Zwang getragene Achtung spricht, die er vor der puerilen Christus-Rolle Mahlkes noch immer hat, die auch die erzählte Chronologie bestimmt: *Vor dem Freischwimmen* (vor Christi Geburt), *nach dem Freischwimmen* (nach Christi Geburt).

Westerplatte: Landzunge am Ostufer der westl. Mündung der Toten Weichsel in die Ostsee, gegenüber Danzig-Neufahrwasser. Seit 1924 unterhielten hier die Polen ein rechtmäßig zugestandenes Munitionslager, das seit 1925 durch eine poln. Wachkompanie geschützt wird, die Polen 1933 ohne Genehmigung des Völkerbundes milit. verstärkte. Doch der erzwungene Rückzug nahm diesem poln. verwalteten Gebiet nicht die von den Nationalsozialisten

wohl auch künstlich geschürte polit. Brisanz, so daß mit
dem Beschuß der Westerplatte am 1. September 1939
durch den dt. Panzerkreuzer »Schleswig-Holstein« u. a.
an dieser Stelle der Krieg gegen Polen eröffnet wird. Die
Verteidigung der Westerplatte gilt in Polen als Symbol
poln. Kampfgeistes.

jenes Minensuchboot ... Hela: Während der Kriegshandlungen wurde die poln. Flotte, soweit ihre Einheiten nicht
nach Großbritannien ausgewichen waren, von der dt. Marine und Luftwaffe an ihren Liegeplätzen in Gdingen
und Hela sowie vor der Danziger Küste vernichtet. (Vgl.
Karte.)

Bestückung, Tonnage, Geschwindigkeit in Knoten: Bewaffnung, Wasserverdrängung, d. h. Größe, 1 Knoten = 1 See-
meile/Stunde (1,852 km/h).

Panzerschiffe: durch Panzerdecke und sog. Gürtelpanzer
geschützte und stark bewaffnete Kriegsschiffe (Schlachtschiff, Panzerkreuzer).

Monitore: Küsten- und Flußkriegsschiffe mit starkem Pan-
zerschutz, weniger schweren Turmgeschützen, geringem
Tiefgang und niedriger Geschwindigkeit. So genannt nach
einer vorbildlichen Erstkonstruktion aus der Zeit des amerikan. Sezessionskrieges.

Später führte Mahlke auch in dieser Wissenschaft: Pilenz
kennzeichnet das schon in den Vorkriegsjahren Mode gewordene Auswendiglernen des Waffenpotentials der eigenen, verbündeten und gegnerischen Streitkräfte – für
Danziger Jungen natürlich die Marine – ironischerweise
als ›Wissenschaft‹ und weist damit auf die ideologie- und
wertungsfreie Beschäftigung der Kinder mit Politik und
Krieg, auf ihr nur sportlich-privates Interesse aus der
Perspektive der Modellbootbauer. Mahlke macht auch hier
von seiner Neigung zum Extrem keine Ausnahme und betreibt das sinnlose Lernen der milit. Daten mit der für
ihn typischen Emsigkeit. Alle vom Autor nachfolgend
mitgeteilten marinemilit. Fakten sind technisch und kriegs-
geschichtlich zuverlässig zusammengestellt.

in Schweden internieren: Für den Kriegsfall ist es völker-
rechtlich vorgeschrieben, die Angehörigen der Streitmacht
eines kriegführenden Staates, die auf neutrales Gebiet
übertreten (Schweden verhielt sich im Zweiten Weltkrieg

Polen

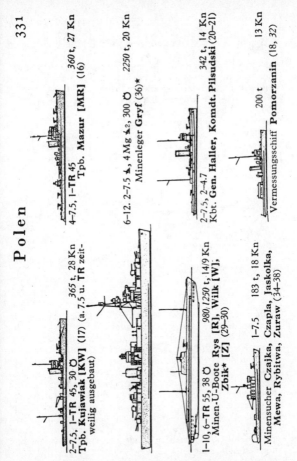

360 t, 27 Kn
4-7,5, 1-TR 45
Tpb. **Mazur [MR]** (16)

2250 t, 20 Kn
6-12. 2-7,5 ♐, 4 Mg ↕₂, 300 ⚓
Minenleger Gryf (36)⋆

342 t, 14 Kn
2-7,5, 2-4.7
Kbt. **Gen. Haller, Komdt. Pilsudski** (20–21)

200 t   13 Kn
Vermessungsschiff Pomorzanin (18, 32)

365 t, 28 Kn
2-7,5, 1-TR 45, 30 ⚓
Tpb. **Kujawiak [KW]** (17) (a. 7,5 u. TR zeit-
weilig ausgebaut)

980,1250 t, 14/9 Kn
1-10,6-TR 55, 38 ⚓
Minen-U-Boote **Rys [R], Wilk [W],
Zbik⋆ [Z]** (29–30)

183 t, 18 Kn
1-7,5
Minensucher **Czajka, Czapla, Jaskolka,
Mewa, Rybitwa, Zuraw** (34–38)

*Seite aus Weyers Taschenbuch der Kriegsflotten, hrsg. von
Alexander Brecht, München 1939, mit dem polnischen Minensucher Rybitwa*

offiziell neutral), zu internieren, d. h. in Lagergewahrsam
zu isolieren.

Wohnhulk: Hulk, Holk, von engl. hulk, abgetakeltes Schiff,
dessen Rumpf vor Anker oder an Pfählen festgelegt ist
und als Wohn- oder Lagerraum dient.

Siebenkommafünfbuggeschütz: Geschütz mit dem Kaliber
7,5 cm.

Wasser zu machen: seemänn., voll Wasser laufen.

nach dem wohlbekannten Muster Scapa Flow, geflutet: In
der Bucht von Scapa Flow (Mainland/Orkney Inseln), in
zwei Weltkriegen Hauptstützpunkt der brit. Flotte, versenkte sich die 1918/19 dort internierte dt. Hochseeflotte
unter Konteradmiral von Reuter selbst, um die Schiffe
einer Nutzung durch die Engländer zu entziehen.

Schlachtschiff »Gneisenau«: Das dt. Schlachtschiff »Gneisenau« (26 000 t) lag zu Reparatur- und Umbauzwecken seit
1942 in Gotenhafen (vormals Gdingen) und wurde dort
als nicht einsatzbereites Kriegsschiff 1945 gesprengt, zwischen 1947 und 1951 von den Polen verschrottet.

ausweidenden: ausweiden, eigtl. die Eingeweide aus einem
toten Tier herausnehmen.

III

Nie hörte ich, was er dachte: Der Ich-Erzähler erweist sich
hier wieder als ambivalent: Einmal kokettiert er in der
anschaulich-direkten Darbietung mit der Beweiskraft seiner Aussagen und dem Dabeigewesensein des Augenzeugen.
Dann reduziert sich seine scheinbar olympische Perspektive auf die enge subjektive Sicht des Pilenz, der keineswegs immer dabei war und der vieles übersehen, auch
schon vergessen hat. Aus seinen erzählten Erinnerungen
lasse sich keineswegs alles schließen, muß er sich eingestehen. Aber er will Vergangenheit – also vor allem sein
Verhältnis zu Mahlke – bewältigen, indem er diese Vergangenheit erzählerisch zu wiederholen versucht, was ihm
nur bedingt gelingt.

Sonst war mit Mädchen nicht viel bei ihm los: Mahlke lebt
in einer Gesellschaft, in der die Rolle des Mannes über-
proportional betont wird: die Jungengruppe, die Lehrer,
die milit. Helden, die Geistlichen, die milit. Vorgesetzten,

Mahlke selbst, sein Freund Pilenz. Obgleich es eine Zeit hierarchisch gegliederter sozialer Ordnung ist, eine Zeit der großen und kleinen Führer, ist die Gesellschaft tatsächlich führungsarm, vaterlos wie Mahlke selbst, der sich als Sohn nach einem Vater auf der Photographie und vom Hörensagen richtet. Die Frauen erscheinen als bloße Funktionsfiguren der häuslichen Versorgung (Mahlkes Mutter und Tante), der unerotischen sexuellen Versuchung (Tulla) und sexuellen Zweckmäßigkeit (Frau des Oberfeldmeisters, Kap. XI), des beiläufigen Gebrauchs für eigene Leistungsziele (Cousinen) und als religiös-erotisch überhöhte Person der Ur-Mutter (Jungfrau Maria).

Tulla Pokriefke: Das Mädchen Tulla, eine Figur, die der Autor in dem Roman »Hundejahre« (1963) wieder auftreten läßt, wird in der Umschreibung mit *Punkt Komma Strich Zeichnung* und *Spirkel mit Strichbeinen* als weibliches Wesen eigener Art charakterisiert, *sie hätte genausogut ein Junge sein können.* In der ihr übertragenen Verführerrolle ist sie die kindliche Karikatur der Eva, für Mahlke aber in ihrer dynamischen Ziellosigkeit lästig, weil sie als nahes, quirliges Gegenbild zu der fernen Jungfrau Maria nicht zuletzt seine religiöse Kommunikation stört.

Spirkel: sinnverwandtes Substantiv zu umgspr. ›spillerig, dürr‹.

ihren Obulus entrichteten: Die Onanie-*Olympiade*, bei der jeder Junge seinen *Obulus* (griech.-lat., kleine Münze im alten Griechenland, hier ironisch im Sinne von kleinem Beitrag) entrichtet, ist für die Gruppe ein *Spielchen*, Gemeinschafts-*Sport* und damit Demonstration eines pubertären Vergnügens, verbunden mit noch wenig ausgeprägtem sexuellem Bezug (s. Tulla). Mahlke erfährt die von den anderen unbefangen ausgelebte Diskrepanz von Sexualität und jugendlicher Unreife intensiver. Tullas Bestrafung und die anschließende lust- und beziehungslose *Arbeit* der Masturbation sind sein krampfhafter Versuch, den Mangel an sexuellem Bewußtsein durch *Rekord*-Leistungen zu überdecken, um auch in diesem Zusammenhang fast wider Willen seine ›Größe‹ zu beweisen. Alle seine Aktionen sind auffällige Leistungsbeweise, um von der als gestört erlebten Körperlichkeit – übergroßer Adamsapfel

– und unsicheren pubertären Lebenseinstellung abzulenken. Paradoxerweise erreicht er das Gegenteil.

in der Bibel belegten Beschäftigung: Vgl. 1. Mose 38,9.

Beichtspiegel: Orientierungshilfe, die dem gläubigen kath.
Christen bei der Vorbereitung auf den Empfang des Buß-
sakramentes (Beichte) zur Besinnung auf sein Verhältnis
zu Gott und den Mitmenschen helfen will.

Hela: kleiner Ort, Seebad an der Spitze der Halbinsel Hela
oder auch Putziger Nehrung, einer 35 km langen Dünen-
halbinsel, die die Danziger Bucht im Nordwesten abschließt.

Pott: nddt. Topf, auch seemänn.-umgspr. für größeres Schiff.

Wasserscheide der Scheitellinie: metaphorische Umschreibung
von Mahlkes Mittelscheitel.

patenter: patent, lat. patens, ›frei, offen für‹, hier umgspr.
für ›geschickt, praktisch, tüchtig‹.

Gequatsche vom toten Mariner: Motivbezug zu der Ballade
»The Rime of the Ancient Mariner« (1798) des engl.
Dichters Samuel Taylor Coleridge (1772–1834), deren dt.
Übersetzung durch Ferdinand Freiligrath (1810–76) die
Verfluchung und Sühne des alten Matrosen, der den guten
Vogel Albatros getötet hat, auch in Deutschland sehr be-
kannt werden läßt (»Der alte Matrose. Ein Romanzy-
klus«).

verkehrt herum: umgspr. für homosexuell.

aus dem Baltikum umgesiedelt: Ungefähr ein Jahr vor der
Annexion der drei balt. Staaten Litauen, Lettland, Est-
land durch die Sowjetunion (Juli/August 1940) wurden
die Baltendeutschen in das Reichsgebiet und die von den
dt. Truppen besetzten Teile Polens auf Grund von Verträ-
gen umgesiedelt, die das Deutsche Reich mit den balt.
Staaten 1939 abgeschlossen hatte.

der konnte zeichnen: Die Zeichenmotive des balt. Adligen
spiegeln polit. und soziale Klischeevorstellungen der Zeit
wider: 1. das offizielle Rußlandbild, bestehend aus senti-
mentalen (*Pferdeschlitten, Kosaken*) und brutalen Elemen-
ten (*Wölfe*, Trunkenheit); 2. das in den Karikaturen des
»*Stürmer*« (antisemitische Zeitschrift der Nationalsozialisten, 1923–45) geprägte Zerrbild der jüd. Bevölkerung;
3. Mädchenskizzen aus der pubertären Phantasie; 4. das
Bild vom *Bolschewisten* als einem Vertreter kulturloser

Szenenfoto aus der Verfilmung von »Katz und Maus« durch Hansjürgen Pohland (Foto: Stiftung Deutsche Kinemathek, Berlin)

Barbarenhorden aus dem Osten; 5. vorsichtige Kritik
an der polit.-milit. Selbstdarstellung Hitlers; 6. Rennwa-
gen, *Damen*, *Shawls* als Konsumprojektionen eines Luxus-
lebens im Frieden.

Rötelstift: braun zeichnender Stift, dessen Mine aus einem
Gemenge von rotem Eisenocker und Ton besteht.

Er zeichnete ihn von vorne: Neben der Adam-Parodie
(Merkmal: übergroßer Adamsapfel), Mahlke in der Rolle
des gezeichneten Sünders auf der Suche nach einem schüt-
zenden ›Feigenblatt‹ (gestörtes Selbstbewußtsein und
Kompensationsriten), ist Mahlke gleichfalls Objekt einer
Christus-Parodie. Gerhard Kaiser schreibt dazu: »Ist nach
biblischer Vorstellung Christus der neue Adam, in dem
der Mensch seine Schöpfungsunschuld wiedergewinnt, so
ist der falsche Adam Mahlke auch ein falscher Christus,
weil er gerade nicht zum Erlöser wird, indem er die Schuld
der anderen als seine Schuld annimmt, sondern zum
Schuldigen – er wird nicht zum Erlöser vom falschen Bewußtsein, sondern ermöglicht dessen Etablierung, wenn
er den Adamsapfel mit dem Ritter- K r e u z verstellt«
(S. 15). Mahlke reagiert undifferenziert, wenn er sich
in seinem Rollenspiel durchschaut sieht: gegenüber dem
ihn karikierenden Mitschüler, der in der Tafelzeichnung
die Christus-orientierte Rolle Mahlkes als fehllaufende
Selbstüberschätzung entlarvt; gegenüber Tulla, die durch
ihre erfolgreiche Verführung zur Onanie instinktiv die
erotisch-sexuelle Geladenheit von Mahlkes Marien-Ver-
ehrung durchschaut hat; gegenüber Oberstudienrat Klohse,
der seinen publikumsbezogenen Geltungsdrang trifft, als
er ihm schulische Rehabilitierung durch milit.-heldische
Selbstdarstellung vor der versammelten Schule versagt
(Kap. XII).

Katheder: lat. cathedra, ›Stuhl, Sessel‹, auch ›Pult, Kanzel‹.
Hier Lehrerpult anstelle des heutigen Lehrertisches, das
z. T. durch ein zusätzlich erhöhendes Podest die autoritär
den Schülern übergeordnete Position des Lehrers unter-
stützte.

Ich war es ... wischte: Das hier sinnbildlich vollzogene Aus-
löschen der Mahlke-Existenz ist eine Äußerungsform des
Jagdmotivs, unter dessen Zwang Pilenz seinen Freund
Mahlke ununterbrochen katzengleich belauert, das Tafel-

bild wegwischt, Mahlkes Schnitzereien aus der Toiletten-
wand spant (Kap. XI), seinen Zufluchtsort im Wrack
durch Zurückhalten des Dosenöffners mit zum Ort des
Untergangs macht (Kap. XIII).

IV

im Winter nach dem zweiten Sommer: Winter 1941/42.

bezugscheinfrei: Bezugschein, behördliche Genehmigung, die
zum Kauf bestimmter in wirtschaftlichen Krisenzeiten vom
Staat verwalteten Mangelwaren berechtigt.

eines deutschen Jungen nicht würdig: ideologisch begründete Floskel, die die nationalsozialistischen Erziehungs-
grundsätze einer physisch und moralisch ›reinen‹ Jugend
zusammenfaßt (vgl. Adolf Hitler, Mein Kampf, München[248-251]1937, darin die Ausführungen über die »Erzie-
hungsgrundsätze des völkischen Staates«, S. 451 ff.).

Papa Brunies ... hinters Katheder gestellt hatten: Die zum
Kriegsdienst eingezogenen Männer im wehrfähigen Alter
wurden z. T. durch Pensionäre, wie hier in der Schule, und
durch Kriegsgefangene und Frauen vor allem in der Zi-
vil- und Rüstungsindustrie ersetzt.

Eichendorff, »Dunkle Giebel, hohe Fenster ...«: Erster Vers
des Eichendorff-Gedichtes »In Danzig« (1842):

Dunkle Giebel, hohe Fenster,
Türme tief aus Nebeln sehn,
Bleiche Statuen wie Gespenster
Lautlos an den Türen stehn.

Träumerisch der Mond drauf scheinet,
Dem die Stadt gar wohl gefällt,
Als läg zauberhaft versteinet
Drunten eine Märchenwelt.

Ringsher durch das tiefe Lauschen,
Über alle Häuser weit,
Nur des Meeres fernes Rauschen –
Wunderbare Einsamkeit!

Und der Türmer wie vor Jahren
Singet ein uraltes Lied:

Wolle Gott den Schiffer wahren,
Der bei Nacht vorüberzieht!

Joseph Freiherr von Eichendorff (1788–1857) wurde 1820
als Katholischer Rat Mitarbeiter der Königlichen Regierung zu Danzig und betreute von 1821 bis 1823 als Kö-
niglicher Rat in der Funktion eines kommissarischen Kon-
sistorial- und Schulrats für Westpreußen und Danzig das
Ressort für kulturelle und schulische Fragen. In seinem
Landhaus ›Silberhammer‹ bei Langfuhr entstand die Ko-
mödie »Krieg den Philistern« (1823) und das 1. Kapitel
der Novelle »Aus dem Leben eines Taugenichts« (1823).
Später zog man Eichendorff bei der Restauration der Marienburg zu Rate. Im Zusammenhang mit diesen Arbeiten,
die auch ihren Niederschlag in der Schrift über »Die Wiederherstellung des Schlosses der deutschen Ordensritter zu
Marienburg« (1844) fanden, hielt sich der Dichter 1843
und 1847 noch einmal kurzfristig in Danzig auf.

Freimaurer: weltbürgerliche Vereinigung mit natürlich-ethi-
schen Grundsätzen und sozialem Programm der humani-
tären Öffentlichkeitsarbeit, international in ›Logen‹ organisiert, in denen die regelmäßigen Zusammenkünfte nach
einem bestimmten Ritual erfolgen. Da der Nationalsozialismus alle nicht staatlich kontrollierbaren Vereinigungen
verboten hatte und überdies die Freimaurer als Verbün-
dete des sog. internationalen Judentums ansah, wurden
die Logen nach 1933 gezwungen, sich aufzulösen.

Stutthof: kleiner Ort an der Küste der Danziger Bucht zwischen Danzig und Elbing, bekannt geworden durch ein
Konzentrationslager der Nationalsozialisten. Konzentrationslager (KZ) oder Internierungslager wurden 1901 von
den Engländern im Burenkrieg zum erstenmal eingerichtet.
In ihnen halten an einem Krieg beteiligte Staaten nicht
kämpfende Angehörige eines feindlichen oder neutralen
Staates gefangen. In den totalitären Staaten des 20. Jh.s,
wie der Sowjetunion und dem nationalsozialistischen
Deutschland, dienten diese Lager vor allem der Isolierung
innenpolit. Gegner. So gab es im Deutschen Reich bis 1939
28 KZs, bis 1945 etwa 85 derartige Einrichtungen, die durch
ausgesprochene Vernichtungslager ergänzt wurden. In
diese Lager wies man politische Gegner, rassisch Verfolgte,

Kriminelle, Asoziale, auch Kriegsgefangene ein, die durch schlechte Behandlung, Zwangsarbeit, härteste Bestrafung und planmäßige Vernichtung geringe Aussichten auf ein Überleben hatten.

an anderer Stelle doch nicht von mir: Der Ich-Erzähler bekennt sich als nur für diese Novelle zuständig. Für den Autor stellt er also nur eine Möglichkeit unter vielen dar, Wirklichkeit so beurteilend entstehen zu lassen, wie sie von ihm erzählt wird. Der hier nicht genannte andere Erzähler ist Harry Liebenau, der in dem Roman »Hundejahre« in einer Episode um Tulla Pokriefke u. a. das Motiv Stutthof wieder aufgreift.

den Clown Grock, auch Chaplin: Grock, eigtl. Dr. h. c. Adrian Wettach (1880–1959), weltbekannter sog. musikalischer Clown, der von 1951 bis 1954 einen eigenen Zirkus leitete. *Chaplin,* eigtl. Charles (Charlie) Spencer (geb. 1889), Filmkomiker, Autor, Regisseur, Produzent. – Die überdimensionale Sicherheitsnadel bei Grock, Chaplin und Mahlke ist nicht nur komisch wirkendes Requisit. Sie ist zugleich auffällig gesetztes Signal für das tragische Mißverhältnis von den menschlich unzulänglichen Mitteln zur ›Sicherung‹ der eigenen Persönlichkeit und den davon unbeeinflußt bleibenden Schwierigkeiten.

Blechbügel ... Scheitel kreuzte: Vgl. zum Kreuzmotiv Anm. zu *ein geteertes Kreuz* in Kap. I.

Obelisk: griech. obelískos, Verkleinerungsform zu griech. obelós, ›Spieß‹, also ›Spießchen‹; hoher vierkantiger Steinpfeiler, nach oben verjüngt, in einer pyramidenförmigen Spitze endend.

Sud: von sieden, Gekochtes, hier im Sinne von Brei.

Kropf: Vergrößerung der Schilddrüse mit Schwellung am Hals.

ich verspürte ... Armbanduhr geschenkt: Die von Pilenz beanspruchte Intimität des gewünschten Freundschaftsverhältnisses zu Mahlke wird hier bes. deutlich angesprochen, zumal das Schenken einer Armbanduhr in diesem Alter große Opferbereitschaft bedeutet. Im Verlauf der Novellenhandlung erweist sich Pilenz' Verhältnis zu Mahlke immer deutlicher als Mischung aus instinktiv gesteuerter Anbiederung, demonstrativ gezeigter Verläßlichkeit, Unsicherheit nährender Eifersucht und planmäßiger Verfolgung aus Haß.

Tabernakel: lat. tabernaculum, ›Zelt, Hütte, Gehäuse‹; Behälter zur Aufbewahrung des Hostiengefäßes.

zwischen Opfer und Wandlung: genauer ›Opferung‹ (lat. offertorium, ›Darbringung‹) und Wandlung; gemeint ist der Zeitabschnitt zwischen dem Darbringen der Gaben von Brot und Wein und der Wandlung dieser Gaben in Leib und Blut Christi.

Zigarettenbildchen: Reklamebeigabe der Zigarettenindustrie, um die Kunden über das Sammeln von Bildern unterschiedlicher Themenbereiche zu weiterem Kauf anzuregen.

nie die Schellen nachbimmeln ließ: Bis zur Liturgiereform durch das II. Vatikanische Konzil gebräuchliche akustische Zeichen, mit denen die Meßdiener auf die wesentlichen Teile der Eucharistiefeier aufmerksam machten, weil die bis dahin im Gottesdienst verwendete lat. Sprache dem einfachen Gläubigen das unmittelbare Verständnis verwehrte.

Meßwein: eine der eucharistischen Gaben, wird in der sog. Wandlung zum Blut Christi.

Staffelgebete: Vgl. Anm. zu *Stufengebete* in Kap. I.

Introibo ... saeculorum: Textteil des Psalms 42, der im Wechsel mit dem Meßdiener vom Priester gesprochen wird, wobei dieser Text von den Meßdienern ohne Lateinkenntnisse und so auch ohne Verständnis auswendig gelernt werden mußte. (Übers.: Zum Altare Gottes will ich treten, zu Gott, der mich erfreut von Jugend auf. Gott ist meine Stärke, und ich trete an den Altar Gottes, wie es war im Anfang und jetzt und immerdar und in Ewigkeit.) Die wiedergegebenen lat. Zitate sind nur Bruchstücke des bis zum II. Vatikanischen Konzil gesprochenen Stufengebets.

wegen sonntäglicher Geländemärsche: vormilit. Ausbildung in den nationalsozialistischen Jugendverbänden.

die Kommunionbank abklapperten: Der Meßdiener begleitete den die Kommunion austeilenden Priester und hielt eine Schale, die ein Herunterfallen der Hostie verhindern sollte.

V

Führerhauptquartier: In den ersten Kriegsjahren verlieh Hitler in seinem jeweiligen Hauptquartier die noch relativ geringe Zahl von Ritterkreuzen selbst. Eines der neun Hauptquartiere war die nicht weit von Danzig gelegene sog. ›Wolfsschanze‹ (Rastenburg/Ostpreußen), wo sich Hitler ab Juni 1941 häufig aufhielt.

den begehrten Bonbon: eigtl. die im nationalsozialistischen Deutschland spaßhaft verwendete Bezeichnung für das einem ›Bonbon‹ ähnliche Parteiabzeichen, hier auf das Ritterkreuz bezogen. Mit der bleibenden Neigung, das Wort ›Ritterkreuz‹ nicht auszusprechen, sondern Ersatzbezeichnungen (z. B. Ding, Gegenstand, Artikel, Magnet, Dingslamdei, Metall) zu verwenden, wird die Kriegsauszeichnung zum Unaussprechlichen hochstilisiert.

rief uns … ein besonderes Klingelzeichen in die Aula: Die Vorträge von verdienten Soldaten über den Kampf dt. Truppen an den Fronten wurden während des Zweiten Weltkriegs in das Schulleben mit einbezogen. Schon die beiden anschließend beschriebenen Auftritte von Offizieren, dann aber auch Mahlkes Bemühungen um eine Vortragsgelegenheit (Kap. XII), weisen über den vorgeführten Zusammenhang von kriegsmäßiger Vernichtungsleistung und Ordensehrung auf die Fragwürdigkeit solcher Veranstaltungen und ihres moralischen Gehalts.

ein Leutnant der Luftwaffe: Die Reihe der staatlich verführten ›Helden‹ entspricht den drei im Krieg vertretenen Waffengattungen. Es sprechen ein *Leutnant der Luftwaffe,* ein *Kapitänleutnant zur See* (Kap. VII), und es spricht nicht mehr *Unteroffizier und Panzerkommandant* Mahlke. Der nachfolgende Vortrag des Luftwaffenleutnants bindet das im Krieg selbstverständliche Töten und Zerstören an eine dem Schüler verständliche Form ·der mehr abenteuerlich-sportlichen Beschäftigung, die Mut und Draufgängertum verlangt. Erfahrene Angst, beobachtetes Sterben und materielle Vernichtung werden durch einen betont lässig-gewandten Auftritt und burschikosforschen Sprachstil kaschiert, vermischt mit technischen Begriffen und dem Jargon des Frontsoldaten: Der Ernst des Krieges wird zur kumpelhaft vorgetragenen, sportlich riskanten Leistung verfälscht und damit zur verführerischen Fehlinformation mit Propagandaeffekt für die arglos staunenden Schüler. Die Unmoral dieser Heldendemonstration wird zusätzlich dadurch verdeutlicht, daß nämlich dieser ›Held‹ aus einer verlorengegangenen Schlacht kommt, der sog. ›Luftschlacht um England‹.

Kanal: der Ärmel-Kanal zwischen dem europ. Festland und England.

ein Verband mit Jagdschutz: Formation von Kriegsflugzeugen, der zum Schutz begleitende Jagdmaschinen beigegeben sind.

Karrussel: umgspr., auf der 2. Silbe betonte Form (hochdt. Karussell), hier Pilotenspr. Beim Zweikampf von Jagdflugzeugen kam es wesentlich darauf an, den Gegner im immer enger werdenden Kurvenflug abzuschütteln oder selbst in günstige Schußposition zu kommen.

Spitfire: einmotoriges brit. Jagdflugzeug im Zweiten Weltkrieg.

hab ihn drinnen ... im Visierkreis: Das gegnerische Flugzeug muß für den Beschuß über eine optische Zieleinrichtung erfaßt werden.

Propellernarbe: richtig eigtl. -nabe, metallener Aufsatz in konischer Kappenform, der den Propeller u. a. auf der Antriebsachse des Motors festhält.

er mußte in den Bach: Pilotenspr., Absturz ins Meer.

der bekommt seinen Segen: Pilotenspr., wird beschossen.

zieh den Knüppel nach hinten: Bewegungsrichtung des Steuerknüppels für den Steigflug.

drück nochmal auf die Tube, da routiert er im Bach: Pilotenspr., gemeint ist nochmaliger Beschuß und Absturz ins Meer.

vierundzwanzig auf der Latte: auf dem siegreichen Flugzeug markierte Abschußzahlen.

nuancenreich: in feinen Abstufungen, Veränderungen.

Kasino: Speise- und Aufenthaltsraum für Offiziere.

auf die Schippe zu nehmen: Herkunft der Redensart umstritten; vermutl. Teil der Gaunersprache (hinterhältige Vernehmungsmethode) oder auch die aufgestellte Schaufel als Sinnbild für die Abweisung eines Freiers; hier im Sinne von ›verspotten, mit jmdm. Scherz treiben‹.

Schwerenöter: durchtriebener Mensch, eigtl. jmd., dem man

die Schwerenot (frühnhd. für ›Epilepsie‹) wünscht, später – und so hier – ›liebenswürdiger Schlingel‹, einer, der auf das weibliche Geschlecht großen Eindruck macht oder sich zu machen bemüht.

nicht umsonst gefallen: allgem. gebrauchte Phrase der scheinbaren Rechtfertigung der kalkulierten Beziehung von Krieg und Tod, die das Unwiderrufbare des Sterbens in banaler Weise zu relativieren versucht.

Die Rede des Direktors dauerte: Durch die sprachliche Reduzierung der Ansprache auf ihre phraseologischen Gelenkstellen und die übertriebene substantivierende Kontraktion akzentuiert der Erzähler den rhetorischen Leerlauf der Rede: *Jenedienachunskommen,* parolenhafte Zukunftsbeschwörung eines Fortbestandes des nationalsozialistischen Deutschlands. *Undindieserstunde,* Feierstunden dieser Art als Gelegenheit, die eigene Kraft dem Vaterland zu weihen. *Wandererkommstdu,* zitierter Beginn des von Schiller und Geibel nachgedichteten griech. Distichons, das dem spart. König Leonidas und seinen Soldaten gewidmet ist, die 480 v. Chr. durch Verrat im Kampf gegen die persische Übermacht bei dem Engpaß der Thermopylen den Tod fanden. Im Zusammenhang mit der Kriegssituation, in der sich das Deutsche Reich befand, bedeutet das Zitat Hinweis auf einen historischen Fall vorbildlicher Bewährung soldatischer Tugenden. *Dochdiesmalwirddieheimat,* Bezug auf die sog. Dolchstoßlegende (Erster Weltkrieg) und Hinweis darauf, daß diesmal die Heimat der Front nicht in den Rücken fallen und es auch keine Niederlage geben werde. *Undwollenwirnie,* mahnender Aufruf zur ausschließlichen Treue gegenüber dem Vaterland und dem Führer. *flinkzähhart,* sprichwörtl. Wunsch des Führers Adolf Hitler, die dt. Jugend so auszubilden, daß sie »flink wie Windhunde, zäh wie Leder, hart wie Kruppstahl« sei. *Undwernichtdersoll,* Androhung des gesellschaftlichen Ausgeschlossenseins, wenn die Mitarbeit versagt wird. *Mitschillerwortschließen – Setzetnichtlebenein niewirdeuchgewonnensein,* Legitimierungsnachweis der Forderungen an das dt. Volk durch die Berufung auf unbestrittene Autoritäten der dt. Geistesgeschichte (Schiller, »Wallensteins Lager«, 11. Auftritt, Refrain der letzten Strophe des Reiterliedes »Wohlauf, Kameraden, aufs

Pferd, aufs Pferd!«: »Und setzet ihr nicht das Leben ein, /
Nie wird euch das Leben gewonnen sein.«). Spartaner und
Wallensteins Soldaten werden in ihrer unreflektierten em-
phatischen Kampfes- und Todesbereitschaft propagandistisch als Schüler-Vorbilder beschworen.

einen Freiherrn von Conradi: Karl Friedrich Freiherr von
Conradi (1742–98), Mitglied einer angesehenen Danziger
Patrizierfamilie, hatte 1794 testamentarisch sein Grund-
eigentum von 11 Gütern und die Hälfte seines Barver-
mögens für die Einrichtung zweier Volksschulen und einer
weiterführenden Schule für Knaben bestimmt. In Jenkau
gegründet, wurde letztere 1900 nach Danzig-Langfuhr
verlegt und von einer Realschule zu einem Gymnasium
ausgebaut (Conradinum).

Lessingbüste: Zeichen der humanistisch-aufklärerischen Tradition des Gymnasiums, durch die praktizierte Pädagogik
nationalsozialistischen Zuschnitts zum dekorativen Ver-
satzstück degradiert.

Jetzt müssen sie schon Vierzig runterholen: Gemeint ist die
Quote abgeschossener feindlicher Flugzeuge, um die Voraussetzungen für die Verleihung des Ritterkreuzes zu er-
füllen. Mahlke, nüchtern berechnend und zielstrebig, meldet sich darum auch später nicht zur Luftwaffe, sondern
zur Panzerwaffe.

Leuchtplaketten und Leuchtknöpfe: phosphoreszierende und
rückstrahlende Erkennungszeichen, die neben dem von
Pilenz hier erwähnten Personenkreis vor allem auch von
den nachts Außendienst verrichtenden Berufstätigen getragen wurden, um bei der kriegsnotwendigen totalen
Verdunklung der Städte (Schutzmaßnahme, um anflie-
genden feindlichen Flugzeugen die Orientierung und Zielansprache zu erschweren) untereinander erkennbar zu bleiben.

des Luftschutzes: Die nächtliche Verdunklung von Privat-
wohnungen, Industrieanlagen, Straßen, Fahrzeugen usw.
wurde vom Luftschutz streng kontrolliert.

Pulk: hier in der Bedeutung von ›Schwarm‹.

VI

Sondermeldungen: Neben den Wehrmachtsberichten ließ das Oberkommando der Wehrmacht milit. Erfolge auch durch Sondermeldungen über den Rundfunk ausstrahlen.

Allenfalls U-Boote machten ihn beweglich: Das Unter- und Auftauchen von U-Booten verdeutlicht in bildhafter Weise, wie Mahlke sein Leben ähnlich als Auftauchversuch aus der Kindheit und Pubertät versteht, seine Leistungen als *Probefahrten, das ausgefahrene Sehrohr* als Zeichen tastender Versuche, mit denen er Orientierungsmöglichkeiten ortet.

Sehrohr: ein vom direkt unter dem Meeresspiegel laufenden U-Boot aus dem Turm hinausschiebbares Rohr, das über ein optisches System, ähnlich einem Scherenfernrohr, den Blick über die Meeresoberfläche ermöglicht.

Schichauwerft: Vgl. Anm. in Kap. 1.

Kapitänleutnant: dem Hauptmann des Heeres dienstgleicher Rang bei der Marine.

als er planmäßig begann, die Funkerkabine neu einzurichten: Mansarde und Funkerkabine sind die äußersten räumlichen Positionen, zwischen denen Mahlke sich bewegt. Von oben, aus der Position des Überblicks (Schauplatzebene 1 = Mansarde, Dachwohnung) vollzieht sich Mahlkes ›Abstieg‹ und ›Rückzug‹ über den Lebensraum der Gesellschaft (Schauplatzebene 2 = Danzig, Handlung) zur Funkerkabine (Schauplatzebene 3 = Wrack, Behelfswohnung wie 1). Mahlke kommt aus dem Alleinsein und geht in die Einsamkeit. Pilenz bleibt bei allem von ihm ausgeschlossen und dadurch in seinem Gefühl düpiert.

»Tsushima«: »Tsushima. Der Roman eines Seekrieges« (1936) von Frank Thieß (geb. 1890 in Litauen) behandelt das Schicksal der russ. Kriegsflotte in den Jahren 1904/05 während des Koreakrieges zwischen Rußland und Japan. Die Vorgeschichte dieser Seeschlacht und die Niederlage der russ. Flotte gestaltet Thieß, im Gegensatz zur antisowjetischen Politik des Nationalsozialismus, aus deutlich russophiler Perspektive.

Dwinger: Edwin Erich Dwinger (geb. 1898 in Kiel), während der nationalsozialistischen Herrschaft Reichskultursenator, im Zweiten Weltkrieg Kriegsberichterstatter einer Panzerdivision. Vor allem durch seine autobiographischen, spannend geschriebenen Tatsachenberichte (z. B. »Die deutsche Passion: Die Armee hinter Stacheldraht«, 1929; »Zwischen Weiß und Rot«, 1930; »Spanische Silhouetten«, 1937; »Der Tod in Polen«, 1940), in denen aus nationalistischer Sicht über Geschehnisse aus dem Ersten Weltkrieg, russ. Gefangenschaft und Revolution, span. Bürgerkrieg und Zweitem Weltkrieg berichtet wird, ist Dwinger in den zwanziger und dreißiger Jahren ein bekannter Schriftsteller.

die Madonna im Rohr: Motivverbindung zu seinem später geschilderten erfolgreichen Einsatz als Panzerschütze (vgl. Kap. XIII).

aber nur ich ... kam dem Pfeifen nach: weiterer Hinweis auf die erzählte Zusammengehörigkeit von Mahlke und Pilenz und ihre Partnerschaft: das Vorbild Mahlke, eifernder Katholik und sinnbildlicher Vorsänger (Vorpfeifer), und Nachahmer Pilenz, pro forma praktizierender Katholik, auch um Mahlke nahe zu sein, und Nachpfeifer.

die gesamte Pfingstsequenz: Der Hymnus *Veni, Sancte Spiritus* (Komm, Heiliger Geist) wird zwischen den Lesungen der Messe am Pfingstsonntag gesungen. Der Hymnus *Stabat Mater dolorosa,* genannt sind der erste und letzte Vers, wird zwischen den Lesungen an bestimmten Marienfesten gesungen.

sporadisch: griech., vereinzelt, selten.

Obgleich ich nie Deine Bude besichtigt habe: Wie schon früher muß Pilenz auch hier eingestehen, daß er den privaten Lebens->Raum< und damit Mahlkes geistige und seelische Intimsphäre nicht kennt. So interpretiert er den >perfekten Umzug< Mahlkes auch lediglich als Ortswechsel und erkennt nicht, daß die räumlich *verkleinerte Ausgabe* der neuen Wohnung einen existentiellen Reduktionsprozeß markiert.

für den der Krieg nur vier Wochen gedauert hatte: vom 1. September bis 2. Oktober 1939 (vgl. Kap. II).

Ave Maria: altchristl. Mariengebet nach Luk. 1,28 ff., das Eingang in die Liturgie gefunden hat. Zahlreiche Vertonungen, darunter die bes. bekannt gewordenen Kompositionen von Schubert und Bach/Gounod.

die kabbelige See: Seemannsspr., Störungen des gleichmäßigen Seegangs durch Strömungen, Wellenreflektion (hier am

Wrack) oder Sich-Überkreuzen verschiedener Wellensysteme.

»Tosca«: Oper von Giacomo Puccini (1858–1924), Hauptvertreter der ital. Oper nach Giuseppe Verdi (1813–1901).

Humperdinck: Engelbert Humperdinck (1854–1921), dt. Komponist, an Richard Wagner orientiert, Autor volkstümlicher Märchenopern wie »Hänsel und Gretel« (1893) und »Die Königskinder« (1910).

ein Stück Symphonie mit Dadada Daaah: Gemeint ist Ludwig van Beethovens (1770–1827) Sinfonie Nr. 5, c-Moll, op. 67 (1804–08). Das einprägsam pochende Hauptmotiv des ersten Satzes – Beethoven soll dazu gesagt haben: »So klopft das Schicksal an die Pforte« (Schicksalssinfonie) – wurde in den Kriegsjahren von BBC-London als Erkennungssignal für deutschsprachige Sendungen verwendet.

Wunschkonzerten: Musiksendungen des Rundfunks nach Hörerwünschen, in den vierziger Jahren oft öffentliche Großveranstaltungen mit beliebten Solisten vor Urlaubern und verwundeten Soldaten als Publikum.

schrien nach etwas Schrägem: schräge Musik seit den zwanziger Jahren gebrauchte Bezeichnung für Jazz- und Tanzmusik.

Zarah: Zarah Leander (geb. 1907), schwed. Filmschauspielerin und Sängerin, seit ihrem ersten dt. Film »Zu neuen Ufern« erfolgreich in Deutschland und viel eingesetzt in den mit Propagandaeffekten und Durchhalteparolen versehenen Spielfilmen der Ufa während des Krieges.

Sang: . . . »Weißwirdmalwundergeschehn«: Lieder und Schlager, die von Zarah Leander damals gesungen wurden. 1. »Ach, ich habe sie verloren«, Lied aus dem Film »Heimat« (1938), nach einer Arie aus Christoph Willibald Glucks Oper »Orpheus und Eurydike« (1762); 2. »Der Wind hat mir ein Lied erzählt«, aus dem Film »La Habanera« (1937); 3. »Ich weiß, es wird einmal ein Wunder geschehn«, aus dem Film »Die große Liebe« (1942).

ihr glasschneidendes Schrillen: Motivverbindung zu Günter Grass' Roman »Die Blechtrommel« (1959), dessen Held Oskar Matzerath über die Fähigkeit, mit seiner Stimme Glas zu zersingen, verfügt.

Robert-Schumann-Saal: Robert Schumann (1810–56), dt. Komponist und Musikschriftsteller der Romantik, 1850 bis 1853 Musikdirektor in Düsseldorf. Der hier angesprochene Festsaal in Düsseldorf informiert über Pilenz' neue Heimat. Auch Grass lebte von 1947 bis 1952 in Düsseldorf.

von Monteverdi bis Bartók: Claudio Monteverdi (1567 bis 1634), ital. Komponist, erster großer Musikdramatiker (Werke: Messen, Madrigale, Opern). Béla Bartók (1881 bis 1945), ungar. Komponist, neben Arnold Schönberg (1874–1951) und Igor Strawinsky (1882–1971) der einflußreichste Wegbereiter der Neuen Musik (Werke: Opern, Ballette, Orchester- und Klavierwerke).

Zwar bewunderten wir Mahlke: ›Bewunderung‹ und ›Ablehnung‹, ›Mitleid‹, ›Furcht‹ und ›Scham‹, aber letzten Endes doch ›Stolz‹: Die gefühlsmäßige Unordnung in der kameradschaftlichen Beziehung der Jungengruppe zu Mahlke weist auf die altersgemäße seelische und körperliche Unausgeglichenheit der Jugendlichen. Ihr Bleiben bei Mahlke und damit die Anerkennung seiner für sie unbestimmt schillernden Persönlichkeit ist Indiz auch für die altersentsprechende Bereitschaft, eine durch oberflächliche Außergewöhnlichkeit attraktiv gewordene Abenteurerfigur als Vorbild anzunehmen und deren Verführungen zu erliegen. Ist Mahlke die erzählte Christus-Parodie, wie der Germanist Gerhard Kaiser meint, dann sind seine Kameraden die parodierte Jünger-Gruppe mit Pilenz als dem später ihn verratenden Judas.

VII

Real-Gymnasium: dem Unterrichtsangebot nach Schulform zwischen humanistischem Gymnasium und Oberrealschule.

gab allen Gesprächen ... neue Richtung: erzählerische Vorausdeutung, die die wichtige Gelenkfunktion des 2. Frontberichtes (1. Frontbericht: Luftwaffenoffizier, Kap. V) für den Verlauf der weiteren Handlung heraushebt.

Pedell: Hausmeister einer Schule.

Kaleu: Abk. für ›Kapitänleutnant‹.

akkurat: lat. accuratus, ›sorgfältig, ordentlich‹.

Mozartzöpfen: im Nacken mit einer Schleife zusammengebundener Haarschopf.

Langemarck: Gemeinde in der belg. Provinz Westflandern.

Hier stürmten gleich zu Kriegsbeginn 1914 Freiwillige –
meist Studenten –, das Deutschlandlied singend, begeistert
gegen den Feind. Ihr milit. sinnloser Tod wurde in nach-
träglicher Rechtfertigung zu einem vaterländischen My-
thos umfunktioniert.

auf der Insel Ösel fiel Walter Flex: Der Dichter Walter Flex
(1887–1917), epigonaler Neuromantiker, fiel als Kompanieführer bei der Erstürmung der Ostseeinsel Ösel. Seine
idealistischen und patriotischen Dichtungen zeigen einen
neuen dt. Menschen, der die Gemeinschaft über den Anspruch des einzelnen stellt. Von daher wurde Flex zum
Leitbild für Jugendbewegung und Wandervogel und
wurde auch im ›Dritten Reich‹ noch als Vorbildgestalt
gefeiert.

Reifwerdenreinbleiben: Zitat aus der vielgelesenen Schrift
von Walter Flex »Der Wanderer zwischen beiden Welten«
(1917), die zu einer Art Bekenntnisbuch der idealistischen
Jugend nach dem Ersten Weltkrieg wurde.

Fichte: Johann Gottlieb Fichte (1762–1814), Theologe und
Philosoph. Neben seinen philosophischen Schriften in der
Nachfolge des Kantischen Kritizismus ist Fichte vor allem
bekannt geworden durch seine polit. Schriften, in denen
er staatssozialistische Vorstellungen entwickelte und nach
1806 zum patriotischen Zusammenhalt aller Deutschen
im Kampf gegen Napoleon aufrief (»Der Patriotismus und
sein Gegenteil«, 1807; »Reden an die deutsche Nation«,
1807/08).

Arndt: Ernst Moritz Arndt (1769–1860), Theologe, Historiker, Dichter der Befreiungskriege. Er erlangte mit seinen zahlreichen Freiheits- und Vaterlandsliedern (z. B.
»Was ist des Deutschen Vaterland«, »Der Gott, der Eisen
wachsen ließ«) sowie polit. Schriften große patriotische
Wirkung im Kampf für die polit. und geistige Freiheit
der Deutschen.

Vondirunddeinemtunallein: Zitat aus einem Gedicht von
Albert Matthäi (1855–1924), veröffentlicht 1922 als Nr. 8
der sog. »Deutschen Wandsprüche«.

Fichte an jeden Deutschen

Du sollst an Deutschlands Zukunft glauben,
an deines Volkes Auferstehn.

Laß diesen Glauben dir nicht rauben
trotz allem, allem, was geschehn.

Und handeln sollst du so,
als hinge von dir und deinem Tun
allein das Schicksal ab der deutschen Dinge
und die Verantwortung wär' dein!

Die Titelformulierung verführte häufig dazu, Johann
Gottlieb Fichte als den Autor anzunehmen.

der Blick des Führerbildes: In allen wichtigen Räumen des
öffentlichen Dienstes hing das Bild des Reichskanzlers
und Führers Adolf Hitler. Das Gegenüber der Porträts
von Hitler und Conradi steht für zwei gegensätzliche
Weltanschauungen.

Fadenkreuz: in der Optik des U-Boot-Sehrohrs eingelassenes
fadendünnes Kreuz als Zieleinrichtung.

Flottenkalender: jährliche Veröffentlichung mit Informationen zur Marine (Typenbezeichnungen, technische Daten
usw.). Die vom Erzähler zusammengefaßten Ausführungen des Kapitänleutnants betreffen Ereignisse des Ersten
Weltkriegs, bei denen dt. U-Boote erfolgreich waren: 1.
Otto *Weddigen* (1882–1915), Kapitänleutnant, Kommandant von U 9, versenkte am 22. September 1914 vor der
holl. Küste drei brit. Kreuzer und bewies damit die milit.
Wirksamkeit der jungen U-Boot-Waffe; 2. *Unterseeboot
entscheidet Dardanellenfeldzug* (19. 2. 1915 – 9. 1. 1916);
dt. Unterseeboote unterstützten seit 1914 von kleinasiat.
Häfen aus nachhaltig die erfolgreichen dt.-türk. Angriffe
gegen engl.-frz. Landungsunternehmen zur Eroberung der
Dardanellen (Meerenge am Bosporus); 3. *unter Wasser
Elektromotoren, über Wasser Diesel,* notwendig gemisch-
ter Antrieb für Über- und Unterwasserfahrt, weil Ver-
brennungsmotoren Sauerstoff benötigen und darum für
die Unterwasserfahrt ungeeignet sind; 4. *der Name Prien,*
Günther Prien (1908–41), Korvettenkapitän, dt. U-Boot-
Kommandant, drang am 14. Oktober 1939 auf U 47 in
den brit. Flottenstützpunkt Scapa Flow ein (vgl. Anm. zu
*nach dem wohlbekannten Muster Scapa Flow, geflu-
tet* in Kap. II) und versenkte das brit. Schlachtschiff *Royal*

Oak; 5. Leutnant *Schuhart* auf U 29 versenkte am 12. September 1940 den brit. Flugzeugträger *Courageous.*

Reserveaalen: Marineausdruck für Torpedos.

Kimm: Horizontlinie.

Geleitzug: ein in Kriegszeiten durch bewaffnete Marineeinheiten abgesicherter Verband ziviler Transportschiffe.

qui quae quod ... cuius: lat. Deklinationsformen des Interrogativ- und Relativpronomens.

L I: Abk. für Leitender Ingenieur an Bord.

Rohr eins und Rohr zwei looos: Feuerkommando für das Bedienungspersonal an den Torpedorohren eines U-Bootes.

Bruttoregistertonnen: Abk. BRT (1 BRT = 2,8316 cbm), Gesamtraum eines Schiffes.

Husaren: ungar., seit dem 17. Jh. in dt. Staaten milit. Bezeichnung für leicht bewaffnete Reiter in ungar. Tracht. Die in Kap. XIII erwähnte Kaserne in Hochstrieß war ehemalige kaiserl. Husaren-Kaserne.

Lenzpumpe: befördert das in den Schiffsraum eingedrungene Wasser wieder nach draußen (lenzen).

Rudergänger: der Mann, der die Wache am Ruder (Steuer) ›geht‹ und den Kurs steuert, der ihm vom Wachhabenden angegeben ist.

Mutterkompaß: Marinebezeichnung für den Kreiselkompaß, der auf Grund eines eingebauten, mit hoher Geschwindigkeit rotierenden Kreisels sich auch auf Metallschiffen stets genau in Nord-Süd-Richtung einstellt.

Kreiselkompaßtöchter: Während der eigtl. Kreiselkompaß mit seinem Antriebsaggregat im Schiffsinnern installiert ist, stehen auf der Kommandobrücke, dem Peildeck usw. die Tochterkompasse, deren Richtungsanzeige vom Kreisel des Mutterkompaß elektrisch gesteuert wird.

intus: lat., innen, inwendig; umgspr. für ›etwas begriffen, gelernt haben‹.

Hundewache: die unbeliebteste Wache an Bord eines Schiffes, von Mitternacht bis vier Uhr morgens.

Kugelschott: in den U-Boot-Körper eingelassene Stabilisierungs- und Dichtungswände.

der gute alte Andersen oder die Brüder Grimm: Hans Christian Andersen (1805–75), dän. Märchendichter, und die märchensammelnden Brüder Jacob (1785–1863) und Wilhelm Grimm (1786–1859).

Asdic-Impulsen: engl. Abk. für Allied Submarine Devices Investigation Committee, Bezeichnung für ein U-Boot-Suchgerät, das mit Hilfe der Reflektion ausgesandter Impulse die getauchten Boote ortet.

bukolischen: für Dichtungen idyllischer Thematik, die an die Tradition der Hirten- und Schäferdichtung des antiken Griechenland anknüpft.

ein Flugboot, Typ »Sunderland«: viermotoriges brit. Wasserflugzeug, das im Zweiten Weltkrieg im Rahmen der Seekriegsführung eingesetzt wurde.

Sehrohrsattel: Sitzgelegenheit unterhalb des ein- und auszufahrenden Sehrohrs.

Wabos: milit. Abk. für Wasserbomben, die bei der U-Boot-Bekämpfung von den verfolgenden Schiffen über Bord geworfen und in bestimmter Tiefe gezündet werden.

obligaten: lat. obligatio, ›Verpflichtung‹, hier im Sinne von ›unerläßlich, unentbehrlich‹.

ins Mystische: Mystik als unmittelbares Erlebnis Gottes Grundform religiösen Erlebens, gefühlsbetont, rauschhaft.

nach erfolgreicher Feindfahrt mit Odysseus: Odysseus, Gestalt der griech. Mythologie, König von Ithaka, entscheidet durch seinen Vorschlag zum Bau des hölzernen Pferdes den Trojanischen Krieg. Seine abenteuerliche Heimfahrt nach Griechenland schildert der griech. Dichter Homer (Ende 8. Jh. v. Chr.) in dem Epos »Odyssee«. Ironisierender Verweis auf den hier vom Vortragenden imitierten pathetischen Stil der antiken Dichtung.

Wirliebendiestürme: nach dem Ersten Weltkrieg vor allem als Wanderlied gesungen von den zahlreichen Jugendgruppen, wie der Bündischen Jugend und den Pfadfindern, in der nationalsozialistischen Zeit als Lied des Kampfesmutes und männlichen Einsatzes von den polit. Jugendorganisationen und der Wehrmacht übernommen.

neugotische Turnhalle: Die Diskrepanz von urspr. Gebäudefunktion und tatsächlicher Nutzung gebraucht der Erzähler zur Auflösung der Sinnbildgrenzen von Turnhalle und Kirche. So wie der Umkleideraum von den Jungen als *Sakristei* bezeichnet wird oder der Kapitänleutnant *in den meßdienerroten Turnhosen* seine sportlichen Übungen vollzieht, Begriff und Bedeutung von Turnhalle und Kirche also diffus werden, von genauso relativierter Verbindlich-

keit zeugen die Wertbeziehungen von Heldentum und
Frontsoldatenidol, von pädagogischem Anspruch des Gymnasiums und praktischer Schularbeit usw. Überkommene
religiöse, moralische, historische Bezüge sind in dieser
Zeit in Frage gestellt. Beispielhaft hierfür stehen in diesem
Kapitel die kultisch überhöhte Sportszene in der Halle,
die ein propagandistisch verursachtes Zerrbild von Männlichkeitsidolatrie vermittelt, und Mahlkes Ordensdiebstahl,
der in der kleinbürgerlich arroganten Reaktion aus Ungerechtigkeit und Wut die Feigenblattfunktion eines inzwischen entwerteten Ordens bei dem Offizier und dem
Lehrer verdeutlicht.

Rosetten und Fischblasen: Begriffe der Kunstgeschichte; *Rosetten*, Ornamente mit kreisrundem Umriß, aus einem stilisierten Blütenstern entwickelt; *Fischblasen*, fischblasenähnliches Ornament mit rundem Kopf und schwanzartiger
Spitze, bes. im got. Maßwerk.

Priesterweihe oder Firmung: zwei der sieben Sakramente.
Der kath. Christ glaubt, z. B. bei der Priesterweihe, daß
durch Handauflegen des Bischofs Gott den Kandidaten
für sein Amt befähigt (lat. firmare, ›festigen‹).

Trapez: griech.-lat., eigtl. ›Tischchen‹, heute Bezeichnung für
Schaukelreck, eine kurze Holzstange zwischen zwei Schaukelseilen.

Sakristei: lat. sacer, ›heilig‹; Nebenraum der Kirche für die
Geistlichen und zur Aufbewahrung gottesdienstlicher Geräte.

bin gleich wieder auf Deck: Marinespr., bin gleich wieder
da.

Binder: Krawatte.

Als Mallenbrandt in flauschigem Bademantel ...: Die Verhörszene in der *Sakristei* artet zum Tribunal der brutalen
Willkür aus und wird damit zur Episode menschlichen
Versagens. Lehrerautorität, gestützt auf Trillerpfeife und
Fachpublikationen, wird als Scheinautorität entlarvt. Mallenbrandt straft und urteilt grundlos und impulsiv, der
Offizier sieht sich schülerhaft verunsichert und kompensiert durch gespielte Lässigkeit und unkontrollierte Wut,
Pilenz demonstriert Schweigen aus Feigheit, Unentschlossenheit und schlechtem Gewissen und Mahlke, der Schuldige, sieht der ungerechten Verurteilung teilnahmslos zu.

Mahlke ahnt noch nicht, daß ihn Strafe mit gleicher Willkür und ungerechter Maßgabe treffen wird.

Währungsreformen: Maßnahmen zur Wiederherstellung der
durch Inflation, d. h. Wertverlust, zerrütteten Währungs-
stabilität. Der Erzähler bezieht sich hier auf die Wäh-
rungsreform von 1948, bei der die Reichsmark durch die
Deutsche Mark ersetzt worden ist.

Fatzkes: Plur., umgspr. für ›Geck, eitler Mensch‹.

Fliegen: umgspr. für ›Querbinder‹.

Spucknapf: In öffentlichen Gebäuden bis in den Zweiten
Weltkrieg vorhandenes flaches Blechgefäß auf dem Fuß-
boden, das ein Verunreinigen des Fußbodens durch Aus-
speien verhindern sollte.

Stinten: nddt., Gattung der Lachsfische, als gemeiner Stint,
Stinklachs oder Seestint u. a. bes. an den Küsten Nordeuropas und in den Haffen Ostpreußens verbreitet. Die
Bezeichnung findet als Schimpfwort Eingang in den Ma-
rinejargon.

VIII

verquasten: nddt.-umgspr., vergeudeten, vertaten.

Er kommunizierte ... links außen: sprachliche Anspielung
auf die Verbindung religiöser und sportlicher Bereiche bei
Mahlke.

in Rußland stand: ›stehen‹, milit. für Aufenthalt des Soldaten bei der Truppe.

Vespermäntel: liturgischer Umhang, der bei kirchlichen Feiern
vom Priester getragen wird. Vesper, nachmittägliche Ge-
betszeit (lat. vesper, ›Abendmahlzeit, Abend‹).

Albe: lat. albus, ›weiß‹; langes engärmeliges geistliches Gewand, unter allen liturgischen Umhängen zu tragen.

Max-Halbe-Platz: Diese und die folgenden lokaltopogra-
phischen Angaben sind die Straßenbahnhaltestellen der
Strecke Danzig-Langfuhr–Brösen.

spirrige: nddt., dürre.

Der Große Mahlke: traditionelle Verbindung des Attributs
›groß‹ mit dem Namen von Persönlichkeiten, deren Bedeutung so bes. herausgestellt werden soll (vgl. Friedrich
der Große, der Große Vorsitzende Mao usw.).

Krampitz: Dorf südöstl. der Stadt.

Mandel: mlat., altes Zählmaß, 15 Stück.

das Gebot der Nüchternheit: Verzicht auf feste Speisen von Mitternacht bis zur Eucharistiefeier am folgenden Tage. Das Vatikanische Konzil hat die Nüchternheit für feste Speisen und Getränke auf eine Stunde festgelegt.

Mösenfalte: umgspr. für weibl. Geschlechtsteil.

bekommt die Eier poliert: zotige Redensart für ›Prügel beziehen‹.

Während ich schwamm ... das Wasser trägt ja: Der Bericht über Mahlke (Erzählergegenwart) ist auch Bericht des Erzählers Pilenz über sich selbst, indem er seine Existenzprobleme über die Beschreibung der mit ihm verbundenen Freundesexistenz stellt. Pilenz ist erzählend und handelnd der Aktive, während Mahlke davon praktisch unbeeinflußt auf sich selbst konzentriert, seine als ›Schwimmer‹ symbolisch gemeinte Bahn zieht. Pilenz' ›Hinweise‹ auf die synchron verstandenen Tätigkeiten von ›Schwimmen‹ und ›Schreiben‹ sind erzählerisches Mittel, um das Funktionsverhältnis von sich zu Mahlke und von sich zu diesem Buch mitzuteilen: 1. das häufige Nachschwimmen verweist auf der erzählten Ebene auf die an Mahlkes Person gebundene Verfolgung als ewig imitierende Nachfolge, dabei sich an die Lebensweise des Verfolgten anpassend (»Katz und Maus«); 2. das spätere Aufschreiben bedeutet für die Erzählergegenwart, daß die im ›Freischwimmen‹ symbolisch gemeinte Existenzbewältigung bei Mahlke ihren ›analogen Vorgang‹ im Sich-Freischreiben des Erzählers findet. Sowohl in der berichteten erlebten Vergangenheit als auch während der erlebenden Niederschrift sucht Pilenz als Verfolger die allmähliche Vernichtung Mahlkes in einer gemeinsamen Vergangenheit zu erreichen.

Splitter im Fleisch: nach bibl. Sprachgebrauch – Pfahl im Fleisch, 2. Kor. 12,7 – etwas, das einen ständig beunruhigt oder belästigt.

Die Krim hatten sie, und Rommel war ... im Kommen: In der Folge des dt. Vormarsches in Rußland wird die Halbinsel Krim durch dt.-rumän. Verbände erobert (3. 6. – 2. 7. 1942). Zur ungefähr gleichen Zeit (26. 5. – 30. 6.) gelingt den dt.-ital. Streitkräften unter General Rommel (1891 bis 1944) in Nordafrika das Zurückdrängen der brit. Truppen bis an die Grenzen Ägyptens.

Panzergrenadieren: Infanterie, die für den gemeinsamen
   Kampfeinsatz mit Panzereinheiten ausgebildet ist.
im schralen Wind: Seemannsspr., schwacher, ungünstiger
   Wind.
den Glauben an Seelenwanderung: komisch wirkende Anspielung des Erzählers auf den scheinbar in den Möwen
   fortdauernden und nicht veränderbaren elementaren Le-
   bensfortgang.
Putziger Wiek: Meeresbucht zwischen der Halbinsel Hela
   und der westpreuß. Küste.
auf jener Ausstellung ... in unserem Kolpinghaus zeigte:
   Adolf Kolping (1813–65), Priester und Domvikar in Köln,
   gründete 1846 den ersten Gesellenverein als Vorläufer der
   späteren kath. Gesellenvereine, Einrichtungen sozialer
   Betreuung, die in der Deutschen Kolpingfamilie und im
   Internationalen Kolpingwerk zusammengeschlossen sind.
   Hinweise auf Umstände des gegenwärtigen Lebens des
   Erzählers, der auf sich wiederholende Figurenkonstellatio-
   nen deutet: 1. Danzig: Pilenz, Hochwürden Gusewski,
   Mahlke; 2. Düsseldorf: Pilenz, Pater Alban, (Mahlke).
   Die für die erzählte Vergangenheit und die Gegenwart
   der Niederschrift auffällig analoge Personengruppierung
   wird zum Zeichen für die Kontinuität der Existenzpro-
   blematik des Erzählers Pilenz.
Ich, Pilenz ...: Erst jetzt, zu Beginn der zweiten Hälfte des
   Berichts über Mahlke, stellt sich der Ich-Erzähler mit
   einigen lückenhaften Informationen zur eigenen Biographie vor. Der Zeitpunkt ist bezeichnend: Mahlkes Schicksal scheint durch den Ordensdiebstahl in die gewünschte
   Bahn eines unvermeidbaren Unterganges geraten zu sein.
   Die biographischen Daten erscheinen gegliedert wie ein
   schriftlicher Lebenslauf. 1. Name: Der Erzähler beginnt
   formaltypisch wie bei einem Lebenslauf. Der Vorname –
   bekannt aus den »Hundejahren« als »Heini« – wird hier
   offenbar wegen seines abwertenden Charakters im täglichen Sprachgebrauch vermieden. 2. Beruf: *Sekretär im
   Kolpinghaus* ist wohl eine Verlegenheitslösung und weist
   auf eine gewisse Unfähigkeit zu geplanter, selbständiger
   Lebensführung. 3. Neigungen: Die Autoren von Pilenz'
   Lektüre zeigen die Beibehaltung einer religiös-schuldhaf-
   ten Weltsicht mit kath.-mystischen Zügen. Léon *Bloy*

(1846–1917), frz. Schriftsteller, kath.-mystischen Glaubens, Kritiker der bürgerlichen Gesellschaft, Verkünder des Untergangs einer seelen- und gottlosen Welt. *Gnostiker*, Sammelname für jene Philosophen und Theologen der ersten nachchristl. Jahrhunderte, z. B. Clemens von Alexandria, die den Dualismus von Gott und Welt anerkennen, die Kluft durch vermittelnde Wesen, göttliche Emanation und die Gewißheit der sicheren Rückkehr zu Gott zu überbrücken versuchen. Heinrich *Böll* (geb. 1917), dt. Schriftsteller, kath., satirisch-kritischer Ankläger des Krieges und der mit der Nachkriegszeit verbundenen sozialen und politischen Probleme, Entlarvung menschlicher Unaufrichtigkeit aus kath.-moralischer Sicht. *Friedrich Heer*, Pseudonym für Hermann Gohde (geb. 1916), österr. Historiker und Publizist, Herausgeber und Mitarbeiter verschiedener Zeitschriften, Hochschullehrer, Autor zahlreicher Veröffentlichungen zur christl.-abendländischen Geschichte. Aurelius *Augustinus* (345–430), lat. Kirchenvater, beschreibt in dem autobiographischen Werk »Confessiones« (Bekenntnisse) den eigenen Weg vom schwachen, sündigen Menschen zum Gläubigen. 4. menschlicher Umgang: *Pater Alban*, der als Franziskanermönch (Bettelmönch) die Verwirklichung des Evangeliums durch allgem. Askese und die Arbeit in der Volksfürsorge sucht. 5. Gesprächsthemen: a) Schuld, Sühne und Gnade im biblischen Zusammenhang; b) die von Abhängigkeit geprägte Bindung an Mahlke (Homophilie). Der knappe Lebenslauf ist Schuldbekenntnis und Teil der rastlosen Sühneübungen zugleich, mit denen sich Pilenz von der Last der Vergangenheit, von ihm selbst auf die Formel von *Katz und Maus und mea culpa* (lat., meine Schuld) gebracht, zu befreien versucht.

im Korallenmeer gab es Schlachten mit Flugzeugträgern: Gemeint sind die Seeschlacht im Pazifik (4. – 8. 5. 1942) und die See-Luft-Schlacht bei den Midway-Inseln (4. – 7. 6.), durch die die milit. Wende zugunsten der amerikan. Truppen im Kampf gegen die Japaner eingeleitet wird.

Cavalleria rusticana: (Sizilianische Bauernehre), Oper des ital. Komponisten Pietro Mascagni (1863–1945), melodramatische Handlung um Liebe und Eifersucht mit tragischem Ausgang. Uraufführung Rom 1890.

Klöten: nddt., Hoden.

denn was ihm guttat ... hatte Vorgeschichte: Das Ritterkreuz entstammt der Ordenstradition des Eisernen Kreuzes, dessen urspr. Form von Schinkel entworfen wurde.
Karl Friedrich Schinkel (1781–1841), Baumeister und Maler, architektonische Entwürfe in klassisch-antiken und
gotischen Formen, klassizistische Bauwerke als Vollendung
der dt. Klassik (z. B. in Berlin die Neue Wache, das
Schauspielhaus, in Potsdam die Nikolaikirche), zeichnete
nach einer Skizze König Friedrich Wilhelms III. den
maßgebenden Entwurf für das Eiserne Kreuz. Dieses, als
Tapferkeitsauszeichnung und Ehrenzeichen verstanden,
wurde zum ersten Mal am 10. März 1813 als Symbol des
dt. Widerstandes gegen Napoleon von König Friedrich
Wilhelm III. gestiftet, ohne daß dabei an die Kreuztradi-
tion des 1809 aufgelösten Deutschen Ordens angeknüpft
wurde. Am 19. Juli 1870, am Tage der Kriegserklärung
Frankreichs an Deutschland, erfolgte wiederum als Sinnbild für die Abwehr des frz. Feindes die 1. Neustiftung
des Eisernen Kreuzes (Veränderungen: Einsetzen der
preuß. Krone, darunter ›W‹, für ›König Wilhelm I.‹, und
das Stiftungsjahr 1870). König Wilhelm II. verfügte am
5. August 1914, nach der Kriegserklärung Deutschlands
an Rußland und Frankreich, die 2. Neustiftung des Eisernen Kreuzes (Veränderungen: statt 1870 jetzt 1914). Die
3. Neustiftung erfolgte durch Hitler mit der Kriegserklärung Deutschlands an Polen am 1. September 1939 unter
Anknüpfung an die Geschichte des Deutschen Ordens, wobei statt von einem Ehrenzeichen auch vom ›Orden des
Eisernen Kreuzes‹ gesprochen wird (Veränderungen: EK I
und EK II, auf der Vorderseite Hakenkreuz und Jahreszahl 1939, Rückseite 1813). Als neue Ordensstufe wird
zusätzlich das Ritterkreuz des Eisernen Kreuzes gestiftet.
Gold für Eisen: Inschrift einer Gedenkmünze für die im
Deutschen Reich während des Ersten Weltkrieges geför-
derte Spendenaktion, formuliert und geprägt im Sinne der
Erneuerung des Geistes der Freiheitskriege von 1813.
Malteserkreuz: achtspitziges Kreuz, im 12. Jh. von den
Malteserrittern getragen, heute Kreuz des Johanniteror-
dens.
Pour le mérite: frz., ›für das Verdienst‹, preuß. Orden, 1740
von Friedrich II. gestiftet, Militär- und Zivilauszeichnung,

von 1810 bis 1918 nur Militärauszeichnung. Die Friedens-
klasse des Pour le mérite, 1842 auf Veranlassung von
Alexander von Humboldt durch König Friedrich Wilhelm
IV. für Verdienste um Wissenschaft und Künste gestiftet,
wurde 1952 neu bestätigt und kann seitdem an 30 dt. und
30 ausländische Mitglieder verliehen werden.

Credo: lat., ich glaube; Bezeichnung für das Apostolische
und Nicänische Glaubensbekenntnis, genannt nach dem
Anfang: Credo in unum deum (Ich glaube an den einen
Gott).

Geleitzug auf der Murmanskroute: Dt. Einheiten von Marine
und Luftwaffe bekämpften von besetzten norweg. Häfen
aus die seit August 1941 von den Westalliierten (USA/
Großbrit.) eingesetzten Transportflotten, die von schott.
und isländ. Häfen aus unter milit. Begleitschutz kriegs-
wichtigen Nachschub für die sowjet. Truppen in den Eis-
meerhäfen Murmansk und Archangelsk anlandeten.

alle Strophen des Englandliedes: Auch im Zweiten Weltkrieg
vor allem von der Reichsmarine gesungenes »Matrosen-
lied« des Dichters Hermann Löns (vgl. Anm. zu *der gute
alte Löns* in Kap. XII):

Heute wollen wir ein Liedlein singen,
trinken wollen wir den kühlen Wein,
und die Gläser sollen dazu klingen,
denn es muß, es muß geschieden sein.
Gib mir deine Hand,
deine weiße Hand,
leb wohl, mein Schatz, leb wohl,
denn wir fahren gegen Engelland.

Unsre Flagge und die wehet auf dem Maste,
sie verkündet unsres Reiches Macht,
denn wir wollen es nicht länger leiden,
daß der Englischmann darüber lacht.
Gib mir deine Hand ...

Kommt die Kunde, daß ich bin gefallen,
daß ich schlafe in der Meeresflut,
weine nicht um mich, mein Schatz, und denke,
für das Vaterland, da floß sein Blut.
Gib mir deine Hand ...

Kabuff: mundartl., kleiner dunkler Nebenraum.

Aber ich schreibe, denn das muß weg: Hinweis auf die erzählerische Zwangssituation, in der Pilenz seine persönlichen Schwierigkeiten und vor allem das von ihm schuld-
haft mit belastete Verhältnis zu Mahlke schreibend zu bewältigen sucht.

ein als griechischer Chor funktionierender Möwenpulk: Die
Gegenwart der Möwen während des Zusammenseins mit
Mahlke auf dem Wrack und deren unermüdliches Kreisen
gemahnt Pilenz an die griech. Tragödie, bei der das tragische Bühnengeschehen durch den dauernd anwesenden
Chor beobachtet, kommentiert, beurteilt, durch die Verfolgung einzelner Bühnengestalten sogar unmittelbar be-
einflußt wird (vgl. bei Aischylos das schicksalhafte Ein-
greifen der Eumeniden).

Perron: frz., Bahnsteig, Plattform.

eine dicke dreimotorige Ju 52: (Vgl. Anm. zu *ein dreimotoriges Flugzeug* in Kap. I.) Bezug zur Auftaktepisode auf
dem Schlagballfeld: Die Wiederholung des Nebenmotivs
der Transportmaschine verweist auf den Zusammenhang
von Eingangsszene (Mahlkes Niederlage, die Welt wird
auf seinen überdimensionalen Adamsapfel als Symbol
körperlichen und seelischen Makels aufmerksam gemacht,
der Erzählvorgang setzt ein) und dieser Szene des Triumphes (die Suche nach einem materiellen und ideellen Schutz
ist erfolgreich: der Diebstahl des Ritterkreuzes).

Baumbachallee: Oberstudienrat Klohses sentimentale Beziehung zur Wandervogel- und Jugendbewegung erhält durch
seine erzählerische Ansiedlung in einer Straße dieses Na-
mens noch einmal eine Bewertung. Rudolf Baumbach
(1840–1905) war ein von den Naturalisten verspotteter
sog. ›Butzenscheibenlyriker‹, d. h., er gehörte einer Gruppe
von Dichtern an, die zum Ende des 19. Jh.s viel gelesene,
aber anspruchslos humorvoll-volkstümliche Lyrik und
Versepik geschrieben haben, in der studentisches und bür-
gerliches Leben, in kitschig-beschönigender Unwahrheit
besungen wird.

Taugenichts: »Aus dem Leben eines Taugenichts«, Titel einer
Novelle Eichendorffs (vgl. Anm. in Kap. IV). Im folgenden zitiert der Erzähler einige Gedichttitel und Verse Eichendorffs.

Unerhörtes habe sich zugetragen: Vgl. Anm. zu *Eine Novelle.*

Gebietsführung: höchste Organisationseinheit der Hitler-Jugend.

Horst-Wessel-Oberschule: Das Kronprinz-Wilhelm-Realgymnasium, neben dem Conradinum das zweite Gymnasium in Danzig-Langfuhr, wird unter den Nationalsozialisten nach dem SA-Sturmführer Horst Wessel (1907 bis 1930) genannt, der bei parteipolitischen Auseinandersetzungen in Berlin-Wedding erschossen worden war. Wessel, Student und Mitglied der NSDAP seit 1926, war eine Märtyrerfigur der nationalsozialistischen Bewegung. Nach dem »Deutschlandlied« als Nationalhymne wurde im ›Dritten Reich‹ das von ihm verfaßte sog. Horst-Wessel-Lied »Die Fahne hoch . . .« gesungen.

IX

Wehrertüchtigungslager: Lager der HJ, das der vormilit. Ausbildung diente.

Keine Messe ohne Mahlke: (Vgl. später *Kein Sommer ohne Mahlke!*) Umbildung des Werbespots einer Likörfabrik »Keine Feier ohne Meier«.

Störtebeker: Die ›Störtebeker-Bande‹, benannt nach dem 1402 in Hamburg hingerichteten einen Führer der seeräuberischen Vitalienbrüder, steht für die zum Kriegsende hin einsetzende Auflösung staatlicher Ordnung, zeigt aber auch im Vergleich zur Gruppe um Mahlke die Gefahr für eine pubertäre Jungengruppe, von der Normalität des Spiels in die Anormalität des Verbrechens abzuleiten.

Barras: Soldatenspr., Militär.

als die russischen Armeen . . . vorstießen: Mit der Offensive der Roten Armee vom 12. Januar 1945 drangen die sowjet. Truppen auf das Gebiet des Deutschen Reiches vor. Die heute poln. Hafen- und Industriestadt Elbing liegt etwa 50 km südöstl. von Danzig.

die sogenannte Stäuberbande: Wie die ›Edelweiß-Piraten‹ in Köln eine der in den dt. Großstädten ab 1942/43 nachgewiesenen Jugendgruppierungen, die mit ihren fast anarchistischen Vorstellungen eine zeittypische Reaktion auf unzulängliche Schulbetreuung, den Absolutheitsanspruch der Hitlerjugend, die Verdunklung usw. verkörpern.

von einem dreijährigen Kind: Anspielung auf Oskar Matzerath im Roman »Die Blechtrommel«, in dem auch *Störtebeker* und die *Stäuberbande* auftreten.

Talisman, Maskottchen: Talisman, griech., zauberkräftiger, glückbringender Gegenstand; *Maskottchen,* frz., synonyme Bedeutung, zumeist jedoch bezogen auf Puppen, Tiere usw.

das Bündel ging ... bei Cottbus verloren: Grass wurde am 20. April 1945 bei Cottbus verwundet. Die Berufung des Erzählers auf verwendetes Quellenmaterial ist ein häufig gebrauchtes Mittel, dem Erzählten Glaubwürdigkeit zu verleihen. Zum Verhältnis von Novellenhandlung und Autorbiographie vgl. das »Gespräch mit Günter Grass« (Text + Kritik, H. 1/1a, München [4]1971, S. 1–26).

Besonders ich war froh, ihn los zu sein: Hier wird die persönliche Belastung deutlich, die für Pilenz aus der Beziehung zu Mahlke erwächst, wobei er jetzt noch nicht begreift, daß sie sich als unlösbar erweisen wird.

Soutane: frz., mantelähnliches Gewand kath. Geistlicher.

Kuban: Fluß im nördl. Kaukasusvorland, mündet in das Asowsche Meer. Die Kuban-Halbinsel ist zwischen dt. und russ. Truppen stark umkämpft gewesen.

Tonsur: lat. tonsura, in Mönchsgemeinschaften übliche kreisförmige Rasur des Hinterkopfes als Erkennungszeichen, das bei den niederen Weihen erteilt wird.

Orientzigaretten: flache Zigaretten aus sog. Orienttabaken, die z. B. in Rumänien, der Türkei oder Ägypten angebaut werden.

Bernsteinspitze: Zigarettenspitze aus Bernstein (nddt. bernen, ›brennen‹), einem steinähnlichen gelben Material aus tertiär abgelagerten Harzen von Nadelhölzern, das bes. an der Ostsee gefunden und zu Schmuckgegenständen verarbeitet wird.

Erstkommunizierenden: Kinder, die auf den ersten Empfang der Eucharistie vorbereitet werden (vgl. Anm. zu *kommunizierender Gymnasiast* in Kap. I).

Weißzeug: weiße liturgische Wäsche (z. B. Kleidung, Tücher).

Humerale: lat., Umwurf, Schultertuch, vom kath. Geistlichen unter der Albe (vgl. Anm. in Kap VIII) getragen.

Manipel: lat. manipulus, ›Bund, Bündel‹, urspr. röm. Etikettetuch, in der kath. Liturgie bis zum II. Vatikanischen Konzil streifenförmiger Teil der Meßgewandung, der als Dekoration am linken Unterarm getragen wurde.

Stola: griech.-lat., ›Gewand‹, langer schmaler Stoffstreifen, vom Priester über der Albe auf der Brust gekreuzt getragen.

Meßgewänder: oft kunstvoll gearbeitete Gewänder in den entsprechenden liturgischen Farben.

Lavendelsäckchen: kleine Stoffbeutel, die man mit dem stark und angenehm duftenden Lavendelkraut gefüllt zwischen die Kleidung hängt.

Arbeitergemeinde: Danzig-Langfuhr war seiner Sozialstruktur nach ein Arbeiterstadtteil.

gläubig … Mariä Himmelfahrt: Die Lehre von der leiblichen Aufnahme Mariens in den Himmel (Dogma) kann von vielen Christen nicht nachvollzogen werden.

Korporale: lat. corpus, ›Körper‹, gemeint ist ein Leinentuch, das bei der Messe auf dem Altar als Unterlage für Hostie (nach der Wandlung der Leib Christi) und Kelch dient.

Antrag auf Namensänderung: Die vom Erzähler als *Mode der Germanisierung polnisch klingender Namen* angesprochene Eindeutschung ausländischer oder auch nur danach klingender Namen ist häufig als Loyalitätsgeste gegenüber dem ideologischen Anspruch des Staates beantragt worden, aber auch aus kleinbürgerlichem Opportunismus, indem man sich davon Vorteile versprach.

Saulus wird Paulus: Anspielung auf die in der Bibel berichtete Bekehrung des Saul (um 10 n. Chr. bis 64/65), vgl. Apg. 9,1 ff.; 22,6 ff.; 26,12 ff.

Epistelseite: Epistel- und Evangelienseite bezeichnen die Positionen während der liturgischen Feier, von denen jeweils links oder rechts vom Altar aus den Schriften des Apostels Paulus (Epistel) bzw. aus den Berichten der Evangelisten (Evangelien) gelesen wurde.

Introitus: lat. introire, ›einziehen‹; Tagesgebet, gesprochen zum Beginn des Gottesdienstes.

Graduale: ›Gesang auf den Stufen‹, als Form der gregorianischen Gesänge solistischer Psalmen-Gesang zwischen den Bibellesungen der Messe.

kandiert: kandieren, arab., Früchte durch Zucker haltbar machen, hier die mit Zuckerwasser gefestigten Haare Mahlkes.

Schillerkragen: offener Hemdkragen, ein Zeichen für den inneren Ruhezustand Mahlkes, denn der Adamsapfel bleibt unbedeckt.

affektiert: lat. affectus, ›angegriffen, erschöpft‹, hier im Sinne von ›geziert, gekünstelt‹.

Oblate: Vgl. Anm. zu *Hostie* in Kap. II.

Griffel: umgspr. für ›Finger‹.

Altweibersommer: Begriff der Goethezeit, Bezeichnung für einen sonnenreichen und warmen Frühherbst oder sog. Nachsommer.

Penne: urspr. aus dem Rotwelsch für ›Herberge‹, auch gleichbedeutend gebraucht für ›Pennal‹, eigtl. ›Federbüchse‹, als student. Bezeichnung des Gymnasiums.

Zuteilung: Durch die kriegswirtschaftlich bedingte Drosselung der Produktion von Konsumgütern wurden Textilien, Haushaltwaren usw. (nicht Lebensmittel) nach einem bestimmten Verteilerschlüssel an Einzelhandel und Käufer ›zugeteilt‹.

Wirtschaftsamt: staatliche Verwaltungseinrichtung, über die die Verteilung von Konsumgütern und auch Materialien für das Handwerk geregelt wurde.

Bezugschein: Berechtigungsnachweis, um staatlich rationierte Güter erwerben zu dürfen.

Oliva: Vorort von Danzig, 1926 eingemeindet, bekannt durch den Frieden von Oliva, der 1660 den schwed.-poln. Krieg beendete, und durch die mittelalterliche Zisterzienserkathedrale, die 1925 Dom des Bistums Danzig wurde.

violettes Tuch: violett, eine in allen liturgischen Gewändern wiederkehrende Farbe, die während der Advents- und Fastenzeit auf die Bußgesinnung hinweist.

der gewendete umgearbeitete Mantel: während der Jahre unzureichender Versorgung mit Textilien weit verbreitete Praxis, Kleidungsstücke möglichst lange nutzen zu können.

Spalieren: Spalier, Gerüstwand aus Eisen, Holz oder Draht, zumeist freistehend oder an Hauswänden zum Anbinden von sog. Formobst (Spalierobst).

Noch heute ... zum Großen Mahlke: Mit dieser Textstelle macht der Erzähler Pilenz deutlich, wie sein erinnertes Verhältnis zu Mahlke andauert. Die verschiedenen Zeitebenen werden zu einem Kontinuum der Beziehung zu Mahlke zusammengezogen: denn so *bin ich immer noch auf dem Weg ... zu Dir, zum Großen Mahlke.* Dies als parodistisches Zitat aus dem Gedicht »Der alte Brunnen« von Hans Carossa (1878–1956), in dem das Leben der Menschen, symbolisch als Unterwegssein des Wanderers zum lebenspendenden Brunnen dargestellt, in der bewahrenden Einheit des Kosmos verstanden wird: »Viel Wanderer gehen im fernen Sternenschimmer, / und mancher ist noch auf dem Weg zu Dir.«

Reichsmarschall Göring: Hermann Göring (1893–1946), nationalsozialistischer Politiker, bis 1934 Ministerpräsident und Innenminister in Preußen, 1935 Oberbefehlshaber der Luftwaffe, bei Kriegsbeginn Leiter der Kriegswirtschaft. 1940 von Hitler zum Reichsmarschall ernannt. Beging im Nürnberger Gefängnis Selbstmord.

vorherrschenden Leichengeruch: sinnbildlicher Hinweis des Erzählers auf die Opfer des Krieges und der Konzentrationslager.

Die beiden Frauen ... im Haar: Die dem Durchschnittsbürger mangelnde kritische Einstellung zu zeitgenössischen polit. Vorgängen verdeutlicht der Erzähler an den beiden Frauen, die Mahlke umsorgen. Über die Kennzeichnung von Körperbau (*grobknochig*), die soziale Herkunft (*auf dem Lande geboren*), die begrenzte Sprachkompetenz (soziale Herkunft und Dialektgebrauch), eine schon lange währende Männerlosigkeit der Familie und die damit begründete übermäßige Hinwendung zu dem Sohn und Neffen Mahlke ergeben zusammen den engen Lebensplan. Die offenkundige Unkenntnis vom Kriegsverlauf, sinnfällig demonstriert am Verwechseln der Kriegsschauplätze und der naiven Freude am Wohlklang ital. Schiffsnamen, veranschaulicht in tragisch-grotesker Weise die polit. Unmündigkeit beider Erwachsener, für die die Dimensionen des polit. und milit. Geschehens längst ins Unfaßbare hinausgewachsen sind.

Feldpostbriefe: von den milit. Stellen organisierte portofreie postalische Verbindung zwischen Soldaten und ihren Angehörigen.

El Alamein: Ort an der nordafrikan. Küstenstraße (Libyen), etwa 120 km westl. von Alexandrien. Im Juni/Juli 1942 wurde hier die Offensive des Generals Rommel von den brit. Truppen zum Stehen gebracht.

das Asowsche Meer: Nebenmeer des Schwarzen Meeres, mit dem es durch die Straße von Kertsch verbunden ist. Als strategische Durchgangszone zu den Ölfeldern des Kaukasus-Vorlandes ist die Halbinsel Kertsch 1941/42 heftig umkämpft und 1944 endgültig von der Roten Armee besetzt worden.

Seeschlacht ... bei Guadalcanar: Die See- und auch Landschlacht um die Pazifikinsel Guadalcanar (1942/43), die zu den Salomon-Inseln nordwestl. von Australien gehört, bedeutete für die amerikan. Truppen einen wichtigen Teilerfolg im Kampf gegen Japan.

Karelien: Gemeint ist West-Karelien oder die Karelische Landenge zwischen dem finn. Meerbusen und dem sowjet. Ladoga-See. Im finn.-russ. Krieg hart umkämpft (1939 bis 1940), 1940 an die Sowjetunion abgetreten, Ende 1941 zurückerobert, mit dem Waffenstillstand von 1944 endgültig an die UdSSR.

Esploratori: ital. Bezeichnung für Leichte Kreuzer (z. B. Attilio Regolo, Scipione Africano, Caio Mario).

wenn ich nur wüßte ... wer schreibt hier?: Dadurch, daß Pilenz in diesem Kapitel Mahlke bereits die zweite Variante des *Katzenmärchens* erzählen läßt, verärgert und verunsichert dieser ihn, der er doch glaubt, die einzige Version der Geschichte zu kennen, die ihn selbst zum Akteur macht.

Dirschau: etwa 30 km südöstl. von Danzig am linken Weichselufer gelegene Kreisstadt. Nach wechselnder staatlicher Zugehörigkeit ab 1919/20 poln., mit Beginn des Zweiten Weltkriegs von dt. Truppen besetzt.

X

Zu Beginn des neuen Jahres: 1943.

Luftwaffenhelfer: Die im Laufe des Krieges bei der Heimatverteidigung, z. B. der Flak (Flugabwehrkanonen), fehlenden Bedienungsmannschaften wurden zumeist durch Schüler als sog. Flakhelfer ersetzt, die in der Nähe der Geschützbatterien wohnten, dort auch ihre milit. und weitere Schulausbildung erhielten.

kafkaesk: attributive Ableitung des Schriftstellernamens Franz Kafka (1883–1924), mit der die Eigenart seiner

Darstellungsweise umschrieben wird. Der Hinweis ist wohl als modische literaturkritische Akzentsetzung zu verstehen, obschon die Motive von Schuld und Untergang, Verfolgung und Gejagtsein, Daseins-Reduktion und verinnerlichter Flucht in die literarische Tradition nach Kafka gehören.

oder schreiben Sie sich frei: Pater Albans berichtete Aufforderung ist ein entscheidender Hinweis auf den Beweggrund, der Pilenz zur Niederschrift dieses Textes bringt. Dieser erzählerische Akt wird als säkularisierter Vorgang der Erlösung von Schuld angesprochen.

Strandbatterie: militär. Einheitsbezeichnung der Artillerie. Eine Flugabwehrbatterie kann bis zu 16 Geschütze mit entsprechendem Bedienungspersonal umfassen.

von altersgrauen Lehrern: Vgl. Anm. zu *Papa Brunies* in Kap. IV.

Kanoniers: einfacher Soldat bei der Artillerie.

Ballistik: griech., Lehre von der Bewegung geworfener und geschossener Körper, insbes. von der Geschoßbewegung.

Reichsarbeitsdienst: RAD, nach milit. Regeln geführte Organisation, in der 18- bis 25jährige in halbjähriger Dienstzeit nach staatlichen Erziehungsgrundsätzen zu körperlicher Arbeit wie z. B. Straßenbau eingesetzt wurden. Mit Kriegsbeginn wurde der Aufgabenbereich des RAD auf milit. Aufgaben ausgeweitet.

Notabitur: Schüler konnten ihr Abitur vor Ablauf der vollen Schulzeit ablegen, wenn sie zur Wehrmacht einberufen wurden (ab 18. Lebensjahr) oder sich freiwillig zum Militär meldeten.

Tuchler Heide: Heide- und Kieferngebiet rund 90 km südwestl. von Danzig.

Partisanengebiet: Partisan, lat.-ital.-frz., eigtl. ›Parteigänger‹, Anhänger, bewaffneter Widerstandskämpfer im feindlichen Hinterland. In der Tuchler Heide, bis zur Niederlage Polens poln. Staatsgebiet, bekämpften poln. Partisanen die dt. Besatzungstruppen.

Gebirgsjäger: Angehöriger einer Heereseinheit, die den Bedingungen der Gebirgslandschaft entsprechend milit. ausgebildet und ausgerüstet ist.

schnürte: waidmännischer Begriff für die Gangart des Fuchses, hier auf die gleichmäßig suchende Bewegung des Menschen übertragen.

ich stieß auf Mahlke: Darstellung der schicksalhaften Beziehung der beiden Personen Mahlke und Pilenz. Die bes.
Schauplatzanlage verweist auf die Unausweichbarkeit vor
der beständig andauernden Begegnung zwischen beiden.

Zoppoter Chaussee: Zoppot, Stadt und Ostseebad an der
Danziger Bucht, wenige Kilometer nordwestl. von Danzig.

Le Nôtre: André le Nôtre (1613–1700), frz. Gartenarchitekt.
Die von ihm in architektonisch regelmäßigem Stil geschaf-
fenen Parkanlagen von Versailles, St. Germain usw. galten für die europäischen Schloßgärten bis ins 18. Jh. als
vorbildlich (geometrische Aufteilung durch gerade Alleen,
Wassergräben, Hecken usw.).

Unikum: lat. unicus, ›einzig, allein‹; in seiner Art Einziges,
Seltenes, Sonderbares.

*und wir standen uns zwischen wie unter Dornen dünnhäutig
gegenüber:* Die sprachlich ungewöhnliche Position des
Verhältniswortes ›zwischen‹ macht zusammen mit dem
Verb ›gegenüberstehen‹ auf die Ambivalenz der Beziehung beider als Zueinander und Gegeneinander aufmerksam. Diese problemreiche Zusammengehörigkeit (*unter
Dornen dünnhäutig*) hebt *das Bengelchen* (Motivbezug:
Oskar Matzerath, vgl. Anm. zu *schlug ein ... Balg ... in*
Kap. I) *mit ... lauter Kinderblechtrommel* bes. hervor,
indem es seinen *magisch schmeckenden Halbkreis* um beide
schlägt – so jedenfalls sieht es für Pilenz aus.

Arbeitsmaiden: junge Mädchen, die im Reichsarbeitsdienst
dienstverpflichtet sind.

Oberfeldmeister: Dienstgrad des Reichsarbeitsdienstes, entspricht Oberleutnant bei der Wehrmacht.

*vormittags Hermann und Dorothea, nachmittags das Ge-
wehr 98 K:* »Hermann und Dorothea«, Hexameterepos
von Goethe (1798), Titelzitat eines Unterrichtsstoffes der
idyllisch dargestellten Liebesbeziehung zweier junger Menschen. Diskrepanz zwischen schulischer Lebensvorbereitung
und kriegsbedingter tatsächlicher Lebenserfahrung. *98 K:*
Karabiner der dt. Wehrmacht von 1935 bis 1945.

Achtkommaachtbatterie: zu einer Batterie zusammengefaßte
Flugabwehrgeschütze vom Kaliber 8,8 cm.

Pelonken: Ortsteil zwischen Danzig-Oliva und Danzig-
Langfuhr.

Zigankenberg: Stadtteil von Danzig.

Grüßen im Vorbeigehen: Ausbildungsbezeichnung für das Einüben milit. Grüßens.

nach Schlesien evakuiert: Die westalliierten Luftstreitkräfte bombardierten in zunehmendem Maße neben den Industrieanlagen auch die Wohngebiete der Großstädte. Einwohner, deren Wohnungen zerstört waren oder die sehr gefährdet erschienen, wurden in weniger vom Luftkrieg betroffene, meist ländliche Gebiete umgesiedelt.

Schott: Anselm Schott (1843–96), Benediktinermönch, Herausgeber eines weitverbreiteten lat.-dt. Meßbuches, »Das Meßbuch der heiligen Kirche« (1. Aufl. 1884, der »Schott«).

Näherten sich uns Passanten ... vor ihren Mund: Geste der Angst vor Denunziation, Ausdruck der allgem. Verunsicherung in der Diktatur.

Matzerath: Kolonialwarenhändler, Figur aus Grass' Roman »Die Blechtrommel«.

brauner Zucker: nicht gebleichter Zucker, eine Folge der kriegswirtschaftlichen Rationalisierung.

Sprachen sieben Brüder in mir, und keiner schrieb mit: viell. literarischer Bezug entweder zu dem Märchen »Die sieben Raben« der Brüder Grimm, in dem die einzige Tochter einer Familie ihre sieben in Raben verwandelten Brüder am Ende der Welt hinter der verschlossenen Tür des Glasberges findet und erlöst, oder zu dem Roman »Die sieben Brüder« (1870) des finn. Dichters Alexis Kivi (1834 bis 1872), in dem am Lebenslauf von sieben verwahrlosten, des Lesens und Schreibens unkundigen Brüdern zu gesitteten Bürgern die kulturelle Entwicklung Finnlands symbolisch dargestellt wird.

Sütterlinschrift: bes. Form der Schreibschrift, von dem Berliner Graphiker Ludwig Sütterlin (1865–1917) entwickelt, seit 1915 in den Schulen mehrerer dt. Länder, 1935 bis 1941 allgem. als Grundschrift eingeführt.

den russischen T 43: Typenbezeichnung eines russ. Standardpanzers, mit dem die Rote Armee während des Zweiten Weltkrieges ausgerüstet war.

beim Heiligen Judas Thaddäus: auch Judas Lebbäus, Apostel Jesu, heilig gesprochen (vgl. Luk. 6,16; Joh. 14,22). Seit die hl. Birgitta von Schweden, eine der Heiligen der Stadt Danzig, seine Verehrung erneuert hat, gilt er als der Freund und Helfer bei Prüfungen und schwierigen Anliegen.

ohne versorgt gewesen zu sein: versorgen, gemeint ist die Krankensalbung, mit der der Katholik glaubt, daß durch das Zeichen der Salbung Gott sich dem Kranken zuwendet. Früher kurz vor dem Tode gespendet und dann im Volksmund als ›letzte Ölung‹ bezeichnet.

Manchmal will man nach dem Sinn fragen – aber es muß wohl so sein: Mahlke scheint etwas von der Fragwürdigkeit des in Rußland erlebten Krieges und seiner Zerstörungen zu ahnen. Doch bleibt dieser Ansatz kritischer Betrachtung von dem pubertär egozentrischen Erfolgsstreben milit. Vernichtungserfolge verdeckt.

Gibt es Geschichten, die aufhören können?: Mit dieser Schlußerkundigung, die eine rhetorisch angelegte Fragekette abschließt, versucht Pilenz die erlebte und in der Fiktion des Textes erzählte Wirklichkeit hinsichtlich ihrer Dauerhaftigkeit zu hinterfragen. Doch die Formulierung birgt schon die Negation in sich: Die reale Wirklichkeit von Danzig und dem nationalsozialistischen Deutschland ist lediglich stofflich-motivierende Erzählfolie, aber die erzählte Wahrheit in der dichterischen Fiktion, hier beispielhaft in die allegorische Formel vom »Katz und Maus«-Spiel im Leben gefaßt, bleibt ›unaufhörlich‹.

XI

Organisation Todt: Fritz Todt (1891–1942), Ingenieur und nationalsozialistischer Politiker, 1933 Generalinspekteur für das dt. Straßenwesen, 1940 Reichsminister für Bewaffnung und Munition, 1941 Generalinspekteur für Wasser und Energie. Unter seiner Leitung und mit der von ihm gegründeten »Organisation Todt« wurden zivile bauliche Großunternehmen wie die Reichsautobahn und milit. Bauten wie der Atlantikwall, U-Boot-Bunker usw. im Deutschen Reich und in den besetzten Gebieten durchgeführt. Todt kam 1942 durch einen nicht aufgeklärten Flugzeugabsturz ums Leben.

Buffet: frz., hier halbhoher Wohn- und Eßzimmerschrank.

»Vorposten«: nationalsozialistische Tageszeitung in Danzig.

»Neuesten Nachrichten«: eigtl. »Danziger Neueste Nachrichten«, Tageszeitung.

Krim-Schild: Erinnerungsschild für die Beteiligung an den Kämpfen um die Halbinsel Krim am Schwarzen Meer.

in unserer Guten Stube: eine vor allem beim städtischen Kleinbürgertum und der ländlichen Bevölkerung bis in die fünfziger Jahre verbreitete Bezeichnung für Wohnzimmer, das nur an bes. Tagen benutzt wurde.

Berent ... Konitz ... Osche ... Reetz: kleine Ortschaften im ehem. Westpreußen und in der Tuchler Heide.

Zielansprache: milit. Bezeichnung für die Beschreibung eines Kampfziels.

Pappkameraden: Soldatenspr., Zielscheiben auf Schießplätzen, die, aus Holz oder Metall bestehend, Soldatensilhouetten gleichen.

Karauschen: lit. karosas, auch ›Bauernkarpfen‹, karpfenartiger Süßwasserfisch Nordeuropas.

Barackenkarree: im Rechteck oder Quadrat angeordnete Baracken.

Splittergräben: Gräben, die zur Deckung vor Splittern explodierender Geschosse aufgesucht werden.

Latrine: lat. latrina, ›Abort, Toilette‹.

Drillichzeug: milit. Arbeitsanzug aus grobem Baumwollmaterial.

Knobelbecher: Soldatenspr., Stiefel des gemeinen Soldaten.

Runenschrift: älteste Schrift- und Zauberzeichen der Germanen (entstanden zwischen 100 v. Chr. und 100 n. Chr.), von der Technik des Einritzens her in geraden, winkligen Formen, ohne Rundungen. Durch die germanische Traditionserneuerung im Nationalsozialismus damals wieder populär.

Franziskanermönch Jacopone da Todi: Jacobus benedictis (um 1230 bis 1306), ital. Dichter, gab als reicher Jurist sein weltliches Leben nach dem Tod seiner Frau auf und trat in den Franziskanerorden ein. Bekämpfte die Verweltlichungstendenzen in der Kirche. Seine Dichtungen zeigen tiefes religiös-mystisches Empfinden und beschreiben die Leiden der sündigen Menschen, die nur von Gott erlöst werden können. Er gilt als der Verfasser des Hymnus »Stabat Mater dolorosa« (vgl. Anm. zu *Pfingstsequenz* in Kap. VI).

Keilschrift: Schriftform aus dem antiken Vorderasien, entstand um 2900 v. Chr. bei den Sumerern, wurde um 1400

v. Chr. im Alten Orient allgemein benutzt. Pilenz gebraucht den Begriff hier synonym mit der nur typographisch verwandten *Runenschrift.*

Wirtinnenverse: fünfversige Strophen obszöner Thematik, ›Stammtischpoesie‹, vermutl. aus Fuhrmanns- und Studentenkreisen kommend, die Liebesabenteuer der Wirtin des aus dem Volkslied bekannten »Wirtshaus an der Lahn« in vielen Variationen schildernd.

ich hackte Mahlkes Lieblingssequenz ... tilgte auch Deinen Namen: eine der zahlreichen in Richtung Mahlke zielenden Vernichtungsgesten des Erzählers.

Die alte Mär vom unverkäuflichen Flecken: keine literarische Anspielung auf ein bestimmtes Märchen, aber Hinweis auf eine für Märchen und Legenden motivische Tradition der einmal vorhandenen, dann nicht mehr tilgbaren Flecken, Male und Zeichen, die mit ihrer Dauerhaftigkeit zu ehrfurchts- oder angstvoll beachteten Symbolen des Glaubens, der Schuld usw. werden.

transzendent: lat., ›übersinnlich, übernatürlich‹.

Litaneien: griech., ›Wechsel-, Bittgebet‹, eintöniges Gerede, endlose Aufzählung.

Kammerbulle: Soldatenspr., Unteroffizier, der die Kleiderkammer verwaltet.

zum Entlausen nach Tuchel schleuste: zu Beginn des Rußlandfeldzuges eingerichtete Entlausungsanstalten in größeren Wehrmachtsstandorten für Kriegsgefangene und Soldaten.

dreibastige Tour: Danziger Mundart, frech, keck, dreist.

der Arsch auf Grundeis: drastischer Ausdruck für ›es mit der Angst bekommen‹. Redensart seit etwa 1760 belegt. Wenn nach starkem Frost das Grundeis, die unterste Eisschicht auf dem Boden von Gewässern, durch Tauwetter losbricht, entsteht polternder Lärm, so steht ›Grundeis‹ für ›Durchfall und Rumoren in den Eingeweiden‹ als Begleiterscheinung von großer Angst.

Honigschleudern: Soldatenspr., Reinigungsdienst in der Latrine.

Dubbas: Danziger Mundart, kräftiger, übermäßig großer Gegenstand.

Oxhöft: Steilküste mit kleiner Ortschaft nördl. von Gdingen, milit. Anlagen, Versorgungseinrichtungen, Bunker.

gejibbert: jibbern, mundartl. für ›begehren‹.

Groß-Bislaw: kleiner Ort in der südl. Tuchler Heide.

halb Geländedienst halb Einsatz: milit. Bezeichnungen für Übungsdienst und Kampfeinsatz, im Partisanengebiet der Tuchler Heide beides miteinander verbunden.

mit hydraulischer Verladeeinrichtung: Hydraulik, eine über Motoren oder andere Krafteinwirkung funktionierende Mechanik, mit deren Hilfe schwere Ladungen relativ leicht bewegt werden können.

Essenfassen: milit. Bezeichnung für den Essenempfang.

Führersiedlung: in Anspielung auf den ›Führer‹ Adolf Hitler ironische Bezeichnung für die Unterkünfte der höheren Reichsarbeitsdienstgrade.

Richtschütze: Funktionsbezeichnung für Besatzungsmitglied eines Panzerwagens.

XII

Geschiebemergel: von fließendem Wasser und Gletschern mitgeführte abgeschliffene Gesteinsbruchstücke, die als Moränenablagerungen die eiszeitlich überformte Landschaft Norddeutschlands prägen.

der gute alte Löns: Hermann Löns (1866–1914), dt. Dichter, bekannt geworden durch seine Schilderungen der Lüneburger Heide, an die sich Pilenz in der Tuchler Heide erinnert. Der sarkastische Unterton zielt auf die allzu große Rolle, die man in der Jugendbewegung und in nationalen Kreisen der Biographie und dem Werk von Löns zugewiesen hat.

Karthaus: kleine Ortschaft und Eisenbahnstation 30 km westl. von Danzig in der ›Kaschubischen Schweiz‹.

Leitstelle: Frontleitstelle, Dienststelle, bei der sich Urlauber und versprengte Soldaten melden mußten.

Und wo fieberte die Maus?: Während der Zweite Weltkrieg seinem katastrophalen Ende entgegengeht, bahnt sich auch für den erzählten Mikrokosmos Pilenz–Mahlke die Katastrophe an. Mahlkes symbolische Position am Ende des Flures wird zum Zeichen der Engführung seiner Existenz, dem Moment milit. Triumphes, pädagogischer Entscheidung und möglichen Auftritt des Pseudohelden vor der Schule. Mahlkes Reaktion auf die Ablehnung der Schule zeugt für seine problematische Bewußtseinslage. Für Pilenz, den Jäger, ist Mahlke endgültig in die Enge getrieben. Die ausgestopfte Katze, dauerhaft präpariertes Anschauungsstück und damit dauerhaftes Dingsymbol, wird zum Verweis auf die andauernde Wahrheit des Katz-und-Maus-Spiels im menschlichen Leben.

denn er hatte ... das Ichsprechesnichtaus: synonymes Umkreisen der gemeinten Bezeichnung Ritterkreuz als Zeichen für die ethische Fragwürdigkeit einer Epoche (Verschweigen der höchsten Tapferkeitsauszeichnung).

wie Racine die Ratte: Jean Baptiste Racine (1639–99), frz. Dramatiker. Vgl. das Gedicht von Günter Grass:

Racine läßt sein Wappen ändern

Ein heraldischer Schwan
und eine heraldische Ratte
bilden – oben der Schwan,
darunter die Ratte –
das Wappen des Herrn Racine.

Oft sinnt Racine
über dem Wappen und lächelt,
als wüßte er Antwort,
wenn Freunde nach seinem Schwan fragen
aber die Ratte meinen.

Es steht Racine
einem Teich daneben
und ist auf Verse aus,
die er kühl und gemessen
mittels Mondlicht und Wasserspiegel verfertigen kann.

Schwäne schlafen
dort wo es seicht ist,
und Racine begreift jenen Teil seines Wappens,
welcher weiß ist
und der Schönheit als Kopfkissen dient.

Es schläft aber die Ratte nicht,
ist eine Wasserratte
und nagt, wie Wasserratten es tun,
von unten mit Zähnen
den schlafenden Schwan an.

Auf schreit der Schwan,
das Wasser reißt,
Mondlicht verarmt und Racine beschließt,
nach Hause zu gehen,
sein Wappen zu ändern.

Fort streicht er die heraldische Ratte.
Die aber hört nicht auf, seinem Wappen zu fehlen.
Weiß, stumm und rattenlos
wird der Schwan seinen Einsatz verschlafen –
Racine entsagt dem Theater.

Dabei hattest Du beide Kreuze: Die Verleihung des Ritterkreuzes schloß nominell den Besitz von EK I und EK II
mit ein.

Askese: griech., streng enthaltsame Lebensweise.

*Kleiner dreckiger Triumph: wieder einmal bekam ich Ober-
wasser:* Spontan bekennt Pilenz, wenn auch nur vermeint-
lich auf diese Situation bezogen, seine Rolle im Leben
Mahlkes: der feige Gegner, der aus der Distanz den anderen unaufhörlich in Niederlagen hineindirigiert, und der
heuchlerische Freund, der zum Schein ihm behilflich ist.

Kreta: Insel im Mittelmeer, südl. Griechenlands. 1941 von
dt. Fallschirmjägern und Gebirgstruppen unter schweren
Verlusten erobert.

Winterplatz: Platz in der Danziger Innenstadt, an dem
die Oberpostdirektion, das Postscheckamt und ein städtisches Gymnasium lagen.

den heiligen Georg: Der Ritter Sankt Georg (gest. vermutl.
303 n. Chr., Märtyrertod) ist als einer der 14 Nothelfer
der Schutzheilige der Krieger, Waffenschmiede und
Bauern.

Gauleitung: oberste Parteidienststelle in einem Gau. Im 19.
und 20. Jh. faßten verschiedene Vereine, Verbände usw.
ihre Mitglieder aus Verwaltungsgründen in sog. Gauen
zusammen. Dieser Praxis folgte auch die NSDAP mit der
Aufgliederung des Reichsgebietes in sog. Reichsgaue (z. B.
Ostpreußen, Danzig-Westpreußen, Schleswig-Holstein).

Knickerbockern: engl., Überfallhose, eine unter dem Knie
abschließende Bundhose.

Kierkegaard: Sören Kierkegaard (1813–55), dän. Philosoph
und Theologe. Mahlkes Interesse an Kierkegaards philo-

sophisch-theologischem Weltbild ist zu verstehen (vgl. S.
K., »Der Begriff der Angst«, 1844; »Christliche Reden«,
1848). Die Angst und Verzweiflung in der Welt kann nicht
durch die so fragwürdig gewordene Welt außerhalb und
innerhalb der Menschen aufgehoben werden. Nur die absolute Selbstaufgabe in Gott, wie Mahlke sie in seinem
Marienkult vergleichsweise zeigt, gibt Hilfe, auch wenn
dies mit körperlichem Martyrium, dem eigenen physischen
Untergang verbunden ist.

Dostojewski: Fedor Michajlowitsch Dostojewski (1821–81),
russ. Dichter. Auch in seinem Werk geht es um religiös-
philosophische Fragen der menschlichen Existenz.

im blauverdunkelten Anhänger: Die Scheiben waren nach
der Luftschutzverordnung blau gestrichen.

Kriegshilfsdienst: Das Fehlen von männlichen Arbeitskräf-
ten durch den Kriegsdienst versuchte man durch Zwangs-
verpflichtung von Frauen und Mädchen auszugleichen.

Modlin: Vgl. die Anm. in Kap. I.

XIII

»Misereatur vestri ... peccatis vestris«: festformulierte Vergebungsbitte (Schluß des *Stufengebets*, vgl. die Anm. in
Kap. I) vor Empfang der eucharistischen Gaben (bis zum
II. Vat. Konzil). Übers.: »Es erbarme sich euer der allmächtige Gott. Er lasse euch die Sünden nach (und führe
euch zum ewigen Leben. Amen.)«

»Indulgentiam ... vestrorum«: Vergebungsbitte des Priesters vor der Spendung der Kommunion. Übers.: »Nach-
laß, Vergebung und Verzeihung eurer Sünden (schenke
euch der allmächtige und barmherzige Gott.)«

»Ecce Agnus Dei ...«: Festformulierter Hinweis auf die
eucharistischen Gaben unmittelbar vor deren Austeilung.
Übers.: »Seht, das Lamm Gottes, (das hinwegnimmt die
Sünde der Welt.)«

»Herrichbinnichtwürdigdaßdueingehstuntermeindach«: Bi-
belzitat, das vor der Spendung der Kommunion von der
Gemeinde gesprochen wird. Das II. Vatikanische Konzil
reduziert auf einmaliges Sprechen. Forts.: »... aber sprich
nur ein Wort, so wird meine Seele gesund« (Matth. 8,8).

Hochstrieß: Kasernengelände in Danzig-Langfuhr.

Groß-Boschpol: kleiner Ort im ehem. östl. Pommern nahe
der früheren dt.-poln. Grenze am sog. Korridor.

Aber ich wollte abermals nichts damit zu tun haben: Von
nun an gewinnt die Adam- bzw. Christus-Parodie der
Mahlke-Handlung durch zusätzlich biblisch archaisierende
Motivverbindungen tragikomische Züge. Der ›Held‹
Mahlke offenbart sich endgültig als Anti-Adam bzw.
-Christus und degeneriert als wehklagender Deserteur
zum Anti-Helden. Pilenz entwickelt sich zur schäbigen
Erscheinung des Verräters (Judas) und Verleugners (Pe-
trus). Sorgfältig um Risikolosigkeit bemüht, dirigiert Pilenz nach dem Abendmahl Mahlke stufenweise in die
Ausweglosigkeit des Fluchtverstecks im Wrack. Die schritt-
weise Vernichtung Mahlkes scheint vollkommen zu sein,
jedoch für den irritierten Pilenz vollzieht sich im Unter-
tauchen des Helden gleichzeitig dessen geistige Auferstehung.

von Neuschottland nach Schellmühl: Stadtteile von Danzig
(Vororte).

Kohlenklau- und Groschengrabplakaten: Propagandaplaka-
te, mit denen die Bevölkerung zur allgemeinen Sparsam-
keit aufgerufen wurde.

Bocksch: Bezeichnung für Danziger Dialekt.

Bjälgerott oder bai Schietemier: Bjelgorod, russ. Stadt nördl.
von Charkow. Zwischen dem 5. und 15. Juli 1943 versuchte die dt. Wehrmacht mit einer letzten Offensive die
bei Kursk vorgedrungenen sowjet. Streitkräfte durch einen
Gegenangriff nördl. (Orel) und südl. davon (Bjelgorod)
zurückzudrängen. Begrenzte Erfolge im Raum Bjelgorod
verhinderten nicht das Scheitern dieser verlustreichen Offensive. Schitomir, russ. Stadt in der Ukraine, westl. von
Kiew. Während der Rückzugsgefechte der dt. Heeresgruppe Süd zum Jahresende 1943 stark umkämpft. Die Städte-
namen sind militärgeschichtliche Schlüsselbegriffe für den
Vorstoß der sowjet. Truppen im Rahmen ihrer Winteroffensive 1943/44 und die verlustreichen Rückzugsgefechte
der dt. Wehrmacht.

im Raum von Kovel–Brody–Brezany: heute russ. Städte im
westl. Grenzraum der Ukrainischen SSR, im Zweiten
Weltkrieg bekannt geworden durch die dt. Abwehrkämpfe
des sowjet. Offensivvorstoßes aus dem Raum Kursk.

Buczacz: bis 1945 Stadt in der poln. Woiwodschaft Tarnopol (südöstl. von Lemberg), danach russ. Butschatsch in der Ukrainischen SSR. 1672 Unterzeichnung des Friedensvertrages zwischen Polen und dem Osmanischen Reich. Im Zweiten Weltkrieg während der Rückzugsgefechte der dt. Heeresgruppe Nord-Ukraine gegenüber der sowjet. Offensive in Südpolen und Galizien (Beginn 13. Juli 1944) stark umkämpft.

Cerkassy: Tscherkassy, russ. Stadt am Dnjepr südl. von Kiew. Mitte Februar 1944 werden 7 dt. Divisionen, die in der Folge der sowjet. Winteroffensive 1943/44 bei Tscherkassy eingekesselt worden sind, durch einen dt. Panzerangriff zum großen Teil wieder befreit.

Kriewäurock: Kriwoj Rog, russ. Stadt in der Süd-Ukraine, Eisenerzgruben; sollte aus wirtschaftlichen Gründen von den Deutschen möglichst lange gehalten werden, am 22. Februar 1944 wieder von sowjet. Truppen eingenommen.

Inwasjon: Invasion, gemeint ist die Landung der westalliierten Streitkräfte am 6. Juni 1944 in der Normandie (frz. Atlantikküste), mit der die milit. Niederlage der dt. Wehrmacht an der Westfront eingeleitet wurde.

Schlauben: mundartl., Fruchthülle, Schale.

»Ich kann nicht schwimmen«: Der körperlich und seelisch invalide Mahlke – die Positiv-Symbolik der konkurrenzlosen Schwimmerfertigkeit und Verdauungsfähigkeit im weitesten Sinne ist in Negativ-Symbolik umgeschlagen – ergreift das Hilfsangebot von Pilenz: Verkehrung des Rollenspiels. Auch das auf Grund liegende poln. Minensuchboot verkehrt in der erzählerischen Bedeutung von der Rolle des eroberten Zielobjekts jungenhaft verklärter Inselidylle zu dem, was es in Wirklichkeit ist: ein funktionslos gewordener verrosteter Stahlkörper mit der tragischen Bezeichnung »Rybitwa« (Lerche), Symbol eines verlorenen Krieges und einer verlorenen Persönlichkeit: Mahlke.

Ich mußte ihn treten, damit er auf die Beine kam: Der Rollentausch ist endgültig. Pilenz herrscht scheinbar über seinen Gegen- und Mitspieler, dominiert den anderen im Katz-und-Maus-Spiel.

Richtaufsatzes: Zieleinrichtung an Panzerfahrzeugen.

Hohlraumgranaten: Granaten, deren vorderes konisches Ge-

Szenenfoto aus der Verfilmung von »Katz und Maus« durch Hansjürgen Pohland (Foto: Stiftung Deutsche Kinemathek, Berlin)

schoßteil aus einem Hohlraum besteht, durch den nach
dem Aufprall die Sprengwirkung auf die Objektfläche
konzentriert und so eine höhere Durchschlagskraft erzielt
wird.

Maybach-Motoren: Wilhelm Maybach (1846–1929), dt. Ingenieur. Die von ihm zusammen mit dem Grafen Zeppelin
1909 in Friedsrichshafen (Bodensee) gegründete Maybach-
Motoren AG produzierte bes. starke Motoren, die u. a.
auch in die Kampfpanzer der dt. Wehrmacht eingebaut
wurden.

erster Einsatz nördlich Kursk: Angesprochen ist mit diesem
Hinweis ein dt. Gegenangriff (Unternehmen »Zitadelle«),
mit dem am 5. Juli 1943 an der Ostfront durch einen von
Norden und einen von Süden geführten Vorstoß die von
den Sowjets weit vorgeschobene Front begradigt werden
sollte. Die Offensive scheiterte verlustreich.

bei Orel der Gegenangriff: Der sowjet. Gegenangriff vom
5. August 1943 brachte die dt. Offensive nördl. Kursk
zum Stehen und drängte die dt. Einheiten westl. hinter
Orel zurück.

Vorskla: Nebenfluß des Dnjepr.

Charkow: Im ›Mittelabschnitt‹ der Ostfront südl. des Rau-
mes Kursk wurde Charkow am 22. August 1943 von
sowjet. Truppen eingenommen und mußte von den Deutschen zum zweitenmal geräumt werden.

Korosten: kleinere Stadt nordwestl. von Kiew (Ukraine),
wurde Anfang November 1943 von den dt. Truppen auf-
gegeben.

zwischen Turm und Wanne: Zwischen dem drehbaren Ge-
schützturm des Panzers und dem eigtl. Fahrzeugkörper,
der sog. ›Wanne‹, befindet sich bei direktem Beschuß die
schwache Stelle des Kampffahrzeuges.

Kasatin: kleinere Ortschaft südwestl. von Kiew (Ukraine).

Welcher Fisch bringt ihn mir?: Anspielung auf den Sagen-
stoff vom Ring des Polykrates, den Schiller in seiner
gleichnamigen Ballade (1797) gestaltet hat.

Also, ich ruderte zurück ...: Die Anapher-Funktion der
Konjunktion ›also‹ kennzeichnet die Verlegenheit, Verunsicherung und Bedrücktheit des Pilenz.

Werkschutz: betriebsintern organisierte Bewachung von Fa-
brikanlagen.

Wehrbezirkskommando: Einrichtung der milit. Verwaltung, für die Erfassung der Wehrpflichtigen eines bestimmten Bezirks.

Einberufungsbefehl: auch Gestellungsbefehl, dienstliche Aufforderung, sich zum Einsatz als Soldat zu melden.

Wer schreibt mir einen guten Schluß? . . .: Der von Pilenz mit verursachte Untergang Mahlkes – Untergang im doppelten Sinne –, dessen Verwandlung von der konkreten Person zur Vorstellung aus der Erinnerung, wird ihm, dem Erzähler, zum existentiellen Trauma. Pilenz ist zurückgelassen, sich selbst überlassen mit Schuldgefühl, Angstkomplex und diffuser Sehnsucht, mit dem Bewußtsein des zweiten Scheiterns, damit des endgültigen Scheiterns an Mahlke und dem pathologischen Zwang, ihn ruhelos zu verfolgen. Mahlke, personifizierte Möglichkeit einer immer aktuellen Existenzform pubertärer und egozentrischer Selbstverwirklichung, kann jederzeit aus dem Abseits wieder heraustreten (Sinnbild: Tümpel, Wrack), in der Verkleidung des *Clowns* oder des Militärs auf der Welt sein. Es gibt keinen *Schluß.*

im Oktober neunundfünfzig nach Regensburg: Bundestreffen der ›Gemeinschaft der Ritterkreuzträger‹ (24./25. 10. 1959) im Kolpingsaal der Stadt Regensburg.

II. Zur Entstehungsgeschichte

1. Hinweise des Autors

»Die falsche Erzählerposition [im Roman ›Hundejahre‹] konnte dem komplexeren Stoff nicht gerecht werden. Bis Seite 350 ging es, dann reichte der Atem nicht mehr aus, die Erzählweise wurde überanstrengt und künstlich. Die Erzählung ›Katz und Maus‹, ursprünglich ein Stück des neuen Romans, isolierte sich von selbst. Nach der Zerschlagung der ursprünglichen Konzeption konnte ich neu an die Handlung der ›Hundejahre‹ herangehen.«

(Zu Geno Hartlaub. Sonntagsblatt, Hamburg, 1. 1. 1967. Zitiert nach Loschütz, S. 213 f.)

»Die ersten Skizzen für die ›Blechtrommel‹ waren dialogischer Art, auf einaktige Situationen zugeschnitten; das ließ sich überhaupt nicht realisieren, bis mir dann deutlich wurde, daß es ein breiter epischer Stoff ist. Ich hab' mir damals nie einen Roman zugetraut. Und bei ›Örtlich betäubt‹ war es in der ersten Fassung ein Roman, und beim Realisieren merkte ich, daß beide Möglichkeiten vorhanden waren. ›Hundejahre‹ habe ich mit einer falschen Erzählkonzeption begonnen, die dann in der Mitte des Buches durch ein Kapitel, das eigentlich ›Katz und Maus‹ enthält, zerschlagen wurde, es stellte sich heraus, daß darin eine Novelle war, die den Roman kaputt machte. Dann hab' ich zuerst die Novelle geschrieben und durch die Arbeit an der Novelle die Erzählpositionen für ›Hundejahre‹ gefunden.«

(Zu Heinz Ludwig Arnold, 1970. In: Text + Kritik 1/1a. S. 18)

»Doch noch in Paris hatte ich mit den Vorarbeiten für den Roman ›Hundejahre‹ begonnen, der anfangs ›Kartoffelschalen‹ hieß und nach falscher Konzeption begonnen wurde. Erst die Novelle ›Katz und Maus‹ zerschlug mir das kurzatmige Konzept.«

(Grass: Rückblick auf ›Die Blechtrommel‹ oder Der Autor als fragwürdiger Zeuge. WDR 16. 12. 1973. Zitiert nach Günter Grass. Ein Materialienbuch. Hrsg. von Rolf Geißler. Darmstadt u. Neuwied: Luchterhand 1976. S. 85)

2. Motivbindungen an die Romane »Die Blechtrommel« (1959) und »Hundejahre« (1963)

»Die Blechtrommel«

Schauplatz Danzig-Langfuhr:

»Wir aber [...] setzten uns [...] in die Straßenbahn Linie Neun und fuhren durch den Brösener Weg, am Flugplatz, alten und neuen Exerzierplatz vorbei, warteten an der Weiche neben dem Friedhof Saspe auf die von Neufahrwasser–Brösen entgegenkommende Bahn.« (S. 118)

Conradinum:

»[...] und hinter verstaubten Bäumen das Conradinum mit seinen rotbemützten Schülern – wie hübsch, wenn doch Oskarchen auch solch eine rote Mütze mit dem goldenen C zu Gesicht stünde; zwölfeinhalb wäre er, säße in der Quarta, käme jetzt ans Latein heran und trüge sich als ein richtiger kleiner, fleißiger, auch etwas frecher und hochmütiger Conradiner.« (S. 109)

Herz-Jesu-Kirche:

»Die Herz-Jesu-Kirche wurde während der Gründerjahre erbaut und wies sich deshalb stilistisch als neugotisch aus. Da man schnelldunkelnden Backstein vermauert hatte und der mit Kupfer verkleidete Turmhelm flink zum traditionellen Grünspan gekommen war, blieben die Unterschiede zwischen altgotischen Backsteinkirchen und der neueren Backsteingotik nur für den Kenner sichtbar und peinlich.« (S. 110)

Katholische Kirche:

»Genau wie Hochwürden Wiehnke hielten hundert andere Hochwürden am Sonnabend nach Büro- und Geschäftsschluß das haarige Priesterohr im Beichtstuhl sitzend gegen ein blankes, schwärzliches Gitter.« (S. 110)
»Nach dem frühen Tode seiner Frau war er nach Tschenstochau gepilgert und hatte von der Matka Boska Czestochowska Weisung erhalten, in ihr die zukünftige Königin Polens zu sehen.« (S. 18)

Orden und Abzeichen:

»Er griff zu. Ich war den Bonbon los. Matzerath erschrak
nach und nach, als er das Zeichen seiner Partei [NSDAP]
zwischen den Fingern spürte. Mit nunmehr freien Händen
wollte ich nicht Zeuge sein, was Matzerath mit dem Bonbon
tat. [...] Es wäre vernünftiger gewesen, das bunte runde
Ding ruhig in der geschlossenen Hand zu halten.
Er aber wollte es los werden und fand trotz seiner oft er-
probten Phantasie als Koch und Dekorateur des Kolonial-
warenladenschaufensters kein anderes Versteck als seine
Mundhöhle. [...]
Hätte er doch zuvor wenigstens mit drei Fingern die Nadel
des Parteiabzeichens geschlossen. Nun würgte er an dem
sperrigen Bonbon, lief rot an, bekam dicke Augen, hustete,
weinte, lachte und konnte bei all den gleichzeitigen Gemüts-
bewegungen die Hände nicht mehr oben behalten.« (S. 325 f.)

Trommel und Glaszersingen:

»Die Fähigkeit, mittels einer Kinderblechtrommel zwischen
mir und den Erwachsenen eine notwendige Distanz ertrom-
meln zu können, zeitigte sich kurz nach dem Sturz von der
Kellertreppe fast gleichzeitig mit dem Lautwerden einer
Stimme, die es mir ermöglichte, in derart hoher Lage anhal-
tend und vibrierend zu singen, zu schreien oder schreiend zu
singen, daß niemand es wagte, mir meine Trommel, die ihm
die Ohren welk werden ließ, wegzunehmen; denn wenn mir
die Trommel genommen wurde, schrie ich, und wenn ich
schrie, zersprang Kostbarstes: ich war in der Lage, Glas zu
zersingen.« (S. 49)

(Danziger Trilogie 1. Neuwied u. Darmstadt:
Luchterhand 1974. Sammlung Luchterhand 147)

» H u n d e j a h r e «

Katz und Maus:

»Und einmal, Tulla und ich waren dabei, weinte Jenny Brunies, weil ihr jemand mit dem Brennglas ein Loch in das neue
maigrüne Kleid gebrannt hatte.
Jahre später – Tulla und ich waren nicht dabei – sollen einige
Gymnasiasten, die dort ein Schlagballturnier veranstalteten,

einem dösenden Mitschüler die Katze des Platzverwalters
an den Hals gesetzt haben.« (S. 149)

Schauplatz Danzig-Langfuhr:

»Es war einmal eine Stadt, die hatte neben den Vororten
Ohra, Schidlitz, Oliva, Emaus, Praust, Sankt Albrecht,
Schellmühl und dem Hafenvorort Neufahrwasser einen Vorort, der hieß Langfuhr. Langfuhr war so groß und so klein,
daß alles, was sich auf dieser Welt ereignet oder ereignen
könnte, sich auch in Langfuhr ereignete oder hätte ereignen
können.
In diesem Vorort zwischen Schrebergärten, Exerzierplätzen,
Rieselfeldern, leicht ansteigenden Friedhöfen, Werftanlagen,
Sportplätzen und Kasernenblöcken, in Langfuhr, das rund
zweiundsiebzigtausend gemeldete Einwohner beherbergte,
das drei Kirchen und eine Kapelle, zwei Gymnasien, ein
Lyzeum, eine Mittelschule, eine Gewerbe- und Haushalt-
schule, immer zuwenig Volksschulen aber eine Bierbrauerei
mit Aktienteich und Eiskeller besaß, in Langfuhr, dem die
Schokoladenfabrik Baltic, der Flugplatz der Stadt, der Bahn-
hof und die berühmte Technische Hochschule, zwei ungleich
große Kinos, ein Straßenbahndepot, die immer überfüllte
Sporthalle und eine ausgebrannte Synagoge Ansehen gaben;
in dem bekannten Vorort Langfuhr, dessen Behörden ein
städtisches Spenden- und Waisenhaus und eine bei Heiligen-
brunn malerisch gelegene Blindenanstalt verwalteten, im seit
achtzehnhundertvierundfünfzig eingemeindeten Langfuhr,
das sich unterhalb des Jäschkentaler Waldes, in dem das Gu-
tenbergdenkmal stand, in guter Wohnlage hinzog, in Langfuhr, dessen Straßenbahnlinien den Badeort Brösen, den
Bischofssitz Oliva und die Stadt Danzig berührten, in Danzig-Langfuhr also, einem durch die Mackensen-Husaren und
den letzten Kronprinzen berühmt gewordenen Vorort, den
in aller Breite der Strießbach durchfloß, wohnte ein Mädchen, das hieß Tulla Pokriefke und war schwanger, wußte
aber nicht, von wem.« (S. 261)

Conradinum:

»Der Pausenhof des Conradinums bestand aus dem kleinen,
quadratischen Pausenhof, den alte Kastanien unregelmäßig

beschatteten, also in einen lichten Kastanienwald verwandelten, und einem länglichen, links zaunlos angrenzenden Großen Pausenhof, den junge Linden, die sich an stüzenden
Stöcken hielten, in regelmäßigen Abständen einfaßten. Die
neugotische Turnhalle, das neugotische Pissoir und das neugotische, vierstöckige, mit einem glockenlosen Glockenturm
bestückte, altziegelrote und efeuüberkletterte Schulgebäude
begrenzten drei Seiten des Kleinen Pausenhofes und schütz-
ten ihn vor Winden, die über den Großen Pausenhof aus öst-
licher Ecke Staubtüten schickten; denn nur der niedrige
Schulgarten mit seinem engmaschigen Drahtzaun und das
zweistöckige, gleichfalls neugotische Alumnat stellten sich
dem Wind in den Weg. Bis man später, hinter dem Südgiebel
der Turnhalle, einen modernen Sportplatz mit Aschenbahn
und Rasen anlegte, mußte der Große Pausenhof während der
Turnstunden als Spielfeld dienen.« (S. 79)

Studienrat Brunies, Studienrat Mallenbrandt:

»Denn Oswald Brunies, der so ziemlich alles unterrichtete –
Erdkunde, Geschichte, Deutsch, Latein, notfalls Religion –
war nicht jener überall gefürchtete Turnlehrer mit der
schwarzkrausen Brust, mit den schwarzbewimperten Beinen,
mit Trillerpfeife und Schlüssel zum Geräteraum.« (S. 80)
»Denn Studienrat Mallenbrand galt als Experte und hatte
ein Buch oder ein Kapitel in einem Buch über deutsche Schü-
lerkampfspiele geschrieben. Darin ließ er sich knapp und
lückenlos über das Schlagballspiel aus.« (S. 83)

Ritterkreuzträger, Conradinum:

»Im Spätherbst einundvierzig – Sondermeldungen über Erfolge im Osten blieben aus – konnte das Conradinum schon
auf zweiundzwanzig gefallene Conradiner hinweisen. Die
Marmortafel mit den Namen, Daten und Diensträngen hing
im Hauptportal zwischen Schopenhauer und Kopernikus.
Unter den Gefallenen gab es einen Ritterkreuzträger. Zwei
Ritterkreuzträger lebten noch und besuchten, wenn sie Ur-
laub hatten, regelmäßig ihre alte Schule. Manchmal hielten
sie in der Aula knappe oder weitschweifige Vorträge. Wir
saßen angenagelt und die Lehrer nickten zustimmend. Nach
den Vorträgen durften Fragen gestellt werden. Die Schüler

wollten wissen, wie viele Spitfire man abschießen, wieviel Bruttoregistertonnen man versenken müsse. Denn wir waren alle darauf aus, später einmal das Ritterkreuz zu bekommen.« (S. 232)

Straßenbahn, Tulla Pokriefke:

»Es war einmal eine Straßenbahn, die fuhr vom Heeresanger in Langfuhr zur Weidengasse in der Niederstadt und diente der Linie Fünf. Wie alle Bahnen, die zwischen Langfuhr und Danzig verkehrten, hielt die Fünf auch am Hauptbahnhof. Der Straßenbahnführer dieser einen besonderen Bahn, von der es hieß, sie war einmal, hieß Lemke; der Schaffner im Motorwagen hieß Erich Wentzeck; und die Schaffnerin im Anhänger jener besonderen Bahn hieß Tulla Pokriefke. Nicht mehr tat sie Dienst auf der Linie Zwei nach Oliva. Mit der Fünf fuhr sie täglich neun Stunden lang hin und her.« (S. 283)

Brösen:

»Der freundliche Badeort – seit achtzehnhundertdreiundzwanzig Seebad – lag mit geducktem Fischerdorf und kuppeltragendem Kurhaus, mit den Pensionen Germania, Eugenia und Else, mit halbhohen Dünen und dem Strandwäldchen, mit Fischerbooten und dreiteiliger Badeanstalt, mit dem Wachturm der Deutschen Lebensrettungsgesellschaft und dem achtundvierzig Meter langen Seesteg genau zwischen Neufahrwasser und Glettkau am Strand der Danziger Bucht.« (S. 109)

Wrack des polnischen Minensuchbootes:

»Und wo warst Du im Sommer? Weg, in Brösen, mit Tertianern. Wer Dich suchte, fand Dich auf dem Wrack eines polnischen Minensuchbootes, das nahe der Hafeneinfahrt auf Grund lag. Die Tertianer tauchten in dem Wrack und holten Zeug hoch.« (S. 227)

(Danziger Trilogie 3. Neuwied u. Darmstadt: Luchterhand 1974. Sammlung Luchterhand 149)

III. Günter Grass über Literatur,
sein Werk, besonders »Katz und Maus«

1. Literarische Tradition

»Das Buch, wenn wir jetzt nur von der ›Blechtrommel‹ reden, befindet sich in einem ironisch-distanzierten Verhältnis zum deutschen Bildungsroman. Es kommt, und das betrifft nun mich und meine Affinität, sehr stark von jener europäischen Romantradition her, die vom pikaresken Roman herreicht mit all seinen Brechungen, Rabelais und den Löchern dazwischen, der verspäteten Übersetzung ins Deutsche und der Neudichtung Fischarts; da ist der erste große Roman Grimmelshausens, dann die anderen europäischen Beziehungen zu England, Sterne, und hier unmittelbar auch wieder der Einfluß von Goethe zu Jean Paul, und jetzt weiter gefolgert von Sterne zu Joyce und von Joyce zu Dos Passos und zu Döblin in Deutschland, die gleichermaßen dann auch wieder Bezug zu Jean Paul haben – das sind die Traditionen, in denen ich mich verstehe.«

(Zu Heinz Ludwig Arnold, 1970. In: Text + Kritik 1/1a. S. 6)

2. Literarische Arbeit und Schriftstellerauftrag

»Sehen Sie [...], ich komme von der bildenden Kunst her. Für mich gibt es verschiedene Ausdrucksmöglichkeiten, das Zeichnen, die Bildhauerei. Beim Schreiben sehe ich das Endergebnis nicht voraus. Der Arbeitsprozeß ist für mich ein Abenteuer. Ich versuche, während der Arbeit zu lernen, Klarheit über historische, gesellschaftliche und politische Zusammenhänge zu gewinnen. Durch ihr Eigenleben fordern die Figuren ihr Recht, sie verteidigen sich gegen den Autor, sie dulden keine Gewaltanwendung. Sie sperren sich gegen flache Absichten, sie zwingen den Autor zum Dialog mit ihnen.«

(Zu Geno Hartlaub. Sonntagsblatt, Hamburg, 1. 1. 1967. Zitiert nach Loschütz, S. 213)

»Die Fehlentwicklung der Literatur nach 45 liegt in ihrem
oberflächlichen Engagement. Der Schriftsteller hat sich nach
dem Kriege – was einerseits verständlich ist – zum Staats-
anwalt degradiert. [...] Ein Schriftsteller hat nicht das
Recht, anzuklagen oder zu verurteilen. Ein Schriftsteller
muß aufzeigen. [...]
Ich habe nicht die Absicht zu provozieren, ich will nur aufzeigen, ich will nur die Strömungen der Zeit einfangen. Im
Grunde bin ich konservativ.«

> (Zu Manfred Bourrée. Echo der Zeit, Reckling-
> hausen, 18. 11. 1962. Zitiert nach Loschütz, S.
> 197 f.)

»Ich gehe davon aus, daß ein Schriftsteller von Buch zu Buch
die Summe seiner Figuren ist, inklusive die SS-Männer, die
darin vorkommen; und er muß diese Figuren, ob er will
oder nicht, auf literarische, kühle, distanzierte Art lieben
können, er muß in sie hinein können; er kann sich nicht von
ihnen distanzieren und sie einfach angewidert ›die anderen‹
nennen. [...]
Es ist ja auch kein unmittelbarer Gegensatz: sich in den
Dienst einer Moral stellen bedeutet ja nicht die Phantasie
unter Hausarrest stellen. Aber in unseren Tagen dieser z. T.
groteske Versuch, die Kunst auf Agitprop-Methoden zu reduzieren!«

> (Zu Heinz Ludwig Arnold, 1970. In: Text +
> Kritik 1/1a. S. 5 u. 1)

3. Erzählstoff und Wirklichkeitsbezug

»Er habe sich die Wahl seiner Stoffe, sagt Günter Grass,
bewußt auf eine gleichbürgerliche Welt mit vielgestalti-
gen Figuren, Aktionen und Handlungen beschränkt. Im
Laufe der Arbeit an seinen Romanen habe sich gezeigt, daß
weite Bereiche, die man gewöhnlich für unpolitisch hält, in
Wirklichkeit von der Politik sehr abhängig sind, so zum
Beispiel der ›Mief‹ der kleinbürgerlichen Enge mit den
falschen Idyllen der Familienfeiern usw., dem unausrott-
baren Sicherheitsbedürfnis, der falschen Vorstellung von
Größe, der Gleichsetzung von sozialem Aufstieg und allge-

meinem Fortschritt. [...] Besonders in Deutschland haben die Arbeiter den Hang zum Kleinbürgertum mit seinen Verwaschenheiten, seiner Hybris und seinen allgemein bekannten Eigenschaften, die im privaten Bereich liebenswert sein können, aber gefährlich oder grotesk werden, wenn dies Kleinbürgertum die politische Führung ergreift. [...]
Ich bin auf Oberfläche angewiesen, [...] ich gehe vom Betastbaren, Fühlbaren, Riechbaren aus.«

(Zu Geno Hartlaub. Sonntagsblatt, Hamburg,
1. 1. 1967. Zitiert nach Loschütz, S. 212 u. 214)

»Man kann nichts erfinden [...]. Man kann wohl wegnehmen, abstrahieren, aber noch immer muß der Gegenstand da sein, von dem man ausgeht.«

(Zu Hugo Loetscher. Du, Zürich, Juni 1960.
Zitiert nach Loschütz, S. 193)

»Als ich anfing zu schreiben, war ein großer Teil der Prosaschriftsteller in der Kafka-Nachfolge befangen. Die Autoren schrieben zeit- und ortlose Parabeln. Ich bleibe am Ort, spare Parabeln aus, habe ein direktes Verhältnis zur Geographie und zur Zeit.«

(Zu Geno Hartlaub. Sonntagsblatt, Hamburg,
1. 1. 1967. Zitiert nach Loschütz, S. 213)

»Aber eines ist, jedenfalls für mich, gewiß: daß die Weltläufigkeit eines Romans nicht bewiesen ist durch raschen Ortswechsel von Großstadt zu Großstadt und durch direkte Einbeziehung großer geschichtlicher Vorgänge, sondern daß gerade Literatur ihre Chance darin hat, vom Detail her größere Zusammenhänge zu belegen; Detail ist in dem Falle eben auch die Provinzstadt und der Vorort einer Provinzstadt – dafür gibt es ja eine ganze Reihe von Belegen in der Literatur, das ist nichts Neues. Für mich war die Überraschung, da man ja immer wieder auf momentanen Erfolg anspricht, daß z. B. ein Roman wie ›Die Blechtrommel‹ nicht nur in Deutschland Interesse und Leser fand, sondern auch im Ausland. Damit hatte ich überhaupt nicht gerechnet, daß sich jemand im Mittleren Westen der Vereinigten Staaten oder in Südfrankreich oder in Skandinavien für kleinbürgerlichen Mief im Übergang von der Weimarer Republik zum Nationalsozialismus etc. interessieren könnte. Für mich

ist es eine unvermutete Bestätigung gewesen, daß sich dieses
geduckte Verhalten des Kleinbürgers, des Opportunisten
– und wenn ich jetzt ›Kleinbürger‹ sage, so geht das sowohl
in diesen ideologisierten Begriff ›Proletariat‹ hinein wie
auch in die andere Richtung, in die Universitäten – doch sehr
weltweit versteht und daß diese Verhaltensweisen gar nicht
besonders exotisch sind.«

> (Zu Heinz Ludwig Arnold, 1970. In: Text +
> Kritik 1/1a. S. 4 f.)

4. »Katz und Maus« im Werkzusammenhang

»Mahlkes Fall decouvriert Kirche, Schule, Heldenwesen –
die ganze Gesellschaft. Alles schlägt mit ihm fehl.«

> (Zu John Reddick, 1966. In: Text + Kritik 1/1a.
> S. 43)

»Der Oskar hat seine Trommel, und Pilenz, der Meßdiener,
hat den Schuldkomplex, das ist für ihn der Motor, die Geschichte Mahlkes aufzuschreiben.«

> (Zu Horst Bienek. Zitiert nach Kurt Lothar
> Tank: Günter Grass. Berlin: Colloquium Ver-
> lag [5]1974. S. 63)

»Alle drei Ich-Erzähler in allen drei Büchern [›Die Blech-
trommel‹, ›Katz und Maus‹, ›Hundejahre‹] schreiben aus
Schuld heraus: aus verdrängter Schuld, aus ironisierter
Schuld, im Fall Matern aus pathetischem Schuldverlangen,
einem Schuldbedürfnis heraus – das ist das erste Gemeinsame.
Das zweite Gemeinsame sind Ort und Zeit. Und das dritte
Gemeinsame, in den Büchern natürlich unterschiedlich stark,
ist die Erweiterung des Wirklichkeitsverständnisses: das
Einbeziehen der Phantasie, der Einbildungskraft, des Wech-
sels zwischen Sichtbarem und Erfindbarem. Dann kommt
noch ein Viertes hinzu, das vielleicht am Anfang privat
gemeint war, aber auch in der Auswirkung – und ich glaube
schon, daß Bücher Auswirkung haben – Gewicht haben
könnte, was aber sicher nicht literarisch von Gewicht ist:
daß ich erst einmal für mich versucht habe, ein Stück endgültig verlorene Heimat, aus politischen, geschichtlichen

Gründen verlorene Heimat, festzuhalten. Denn es ist etwas anderes, ob jemand drei Bücher über Danzig schreibt, das weg ist, als Danzig weg ist – das heutige Danzig hat einen ganz anderen Bezug, ein ganz anderes Herkommen –, oder ob jemand ein dreibändiges Erzählwerk über Regensburg schreibt, um eine andere historische Stadt zu nennen. Das hat, wie ich auch erst hinterher von vielen Lesern erfahren habe, Lesern, die nicht unmittelbar aus Danzig, die aber aus ähnlichen Gebieten kommen, die verloren sind, mit dazu beigetragen, diese drei Bücher zu Lesestoff zu machen, weil das, was in Danzig-Langfuhr und was mit Danzig-Langfuhr passierte, auch für Breslau und für Vororte von Breslau zutreffen könnte und für Königsberg oder für Stettin. [. . .] Mir ist nur aufgefallen, daß – jetzt immerhin mit zehn Jahren Distanz – in der Bundesrepublik so gut wie überhaupt keine Versuche unternommen worden sind (wobei es eine Fülle von Literatur zu allen drei Büchern gibt), diese drei Bücher ›Blechtrommel‹, ›Katz und Maus‹ und ›Hundejahre‹ als eine Einheit zu sehen; wohl aber im Ausland. Und ich habe mir eigentlich immer gewünscht, daß man das einmal im Zusammenhang sieht.«

> (Zu Heinz Ludwig Arnold, 1970. In: Text + Kritik 1/1a. S. 10 f. u. 6)

5. Autorbiographie und literarische Wirklichkeit

»Ich finde mich als Person nicht so abgrundtief interessant, daß ich mich selbst zum Gegenstand wählen könnte. Bei mir verschwindet der Autor von der Szene.«

> (Zu Geno Hartlaub. Sonntagsblatt, Hamburg, 1. 1. 1967. Zitiert nach Loschütz, S. 214)

»Das ist auch wieder so eine Frage, auf die der Autor schlecht ja oder nein antworten kann. Mir ist aufgefallen, daß es offenbar ein eingefahrener Ritus der Kritiker und auch der Universitätsleute, die es besser wissen müßten, ist, den Ich-Erzähler immer mit dem Autor zu verwechseln. Das traf auf die ›Blechtrommel‹ zu, das traf auf ›Katz und Maus‹ zu und das trifft auch auf ›Örtlich betäubt‹ zu.«

> (Zu Heinz Ludwig Arnold, 1970. In: Text + Kritik 1/1a. S. 6 f.)

»Soweit ich mich auf mein eigenes Leben zurückerinnern kann, finde ich weder in der ›Blechtrommel‹ noch in der Novelle ›Katz und Maus‹ Passagen aus meinem Leben. Ich habe auch nicht die Absicht, etwas Autobiographisches zu erzählen, und glaube auch nicht, daß es möglich ist. Auf der anderen Seite gibt es natürlich Erinnerungen an angedeutete Erlebnisse, die nur aus einem Wort, einem Geruch, einem Anfassen, aus einem Vernehmen vom Hörensagen kommen, und diese Dinge, diese Fragmente von Erlebnissen lassen sich viel leichter in einer Erzählung umsetzen. Dazu kommt noch, daß insgesamt jedes Buch mit allen Nebenfiguren, mit der Landschaft, mit der Auswahl und der Wahl des Themas natürlich ein Stück des Autors ist, ein bestimmtes Stück, und auch eine Selbstentdeckung des Autors bedeutet.«

(Zu Kurt Lothar Tank. In: K. L. T., Günter Grass. Berlin: Colloquium Verlag ⁵1974. S. 53)

»Dieser Studienrat Mallenbrandt ist – wie alle meine Figuren – frei erfunden, aber nicht aus der Luft gegriffen. Ein Studienrat Wallerand ist mir nicht bekannt. Allerdings gab es im Conradinum zu Danzig-Langfuhr einen Turnlehrer – an seinen Namen vermag ich mich nicht mehr zu erinnern –, der eine Trillerpfeife an langer, geflochtener Kordel besaß.
Wenn nun der mir unbekannte Theodor Wallerand in sich den anonymen, mir bekannten Turnlehrer mit der ›Zauberpfeife‹ wiedererkennt, also bereit ist zu erklären, daß er in der Turnhalle des Conradinums eine ›Zauberpfeife‹ oft hat wirken lassen, dann könnte es möglich sein, daß sich, wie oft in der Dichtung, zwischen einer erfundenen Figur – Mallenbrandt – und einer tatsächlichen – Wallerand – eine Ähnlichkeit ergeben hat, die nicht unbedingt gegen Wallerand sprechen muß, aber in jedem Fall die Macht der Dichtung beweist.«

(Der Spiegel 9, 1962, S. 69 f.)

6. Kirche, Staat, Schule und Literatur

»Ich würde mich nie als Atheist bezeichnen, ich schreibe nicht
für, nicht gegen Gott.«

(Zu Manfred Bourrée. Echo der Zeit, Recklinghausen, 18. 11. 1962. Zitiert nach Loschütz, S. 200)

»Ich weiß um all die Verbrechen im Namen Gottes, und ich
spüre bei mir eine Diskrepanz der Herkunft (katholisch ge-
tauft) und der Entwicklung, die mit dem Zweifel begann
und nun eigentlich bei Aufklärung und Vernunft und unseren begrenzten, naturwissenschaftlichen Erkenntnissen Antwort und Teilantwort findet. Ich würde diese Haltung jedoch nie als Atheismus bezeichnen. Der Atheismus hat sich
heute schon wieder zu einer Religion bzw. Antireligion for-
miert. Eine katholische Kirche wie jede Religion, die ihre
ethischen Aufgaben, die ich historisch begründet sehe, wahr-
nimmt, und also das erste Gebot der Nächstenliebe, die Tole-
ranz, groß schreibt, würde in mir einen freundlichen Nach-
barn haben. [...]
Nach meinem Herkommen und der zu beschreibenden Wirklichkeit ist für mich der Katholizismus das gegebene. Diese
Religion äußert sich im Alltag nicht christlich, sondern heid-
nisch. Das mag, vom Protestantismus aus gesehen, die Schwä-
che dieser Religion sein, aber vom Katholiken aus gesehen,
auch wenn er nicht mehr glaubt, ist diese kräftige Portion
Heidentum eine Stärke.«

(Zu Geno Hartlaub. Sonntagsblatt, Hamburg,
1. 1. 1967. Zitiert nach Loschütz, S. 215)

»Bei mir läßt sich das Verhältnis zur christlichen Ethik nicht
reduzieren auf Glauben oder Nicht-Glauben. Mein Verhältnis zur christlichen Ethik ist davon unbeschadet, ob ich an
die Auferstehung glaube oder nicht. Für mich ist es Menschenwerk, großartiges Menschenwerk als utopischer Entwurf. Für jemanden, der glaubt, ist es nicht nur Menschenwerk, sondern da ist Göttliches mit im Spiel, was ich be-
zweifle und in Abrede stelle, aber was ich toleriere. [...]
Ich bin darin [in der katholischen Kirche] aufgewachsen. Ich
sagte es vorhin: wir sind ja alle mitgeprägt von diesen moralischen Entwürfen, sei es die Nächstenliebe innerhalb des

Christentums, sei es die europäische Aufklärung, sei es in einer späteren Phase das Kommunistische Manifest, und sind gleichzeitig geprägt von dem Versagen der jeweiligen [...] Menschen in den Institutionen. [...]
Ich weiß, daß der Ausbruch aus diesen Dingen nicht hilft. Es fällt mir sehr schwer, das zu begründen. Ich war in Bayern im Wahlkampf und sehe dann, wie trotz des Versagens der Kirche dem Nationalsozialismus gegenüber – jetzt nur was den bayerischen Bereich angeht – die katholische Kirche als Institution schon wieder im Bündnis steht mit Leuten, die nichts, aber auch gar nichts mit dem zu tun haben, was Christentum sein könnte, deren handfeste politische Mittel Verleumdung und Diffamierung sind. Und da taucht bei mir natürlich immer sehr dringlich die Frage auf: warum noch, warum noch Mitglied dieser Kirche, warum das noch mitmachen? Und ich weiß nicht, wie lange ich diese Zerreißprobe noch aushalten werde. Es ist sicher auch ein Stück Irrationales in diesem Verharren und Dabeibleiben, und ich will es auch ganz offen als ein solches ansprechen, eine Anhänglichkeit, wenn man so will, die nur bis zu einem gewissen Grad erklärbar ist; auch eine Art Dankbarkeit. Auch wenn ich kein gläubiger und kein praktizierender Christ bin, ist für mich diese Utopie der Nächstenliebe ein Widerstand, ein moralischer Anspruch, etwas Denkbares, vielleicht nicht Realisierbares, aber etwas Denkbares, an dem man sich mißt. Genauso wie in einem Mann, der in jungen Jahren Kommunist wurde, aber schon längst draußen ist und den Stalinismus nicht hat erdulden und gutheißen oder bagatellisieren können, immer ein Rest bleiben wird, ein unerklärbarer Rest von Verhältnis zu dieser Utopie: Kommunistisches Manifest. Das mag sicher einen Ausschlag geben, aber, wie gesagt, es wird heillos strapaziert, und wahrscheinlich ist es von mir, und ich sage das jetzt bewußt: unvernünftig, in der Kirche zu bleiben.[1]«

(Zu Heinz Ludwig Arnold, 1970. In: Text + Kritik 1/1a. S. 9, 8 u. 8 f.)

»Ich selbst habe bis ganz zum Schluß 1945 geglaubt, daß unser Krieg richtig war.«

(Time, 13. 4. 1970, S. 74)

1. Günter Grass trat 1974 aus der katholischen Kirche aus.

»Ich wehre mich dagegen, an Ideologien zu glauben. Ich glaube weder an die marxistische, noch an die katholische Ideologie. Aber wenn ich an eine der beiden Ideologien glauben müßte, würde ich an die katholische glauben. Sie ist lebensfähiger. [...]
Wir haben ein Grundgesetz, wie es zuvor niemals in Deutschland bestand. [...] Mein Ideal ist eine langsam arbeitende Demokratie, wo Figuren keinen Platz haben, die nur ihren Ehrgeiz befriedigen.«

(Zu Manfred Bourrée. Echo der Zeit, Recklinghausen, 18. 11. 1962. Zitiert nach Loschütz, S. 200 u. 198)

»Eine Erziehung zum Staat hin halte ich für katastrophal. [...]
Für mich ist die Gesellschaft etwas, was im Fluß ist, was immer neu definiert werden muß, was auch nicht zu einem Endzustand zu bringen ist. Was sicher gleich geblieben ist [...], ist diese schreckliche deutsche Unart, an das auch im Ernst zu glauben, was man mit Ernst betreibt: zu glauben, daß sich durch Pädagogik, durch ein richtiges Schulmodell nahezu alles regeln und lösen und damit auch der berühmte paradiesische Endzustand einer Gesellschaft erreichen lasse. Ich meine, Voraussetzung für jemanden, der ein guter Lehrer werden will, ist, daß er nicht an die Möglichkeiten der Pädagogik glaubt. Es besteht kein Anlaß, einen Menschen in der Schule für sein ganzes Leben zu prägen. Weder die negativen Komplexe einer hinterwäldlerischen Erziehung noch positive Erscheinungen einer Reformpädagogik können einem Menschen behilflich sein, wenn er den Rest seines Lebens nur noch als das herumläuft, was die Schule aus ihm gemacht hat. [...]
Was den Deutschunterricht betrifft, so hat man offenbar wieder den eingefleischten deutschen Fehler gemacht, aus einem Extrem ins andere zu fallen. Vormals wurden die Schüler angeödet durch ein halbes Jahr dauernde Lektüre und Interpretation von ›Hermann und Dorothea‹, ›Wallenstein‹ oder ›Die Jungfrau von Orleans‹. Heute werden sie gelangweilt mit zu extensiver und einseitiger Presseanalyse, mit Werbetexten, öffentlichen Bekanntmachungen, Comics, Trivialliteratur. Dabei bleibt natürlich auf der Strecke, was sich ein Schriftsteller gewünscht hätte. [...]

Es gibt ja wohl noch andere Möglichkeiten mit Literatur um-
zugehen als, aus rechter Ecke beschaulich Kunst betrachtend,
die Frage zu stellen: Was will der Dichter damit sagen? Oder
aus der anderen Ecke, aber genauso ideologisch: Was ist
daran gesellschaftlich relevant? Die Schule hat nach wie vor
keinen Mut, Lesen als undefinierte Beunruhigung zu vermitteln, zum Leben mit Widersprüchen zu erziehen; zu einer
gerade in einer hochindustrialisierten Welt notwendigen
sinnlichen Wahrnehmung; zum Verständnis der Körperlichkeit. Bei uns stehen die Definitionen doch wie Drahtverhaue
vor den Gegenständen und beginnen schon in frühester Schul-
und Jugendzeit den Zugang zu ihnen zu versperren.«

(Zu Hayo Matthiesen. Die Zeit, 31. 10. 1975)

IV. Dokumente zur Wirkungsgeschichte und Texte zur Diskussion

1. Journalistische Rezeption

Aus der Fülle vorliegender in- und ausländischer Rezensionen und Kommentare sind die folgenden Texte ausgewählt worden. Die sechs Beiträge weisen auf die Breite des Rezeptionspanoramas und deuten die thematische Vielgestaltigkeit der heftig geführten öffentlichen Diskussion an. Den drei literaturkritischen Besprechungen von Jost Nolte (1961, Bundesrepublik Deutschland), Gerhard Dahne (1965, DDR) und Walter Widmer (1961, Schweiz) schließen sich die Überlegungen von Theodor Wallerand (1962) an, ferner die Kommentare von Willi Dillmann (1965) und einem anonymen Verfasser (1962), mit denen nach der biographisch-historischen Verbindlichkeit der Novellenhandlung gefragt wird und aus katholischer Sicht die religiös-ethischen Aussagen sowie aus der Sicht eines soldatischen Traditionsverbandes die militär-ethischen Zusammenhänge nachdrücklich kritisiert werden.

Jost Nolte:

»Ich schreibe, denn das muß weg«

Statt mehr als siebenhundert Seiten knapp hundertundachtzig; statt eines breit ausladenden, immer neue Verrücktheiten gebärenden Geschehens ein, wenn auch nicht gerade karger, so doch begrenzter Anfall von Ereignissen; statt des bösen trommelnden Zwerges Oskar ein Held, der lediglich einen überdimensionalen Adamsapfel aufzuweisen hat – man sieht, bei Günter Grass haben sich die Verhältnisse beträchtlich normalisiert. Zum Vorteil? Haben wir eine Einbuße zu beklagen?

Es liegt in der Natur der Sache, wer Oskar Matzerath, den amoralischen Gnom, liebt – und wir gehören nach wie vor zu seinen Parteigängern –, liest dieses Buch, die vorgebliche Novelle »Katz und Maus«, zunächst einmal als Nachtrag zur »Blechtrommel«. Es ist Oskars Revier, das Danzig der

Kriegsjahre, in dem Joachim Mahlke zum »Großen Mahlke« heranreift, zum Manne, der planmäßig ein Ritterkreuz erwirbt, um seinen riesigen Halsknorpel leidlich zu verdecken. Und drei- oder viermal, freilich ganz am Rande, wird auch Oskar selbst bemüht.

Mit dem Wiedersehen aber ist es nicht getan. Im Gegenteil: Damals, vor zwei Jahren, schieden sich an der »Blechtrommel« die Geister. Die einen verteidigten das Buch fast mit denselben Argumenten, mit denen die anderen es unter umgekehrten Vorzeichen angriffen. Zwischenhin aber ging es immer wieder um die Frage, was Grass denn wohl zu bieten hätte, wenn er einen Roman mit weniger ungewöhnlichem Personal und minder extremen Situationen schriebe. Damals handelte es sich um reine Spekulation. Heute liegt das Buch vor, und man kommt um diesen Punkt nicht mehr herum.

Eine vorsorgliche Antwort: Grass' »Katz und Maus« gibt sich normaler als die »Blechtrommel«, aber es ist darum noch längst kein »normales« Buch. Sein Held, Joachim Mahlke, ist kein Outlaw wie Oskar, er verschließt sich nicht ganz und gar den menschlichen Gepflogenheiten, aber er bedient sich des Gesetzes und der Sitten auf völlig eigene Manier. Die alte Sorge, wie es denn um die Gültigkeit der Figur bestellt sei, ist also – in neuer Perspektive – wiederum aktuell.

Doch zunächst Joachim Mahlke und seine Geschichte. Grass hat, laut Untertitel, eine Novelle schreiben wollen, die Darstellung einer »unerhörten Begebenheit«, wie Goethe diese Form genannt hat, und soweit der Verlag die Definition im Klappentext anführt, trifft sie auf »Katz und Maus« auch zu; eine Novelle ist trotzdem nicht entstanden, denn dazu gehört noch anderes: ein geschlossener Bau und ein nahezu objektiver Berichtstil, aus dem sich der Erzähler heraushält.

Gerade darum hat sich Grass nicht gekümmert. Seine Geschichte verläuft ziemlich atektonisch, und der Ich-Erzähler ist nicht nur am Vorgang unmittelbar beteiligt, er erteilt seinem Helden immerfort Zensuren und redet ihn darüber hinaus nicht nur als Mitspieler, sondern auch als Erzähler immer wieder unvermittelt an – was natürlich dem Wert der Erzählung keinen Abbruch tut und auch häufig beste Effekte bringt, was aber in einer Novelle, wenn sie wirklich eine sein soll, nun einmal nicht erlaubt ist.

Kurz: Günter Grass ist bei seinem Leisten geblieben, er hat einen schmalen, aber nichtsdestoweniger wildwuchernden Roman geschrieben. Einen Roman, der – obwohl wirklich genug passiert – weniger auf die Handlung zugeschnitten ist als auf den Charakter des Helden – die Figur, nicht das Geschehen, macht das »Unerhörte« aus, das Grass sich zum Ziel gesetzt hat.

Er läßt wieder so gut wie nichts aus. Auch nicht die Physiologie jener von Knaben geübten, »schon in der Bibel belegten Beschäftigung«, die bekanntlich eines der härtesten Tabus unserer Gesellschaft ist.

Grass zerbricht es unbedenklich und setzt gleich darauf zu einer neuen Untat an: Mahlke, sein Held, der seine Genossen bei einem detailliert beschriebenen gemeinsamen Exerzitium der Männlichkeit mühelos übertrifft, ist nur darum kein Sexualprotz, weil er seinen Trieb sublimiert hat – zu einem erotischen Marienkult, der seinen Beichtvater in Angst und Schrecken versetzt. Mahlke interessiert sich weder für Mädchen noch für Jungen, er huldigt der Gottesmutter. Der Angriff auf das Tabu wächst sich zu einer jede gebräuchliche Freizügigkeit der Literatur übertreffenden Blasphemie aus. Daß Mahlke schließlich in einer grotesken Katastrophe endet, macht den Fall nur noch schlimmer.

Bei Goethe, der ja Grass' Versuch, eine Novelle zu schreiben, beglaubigen soll, heißt es an anderer Stelle, daß diese Gattung »ohne Zusammenhang Verwunderung erregt und unsere Einbildungskraft einen Augenblick in Bewegung setzt, unser Gemüt nur leicht berührt und unseren Verstand völlig in Ruhe läßt«. Das ist durchaus positiv gemeint, auf Grass und seinen Anschlag auf das Tabu angewandt, würde es jedoch heißen, daß »Katz und Maus« ein Stück zwar mit Geschick verfaßter, im Grunde aber unerheblicher Literatur wäre, in dem die Orgien um ihrer selbst willen gefeiert würden. Ein Vorwurf, den man der »Blechtrommel« ja in der Tat gemacht hat und der auch diesmal nicht ausbleiben wird.

Ist es also wirklich so? Ist Grass Pornograph? Sind Oskar Matzerath und Joachim Mahlke amüsante und abstoßende, vor allem aber höchst überflüssige Phantasiegestalten, die vielleicht mit ihren Lüsten und Greueln einige niedere Leserinstinkte ansprechen, die jedoch zur Wahrheit über unsere Tage nichts beizutragen haben – zwei Figuren, die das Publikum, falls es nicht im Namen der verletzten Sittlichkeit und des beleidigten Glaubens auf die Barrikaden gehen will, kaum berührten Gemütes und unbewegten Verstandes Revue passieren lassen kann?

Läßt man die Gradunterschiede zwischen den Helden des Günter Grass einmal außer acht, finden sich für beide zwei Entlastungsargumente: das eine ist das allgemein wirksame, dennoch aber leider nicht allgemein anerkannte Prinzip, daß Aufreizung und Schrecken dem zeitgenössischen Konsumenten der Kunst zumindest ebenso angemessen sind wie edle Furcht und hehres Mitleid; das zweite ist Grass' unverkennbare Erzählkunst.

Es gibt in dem neuen Buch eine Stelle, die seinen Stil ausgezeichnet charakterisiert. Es heißt da: »Aber ich schreibe, denn das muß weg. Zwar ist es angenehm, Artistik auf weißem Papier zu betreiben – aber was helfen mir weiße Wolken, Lüftchen, exakt einlaufende Schnellboote und ein als griechischer Chor funktionierender Möwenpulk; was nützt alle Zauberei mit der Grammatik; und schriebe ich alles klein und ohne Interpunktion, ich müßte doch sagen: Mahlke . . .« Worauf auch noch nicht folgt, was Mahlke wirklich tut, sondern zunächst einmal acht Zeilen lang aufgezählt wird, was Mahlke nicht tut. Dieses Retardieren ist gewiß einer der ältesten literarischen Handgriffe. Entscheidend aber ist, wie Grass es ausführt, daß er nämlich, obwohl er bis zum letzten Augenblick indirekt verfährt und sogar ein paar polemische Seitenhiebe riskiert, eine unverwechselbare Emphase durchhält. Daß er engagiert bleibt und sein Engagement mit einer ganzen Kanonade sehr kräftiger Mitteilungen beweist. Dieses »Ich schreibe, denn das muß weg« aber steht hinter dem ganzen Text, im selben Maße wie es damals die »Blechtrommel« regierte. Dieser Satz und die Kunst, mit der er belegt wird, sind die Aufforderung an den Leser, den Tanz mitzutanzen, einen äußerst vitalen Satyrtanz, zu dem gewisse Dinge nun einmal gehören.

Oder wenn es denn moralisch gesagt werden soll: Grass' Antwort auf die Bedrängnisse dieser Welt ist seine Vitalität. Das mag für einige preisvergebende Gremien und andere Moralhüter genant zu denken sein, sie sollten aber doch gelegentlich erwägen, daß Vitalität nicht des Lebens schlechtester Teil ist.

»Katz und Maus« will es der »Blechtrommel« an Fülle nicht gleichtun; die Firmierung als Novelle bleibt eine zweifelhafte Angelegenheit – daß aber Günter Grass ein Erzähler von besonderen Gnaden ist, und zwar im Großen wie im Kleinen, steht für uns abermals außer Frage.

(Die Welt, Hamburg, 19. 10. 1961. Zitiert nach Loschütz, S. 31–34)

Gerhard D a h n e :

Wer ist Katz und wer ist Maus?

Als Günter Grass völlig außerhalb des Programms von SPD-Wahlpropagandachef Wehner eine Wahlreise durch die Bundesrepublik unternahm und sein »Loblied auf Willy« sang, ließ er wissen, daß vom Erlös aus diesen Veranstaltungen Bücher für die Bundeswehr gekauft werden sollten, vom Krimi bis zum Marxschen Manifest. Ohne Zweifel ist auch die Erzählung »Katz und Maus« wegen ihres antimilitaristischen Gehalts geeignet, in Mußestunden von den westdeutschen NATO-Söldnern gelesen zu werden. Verständlich, wenn solche Lektüre den reaktionären westdeutschen Kreisen ein Dorn im Auge ist. Erst im Mai dieses Jahres hatte die katholische »Neue Bildpost« die strafrechtliche Verfolgung gegen die Erzählung von Günter Grass wegen enthaltener »Ferkeleien« und »Gotteslästerungen« gefordert. Sicherlich, in »Katz und Maus« wird wie in der »Blechtrommel« und in den »Hundejahren« oftmals breit ausgemalt, wenn Beschränkung Meisterschaft bedeutet hätte. Doch ist dieser überall wuchernde Detailnaturalismus und somit auch das »Schwelgen im Anstößigen« wohl kaum die Folge eines »autobiographischen Zwangscharakters«, wie Günter Blöcker behauptet, sondern viel eher die Flucht ins Detail aus dem Unvermögen, Gesetze und Triebkräfte der menschlichen Gesellschaft zu erkennen. So entwarf Günter Grass in dem Gedicht »Im Ei« aus »Gleisdreieck« das Bild von einer Menschheit, die sich im Ei befindet und hilflos darauf wartet, ob sie nun ausgebrütet oder in die Pfanne gehaun wird.

Wie dem auch sei, in »Katz und Maus« geht es um die Darstellung von Jugendlichen und ihrem Leerlauf in einer Welt ausfahrender Torpedoboote, abgeschossener Panzer, zertrümmerter Städte und vernichteten Lebens – um junge Menschen also, für die der zweite Weltkrieg zum Grunderlebnis ihrer menschlichen Existenz geworden ist. Alles, was sie anpacken, hat mit dem Krieg zu tun, der immer gegenwärtig ist und sie ebenso in der Schule beim Lernen wie beim Spielen auf dem Wrack eines gesunkenen Kriegsschiffes erreicht. Ist Oskar Matzerath aus dem Roman »Die Blechtrommel« jener Held, der von vornherein nicht in die Welt der Erwachsenen eintreten will, um sich den sinnlosen und absurden Gesetzen und Gegebenheiten zu entziehen, denen sie unterworfen sind, so geht es Joachim Mahlke aus »Katz und Maus« vor allem darum, daß er den Übergang aus der Kindheit ins Erwachsensein so schnell und unauffällig nur möglich vollziehen kann, um endlich mündig zu werden.

Für alle weithin sichtbar trägt Mahlke das Zeichen seiner Unreife: einen abnorm großen Adamsapfel oder auch Maus genannt. Mit dicken Schals im Winter oder im Sommer mit einer von ihm selbst erfundenen Puschelkrawatte versucht er, das Merkmal seiner Pubertät zu verdecken. Er trainiert sich sogar zum besten Taucher unter seinen Schulkameraden und ist immer bestrebt, sich durch Vervollkommnung vom Niveau der Altersgefährten abzuheben. Einmal läßt er sich auf dem Wrack zur Demonstration seiner Männlichkeit bewegen. Er sticht dabei sofort durch seine fortgeschrittene Geschlechtsreife ab, obwohl er durch diesen Beweis wiederum ganz in der Art seiner Freunde bleibt und die Zugehörigkeit zu einer Generation betont, der die zerstörerische Welt als Selbstbestätigung kaum mehr als die Selbstbefriedigung übriggelassen hat. Mahlke läuft Amok gegen diese Welt, diese gefräßige und blutgierige Katze, indem er sich weigert, weiterhin Maus zu sein. Sein großer Irrtum besteht in dem Glauben, mit der Überwindung seiner Kindheit gleichzeitig auch die ihn bedrohende Umwelt überwinden und ihr als Mann den Stempel aufdrücken zu können.

Zuerst also hängt er sich einen Schraubenzieher um den Hals, den er für die Tauchoperationen ins Innere des Schiffes benötigt, später gesellt sich noch ein Medaillon mit der Schwarzen Madonna von Czestochowa hinzu; denn Mahlke ist Katholik. Doch die Welt, in der er lebt, hält aus ihrer reichen Kollektion noch einen ganz besonderen Halsschmuck bereit: das Ritterkreuz. Als eines Tages ein ehemaliger Schüler und

nunmehr Ritterkreuzträger ehrenhalber vor der gesamten
Schülerschaft von seinen kriegerischen Heldentaten berichten
darf, stiehlt Mahlke in einem geeigneten Augenblick den Orden und dekoriert sich mit ihm draußen auf dem Wrack
den Hals. Aber schon nach kurzer Zeit begreift er, daß er
mit dieser Tat nur erneut seine Unreife bewiesen hat und
gesteht den unerhörten Vorfall seinem Schulleiter Klohse,
worauf er an eine andere Schule strafversetzt wird.

Nunmehr erreicht Mahlkes Kampf mit der Katze den Höhe-
punkt: Er meldet sich freiwillig in den Krieg. Es ist der
entscheidende Schritt ins Leben der Erwachsenen. Draußen
an der Front schlägt er sich wacker, schießt die Panzer des
Gegners reihenweise ab, wird zum Unteroffizier befördert
und mit dem Ritterkreuz ausgezeichnet, das er allerdings
jetzt für seinen Hals nicht mehr nötig hat. Den Triumph
aber will er auskosten und in seiner alten Oberschule vor
versammelter Mannschaft sprechen, so, wie vorher die anderen Ritterkreuzträger auch. Doch für Klohse bleibt er der
ehemalige Schüler, der die Würde und Ehre seiner Bildungs-
stätte bis ins Mark verletzt hat und deshalb nun wie vor
die heiligen Hallen deutscher Zucht und Sitte nicht mehr
betreten darf. Für Mahlke bricht die Vorstellung von seiner
Mannbarkeit endgültig als Fiktion zusammen. Voller Wut
lauert er Klohse auf und verprügelt ihn. Danach sucht er
das alte Wrack des gesunkenen Minensuchbootes auf, um
vor der blutdürstigen Katze, vor der ihm bis in den Tod
feindlichen Umwelt unterzutauchen.

Die Helden unserer Zeit sind nicht ordensgeschmückte Offiziere, sondern Korber und Wendt[1], sagte sinngemäß in
einem Interview mit »L'Express« Günter Grass und deutete
damit an, wofür heute ein Engagement nicht nur lohnend,
sondern auch lebensnotwendig ist. »Katz und Maus« jedenfalls warnt ausdrücklich und nachhaltig davor, sich einer
sinnlosen Wirklichkeit zu ergeben, an ihrem Fortbestand
mitzuwirken und sich dabei in der Illusion zu wiegen, schöp-
ferisch und fruchtbar zu sein, anstatt zu begreifen, daß die

---

1. Senatsrat Horst Korber (West-Berlin) und Staatssekretär Erich
Wendt (DDR) führten von 1963 bis 1965 die Verhandlungen über die
Passierscheinvereinbarung für den Besuch von Westberlinern im Ostteil
der Stadt, die nach dem Tod von Erich Wendt im Mai 1965 mit dem
DDR-Staatssekretär Michael Kohl fortgesetzt wurden.

absurde kapitalistische Welt für ihre Bewohner nichts weiter
bereit hält als die Möglichkeiten zur Selbstbefriedigung.
Um dieses Begreifen geht es den kleinbürgerlichen Helden
bei Grass, die in der kaschubisch-westpreußischen Landschaft
angesiedelt sind und uns einen umfassenden Einblick in ihr
Kleine-Leute-Milieu gewähren. Wie chaotisch und unsinnig
ihre Lebensordnung ist, das erfuhr Mahlke, und deshalb
tauchte er auch an der Stätte seiner jugendlichen Spiele in
das Reich der einstmals besessenen Illusionen und Träume
wieder unter.
Heute, wo in der Bundesrepublik allerorten von der plurali-
stischen Industriegesellschaft gesprochen wird, in der es nur
noch Tarifpartner gibt, ist die Fragestellung nach Katz und
Maus eminent wichtig.

(Neues Deutschland, ND Literatur 11/65, S. 20.
Zitiert nach Loschütz, S. 35–37)

Walter W i d m e r :

Baal spielt Katz und Maus

Mit Günter Grass' neuestem Werk werden die Hüter der reinen, hehren, »positiven« Literatur Stoff genug für wahre
Entrüstungsorgien haben. Genauso wie beim Erscheinen der
»Blechtrommel« werden ebenso begeisterte Bewunderer wie
entrüstete Verdammer ihre Stimmen erheben. Baal, der hem-
mungslose, rücksichtslose, amoralische Daseinsgenießer, tritt
wieder auf und schert sich einen Dreck um die Gefühle der
Prüden, der Ästheten, der Frommen. Er versetzt dem Leserpublikum eine »Novelle«, ein kurzes Stück Prosa, 178 Seiten
nur, eine Art Kurzbiographie eines kurzen, dafür aber um
so seltsameren Lebens.
»Im Zirkus unserer Literatur hat Grass die Unbefangenheit
eines Raubtieres«, hat ein Münchner Kritiker geschrieben.
Genau das ist es, was an Grass immer wieder fasziniert:
seine völlige Unabhängigkeit von jedem Urteil seiner Kritiker, offizieller und privater, sein feixendes »Je m'en fous«
allen Anfeindungen gegenüber, seine Zivilcourage als Schriftsteller und als Mensch und sein vor keinem Tabu zurück-
scheuendes aggressives Gerechtigkeitsgefühl. Was gesagt
werden muß, damit der Mief der frommen Denkart, der
heute allenthalben die klare Luft durchdünstet, ausgelüftet
werde, das sagt Grass, deutlich und unmißverständlich. Er

tut das im vollen Bewußtsein des Schocks, den er damit bewirkt; er will ihn erzwingen, diesen Heilschock, indem er all das betulich Beschwiegene ins Licht rückt, das Kind beim Namen nennt, kein X für ein U vormacht und kein Blatt vor den Mund nimmt.

Die Handlung, eine Kette von Jungenerlebnissen, hat an sich nichts Erschütterndes. Daß die Jugend keine »besonnte Zeit« ist, weiß man ja, daß wohl jeder in seiner eigenen Jugendzeit mehr als genug dunkle Punkte verdrängt hat, ist nachgerade allbekannt. Zumal die deutsche Kriegsjugend hatte kaum Grund zur Lebensfreude.

Grass aber bringt es fertig, aus diesem Anekdotenkranz ein symptomatisches Bild einer ganzen Generation hinzuzaubern. Er ist ein unerhörter Könner und verfügt über seine Sprache wie kaum einer neben ihm. Er läßt die Geschichte von einem gewissen Pilenz, Sekretär im Kolpinghaus, erzählen: Es ist ein Meisterwerk geworden, das keine einzige schwache Stelle aufweist. Man meint, das fließe ohne jede Anstrengung aus der Feder und merkt erst, wenn man genau hinsieht, wie kunstvoll alle die Begebenheiten verzahnt und aufeinander bezogen sind, wie souverän Grass die verschiedenen Sprachschichten der Danziger Pennäler, den schwadronierenden pathetischen Oberlehrerton bis zum heroisch-schnoddrigen Frontkämpferdeutsch beherrscht. Nicht genug an dem: Grass ist seiner schriftstellerischen Mittel so sicher, daß er immer wieder (immer wieder anders, als wäre es selbstverständlich) in die Erzählung eingreift, sich mit rhetorischen Fragen einmischt, Regieanmerkungen einfügt, sich direkt an den Leser wendet. Und dabei hat man nie, überhaupt nie den Eindruck, das sei Mache, Masche, bewußtes Stilmittel (obwohl es das natürlich ist). So ist ein höchst lebendiges Hin und Her zwischen Autor und Leser, zwischen Erzähler und Autor, zwischen Mahlke, der Zentralfigur, und seinen Kameraden entstanden, eine Prosa von beinahe erschreckender Effektivität, die einem an die Haut geht, so daß man sich bald von dem Helden wirklich angezogen, bald wieder ebenso heftig abgestoßen fühlt. Man identifiziert sich mit Mahlkes Geschichte und liest sie gleichzeitig als sprachliches Kunstwerk, das jenseits von aller mühsamen Sprachbastelei, wie sie heute gang und gäbe ist, in einem hinreißenden Schwung abläuft.

Moralisten, d. h. Menschen, die von der Literatur eine sänftigende oder bessernde Wirkung erwarten, oder solche, die in ihrer Lektüre ein verschöntes Dasein suchen, sollten das Buch nicht lesen. Es ist a-moralisch, will sagen: ohne Tendenz, ohne Gut und Böse, ohne Recht und Unrecht, ein Dokument hoher Erzählungskunst, das den Leser weder schonen noch erbauen will, sondern einfach um seiner selbst willen da ist.

(National-Zeitung, Basel, 9. 12. 1961. Zitiert nach Loschütz, S. 34 f.)

Theodor W a l l e r a n d :

Günter Grass – ein Danziger Schriftsteller?

Zu dem Fall »Günter Grass« ging eine weitere Zuschrift ein, die wir nachstehend mit einigen Kürzungen veröffentlichen.

Der literarisch interessierten Welt wird heute durch eine sehr wohlwollende Kritik ein junger Schriftsteller wieder und wieder empfohlen, der uns Danzigern besonders angeht, weil er unser Landsmann ist: Günter Grass. Er hat durch zwei Werke von sich reden gemacht, den Roman »Die Blechtrommel« und neuerdings die Novelle »Katz und Maus«. In beiden Werken ist Danzig der Schauplatz, Danziger Menschen werden geschildert. Der erste Gedanke, den man als Danziger hat, wenn man von dem Erfolg des Schriftstellers hört, noch ehe man seine Bücher gelesen bzw. etwas über den Inhalt gehört hat, ist der der Freude, weil es einem Landsmann gelungen ist, sich durchzusetzen. Nach der Lektüre muß man leider feststellen, daß Grass mit seinen Büchern in dieser Hinsicht gerade das Gegenteil bewirkt hat. Seine Werke sind *kein* Ruhmesblatt weder für ihn noch für uns; auf *diesen* Sohn unserer Stadt können wir leider *nicht* stolz sein. Das im folgenden Gesagte bezieht sich auf die Novelle »Katz und Maus«, obwohl es im Grundsätzlichen auch für die »Blechtrommel« gelten kann. Grass spricht ausdrücklich von Danzig, besser von Danzig-Langfuhr, schildert das uns bekannte Conradinum, seine Schüler und – allerdings nur ganz am Rande – seine Lehrer. Er hat sogar angekündigt, weitere Bücher zu schreiben, die alle in Danzig den Schauplatz ihrer Handlung haben würden.

Für diese Art von Werbung müssen wir uns entschieden bedanken. Es gilt auch nicht die Entschuldigung, daß Danzig für die Stadt schlechthin, das Conradinum stellvertretend für die deutschen Schulen schlechthin stehen und in den Menschen dort das allgemein Menschliche gezeichnet werden soll. Wenn man so genau in der Beschreibung von Einzelheiten verfährt, z. B. bei der Anwendung von Straßennamen usw., will man doch den Eindruck des Wahrhaftigen, der tatsächlichen Verhältnisse hervorrufen. Der unbefangene und unkundige Leser wird also die dadurch in ihm erweckte Gläubigkeit unbedenklich auf das Ganze übertragen. Und hier müssen wir uns zur Wehr setzen.

Einer seiner wohlwollenden Kritiker – merkwürdig, wieviel wohlwollende zu Wort kommen! – äußerte sich anerkennend über Grass' Gewissenhaftigkeit in der Darstellung der Tatsachen. »Grass kennt sein Danzig wie kein zweiter.« Ein so oberflächliches Urteil wird im heutigen Westdeutschland widerspruchslos hingenommen. Was kennt Grass aber *wirklich* von Danzig? Er hat es etwa bis zu seinem 17. Lebensjahr erlebt, in der Hauptsache, wie ja auch seine Erzählungen zeigen, den Heeresanger nebst Umgebung, d. h. das eigentliche, das wirkliche Danzig mit seiner reichen Architektur, seiner Stein gewordenen Geschichte hat er *nicht* erlebt, weil er noch zu jung und *unreif* war und sich auf Grund seines Wohnsitzes auch zu wenig darin bewegte. In der Bundesrepublik aber rufen er und seine Kritiker den Eindruck hervor: Seht, *so* war Danzig! Es war doch im Grunde eine miese Stadt, vor allem auch eine Stadt mit stark kassubischem oder auch polnischem Einschlag! Ist Grass vielleicht kassubischer Abstammung? Könnte er Graszewski oder so heißen? Auffallend ist immerhin seine liebevolle Bevorzugung alles Polnischen. Er hat nach dem Kriege zweimal die Stadt – er vergißt nicht, sie Gdansk zu nennen! – und die deutschen Ostgebiete – für ihn sind es die »sogenannten« – besucht.

Und nun das Conradinum. Das war nicht weniger mies: ein häßliches muffiges Gebäude, unmodern in jeder Hinsicht, mit einer Turnhalle, wie sie schlimmer nicht sein konnte, ohne Waschraum usw. Sollte Grass als Sextaner etwa noch die alte Halle erlebt haben, so ist es ungerecht und auffallend, daß er ausgerechnet diese und nicht die großzügig umgebaute und modernisierte zum Vorwurf nimmt, die ihn doch den weitaus größten Teil seiner Schulzeit begleitet hat. Die Szene in der Halle mit dem imaginären Ritterkreuzträger konnte sich, wenn überhaupt, nur in der neuen Halle abgespielt ha-

ben, deren Waschraum mit 12 Duschen, 6 Waschbecken, 6
Fußwaschbecken und Trinkbrunnen sowie besonderer Toilette sich auch heute noch mit den modernsten der neuerstell-
ten Hallen Westdeutschlands messen könnte. Und überhaupt!
Damit der Held der Erzählung, dieser abnorme Schüler
Mahlke, dem Kaleu (den es nie gegeben hat) das Ritterkreuz klauen kann, läßt dieser Studienrat Mallenbrandt seinen ehemaligen hervorragenden und anhänglichen Turn-
schüler, eben den Kapitänleutnant, sich bei den Tertianern
umziehen, während er selbst sich zu diesem Zweck in sein bei
der altmodischen Halle seltsamerweise sehr feudales Lehrer-
zimmer mit Bad oder Dusche zurückzieht. Den armen un-
schuldigen Buschmann traktiert er unablässig mit Ohrfeigen,
um diesem das Grinsen auszutreiben. Nach der Beschreibung
müssen es mindestens 78 gewesen sein. Es seien alle Conradiner, die bei diesem vermeintlichen Mallenbrandt Unterricht
gehabt haben, befragt, ob je einer von ihnen gewagt hätte,
in so einem Fall zu grinsen.

Grass passieren weiter grobe Schnitzer, indem er z. B. seine
Tertianer, die ja als Horde nur Durchschnittsschwimmer sein
können, in einer halben Stunde vom Brösener Bad bis zum
Wrack schwimmen läßt, das bei der Ansteuerungstonne Neufahrwasser liegt. Da die Tonne 2,6 Seemeilen entfernt aus-
gelegt ist, bedeutet das einen sensationellen Weltrekord, der
niemals übertroffen werden wird. Auch bei der Mischung
von Dichtung und Wahrheit gelten Gesetze, deren Überschreitung einem Schriftsteller das Prädikat »zügellos« ver-
schaffen und damit jene Berufsbezeichnung in Frage stellen.
In der *Zügellosigkeit* allerdings ist Grass eine gewisse Meisterschaft nicht abzusprechen. Zügellos schweift seine Phantasie umher, zügellos ist er im Erfinden nicht existenter
Personen und Tatsachen, die anscheinend den real vorhandenen entsprechen. Zügellos »schafft« er einen neuen Stil,
eine neue Zeichensetzung, obwohl sie so neu nun auch wieder nicht sind. Im Dadaismus der 20er Jahre findet man
Vorbilder.

Zügellos ist Grass vor allem auch in den überreichlichen Be-
schreibungen des Unsauberen. Sein nicht zu leugnendes Ta-
lent in drastischer Ausdrucksweise feiert hier seine Triumphe.
Es ist, als ob Grass mit besonderer Liebe bei diesen obszönen
Szenen verweilte. Was er sich auf diesem Gebiet leistet, ist

derartig einmalig, daß man sich betroffen fragt, *wie sich überhaupt Verlage bereitfinden können, so etwas zu drucken.* Es ist bezeichnend, daß die genannten wohlwollenden Kritiker über dieses düstere Kapitel von Grass' »Kunst« sich schamhaft ausschweigen. Hier werden nicht Jugendsünden angedeutet, wie sie überall vorkommen, sondern es werden unablässig Orgien gefeiert und in säuischer Weise beschrieben!

Die traurigen Helden dieser Orgien seid ihr, ihr Conradiner, ihr Danziger Gymnasiasten, also wohl auch Pilenz-Grass und seine Klassenkameraden. Das muß einmal ausgesprochen werden! Waren die Conradiner solche Schweine? Wenn diese Frage verneint werden muß, soll Günter Grass energisch darauf hingewiesen sein, daß er in zukünftigen Erzählungen Danzig und seine Menschen aus dem Spiel läßt und lieber die Form des Märchens wählen möge. Denn das Märchenerzählen liegt ihm. Es ist allerdings immer ein zynisches Märchen. Zynismus plagt ihn an allen Ecken und Enden. So zieht er in zynischer Weise bei jeder passenden und unpassenden Gelegenheit über den *Katholizismus* her, der ihm wohl sehr unbequem gewesen sein muß. Von der Schule nicht zu reden! Oberstudienrat Klohse, der unschwer zu erkennen ist, wird wenigstens im Buche geohrfeigt, da es in Wirklichkeit nicht möglich war. Zynisch kann man den Appell an die niederen Instinkte der urteilslosen Masse nennen, die solche Bücher kaufen soll und auch kauft und damit Geld einbringt. Doch mit der »Blechtrommel« und »Katz und Maus« ist der Bedarf mehr als gedeckt!

(Unser Danzig, Lübeck, Nr. 3, 1962, S. 8 f.)

Willi D i l l m a n n :

Nun trommeln sie wieder Blech

Willy Brandt schickt seine Mannen in den schon beginnenden Wahlkampf. Er möchte Kanzler werden. Niemand wird ihm dieses Vorhaben verübeln können. Schließlich hat jeder den Marschallstab im Tornister. Willy Brandt braucht Hilfe. Er ist angewiesen auf seine Partei und seine politischen Freunde. In diesem Jahr strengen sich die Sozialdemokraten besonders an. Sie wollen endlich an die Macht. Sie sind der Opposition müde. Darum mobilisiert die SPD alle Kräfte. Sie schickt sogar Dichter und Schriftsteller zum Stimmenfang aus. Einer davon heißt Günter Grass. Jener Günter Grass, welcher viele Reden von Willy Brandt verfaßt. Jener Günter Grass, welcher der »Gruppe 47« angehört, die Landesverrat als »sittliche Pflicht« erklärte.

Mit drei verschiedenen Reden will Günter Grass in Universitätsstädten – aber auch in der »Provinz« – für die Opposition werben.

Nun, die Bundesbürger werden diesen Schriftsteller noch kennenlernen. Viele kennen ihn schon. Und mancher fragt, warum die Sozialdemokraten einen solchen Mann für ihre Partei werben lassen.

Günter Grass – Jahrgang 1927 aus Danzig – schrieb u. a. das Buch »Die Blechtrommel«. Eine ihm wohlgeneigte Jury schlug das Buch für den Literaturpreis der Hansestadt Bremen vor. Die Politiker dieser Stadt lehnten ab. Mit Rücksicht auf Jugend und Erwachsene. Man wollte nur literarisch saubere und sittlich verantwortliche Bücher auszeichnen. Damit schied »Die Blechtrommel« von Günter Grass – den Trommler für die SPD – als nicht empfehlenswert aus.

Die »fast Brechreiz erregende Widerwärtigkeit einzelner Szenen« galten einer »perversen Sexualität«. Den »Berserker« der neuen deutschen Literatur – Günter Grass – stört das nicht. Er schrieb ein neues Buch unter dem Titel »Katz und Maus«. Auch dieses Buch ist eine »sittliche Gefährdung der Jugend«, eine öffentliche Herabwürdigung der katholischen Kirche und eine niederträchtige Verhöhnung deutscher Tapferkeitsauszeichnungen.

Wir können und wollen nicht die Gefühle der Leser für Anstand verletzen. Wir müssen auf gewisse Zitate verzichten. Das Buch verstößt nach unserer Überzeugung seitenlang gegen das Jugendschutzgesetz. Es fordert der Überprüfung den § 184 des Strafgesetzbuches (Verbreitungen unzüchtiger Schriften) heraus. Ebenso den § 166 (Herabsetzung kirchlicher Handlungen).

Hier eine kleine Kostprobe: Hauptfigur im Roman »Katz und Maus« ist ein katholischer Gymnasiast, Joachim Mahlke. Er hat einen großen Adamsapfel, den zu verdecken er gewisse »Halsschmerzen« bekommt. Der Autor läßt ihn zunächst ein Ritterkreuz stehlen. Für Grass ist »das Ding am Hals« seines katholischen Gymnasiasten Mahlke »jener eiserne Artikel, der unter dem großen Adamsapfel lebt, wo er die Hostie schluckt«.

Held Mahlke trägt das gestohlene Ritterkreuz bei Gelegenheit auch dort, wo die Neger ihren Lendenschurz anlegen. Seitenlang enthält das Buch ekelerregende Schilderungen.

Man erhält den Eindruck, daß kein Wunsch, auch des »verderbtesten Pornographen«, unerfüllt blieb.

Beim schamlosen sexuellen Treiben von Buben ist auch, gleichsam zur Abrundung, eine gleichaltrige Mädchenhure beteiligt. Mahlke erwirbt später im Ablauf der Handlung durch viele Panzerabschüsse das Ritterkreuz.

Der Held scheint von einer Leidenschaft zur Jungfrau Maria erfaßt zu sein, die Hochwürden (». . . der sollte . . . auch Altartücher verschoben haben«) bedenklich stimmt. Um jeden Zweifel zu beseitigen, wird dem Priester attestiert, daß er zu verdächtigen Griffen an die Körper von Halbwüchsigen neige.

Man mag sich seinen Teil denken, wenn Mahlke als Soldat und Ritterkreuzträger nach Empfang der hl. Kommunion erklärt:

»Natürlich glaub ich nicht an Gott. Der übliche Schwindel, das Volk zu verdummen. Die einzige, an die ich glaube, ist die Jungfrau Maria. Deshalb werde ich auch nicht heiraten.«

Zu unerhörter Gotteslästerung aber wird das Machwerk von Grass, wenn er seinem Unteroffizier Mahlke mit »dem Ding am Hals« das Abschießen einer Reihe von russischen Panzern ausdrücklich der Führung durch die Jungfrau unterstellt.

Es heißt: »Sie (die hl. Jungfrau) bewegt sich von links gegen das Waldstück in Marschgeschwindigkeit 35. Mußte nur draufhalten, draufhalten, drauf.« Diese ›feinkonstruierende Sprachtechnik‹ von Günter Grass, sein offener und versteckter Gassenton nennen wir in diesem Zusammenhang »Ferkeleien«.

Es geht uns um Sauberkeit und Anstand, im geistigen Leben Deutschlands. Bücher vom Schlage »Katz und Maus« bringen uns bei allen anständigen Literaturfreunden der Welt Schande.

Das offen ausgesprochene Urteil über Günter Grass, er sei »Verfasser pornographischer Meisterwerke« und »literarischer Fachmann für Onanie« trägt mit dazu bei. Kein Wunder, daß er auf einer Wahlreise kürzlich in Essen gefragt wurde, ob er nicht zuviel Pornographie schreibe.

Und dieser Günter Grass erteilt im Jugendzentrum der Stadt Essen den »politischen Rat«, SPD zu wählen.

(Neue Bildpost, Nr. 22, 30. 5. 1965, S. 2)

In der Zeitschrift »Das Ritterkreuz« erschien eine Besprechung ohne Verfasserangabe:

Nur mit der Zange anzufassen!

Man hat uns nach dem Kriege viel vorgesetzt und viel zugemutet. Für manche Schreiber und Verleger gehörte es zur täglichen Arbeit, auf die alte Wehrmacht, auf die ehemaligen Soldaten, auf überlieferte Werte ihre Schmutzkübel auszuschütten. Derartige Berichte und Erzählungen waren meist mit viel Eros und Sex vermischt, offenbar in der Absicht, auch in den Leserkreis der Halbwüchsigen einzudringen, um an deren Taschengeld und Lohntüten zu partizipieren.

Den Vogel im unendlichen Schwarm solch schlüpfriger, entstellender und abwertender Darstellungen hat mit Abstand nunmehr der uns von den Kulturpäpsten unserer Zeit so begeistert angepriesene Günter Grass mit seiner Novelle »Katz und Maus« abgeschossen, die der Luchterhand Verlag in Neuwied im Herbst letzten Jahres dem deutschen Leserpublikum präsentiert hat.

Mittelpunkt der Erzählung bildet eine der höchsten deutschen Tapferkeitsauszeichnungen des letzten Krieges, das Ritterkreuz, und Held der Handlung ist der heranwachsende Pennäler Mahlke, von Grass als der »Große Mahlke« tituliert. Ort und Zeit der Geschehnisse sind Danzig und die ersten Jahre des Zweiten Weltkrieges, wie sie diese Stadt erlebte.

Der Autor ist nicht arm an obstrusen und obszönen Einfällen. So schildert er u. a., wie sein Held einem Marineoffizier, der nach einem Vortrag vor seinem alten Gymnasium an der Turnstunde einer Oberklasse teilnimmt, im Umkleideraum das Ritterkreuz stiehlt, wie sich der »große« Dieb den Orden beim Baden vor jenen Körperteil hält, der von der Badehose bedeckt wird – doch der Held trug keine Badehose! Der »Dichter« erzählt ferner, in allen Einzelheiten, wie Schuljungen, von einer halbwüchsigen Göre angefeuert, um die Wette onanieren; wie dieses halbwüchsige Volk voll Genuß Mövenmist zerkaut und wie sein Held im Arbeitsdienst mit der Frau seines Oberfeldmeisters am laufenden Band Ehebruch betreibt.

Das sind nur einige wenige »Kostproben« der Grass'schen Pornographie, die dem Leser zugemutet wird. Schamgefühl, moralische Hemmungen, Scheu oder dem ähnliche Regungen scheint dieser neue Stern am deutschen Literatenhimmel in seinen Erzählungen nicht zu kennen. Dies offenbart sich auch in seiner Art, über Dinge der Religion und des Glaubens zu sprechen.

Und solche Scham- und Rücksichtslosigkeit läßt Grass auch dort erkennen, wo sich die Handlung unmittelbar um das Ritterkreuz bewegt, das für ihn – wörtlich zitiert – »unaussprechlich« ist. Darum wählt er dafür auch die respektlosesten Ausdrücke: Er spricht vom »besonderen Artikel«, vom »verdammten Bonbon«, vom »Dingslamdei«, vom »Ding Ding Ding« und besudelt den Orden mit Umschreibungen wie »Gegenteil einer Zwiebel«, »galvanisierter Vierklee«, »des alten Schinkel Ausgeburt«, »das Unaussprechliche« u. a. m. Es ist widerlich, solchen Ausfluß krankhafter Phantasie lesen zu müssen.

Mag es den Leser erst verwundern, daß der Held der Erzählung später als Soldat an der Ostfront mit dem von Grass so sehr geschmähten Orden ausgezeichnet wurde, so wird ihm bald klar, warum Mahlke den Orden selbst besitzen mußte: Am Schluß wird der jugendliche Ritterkreuzträger aus Feigheit – was offenbar ehrenvoll ist – fahnenflüchtig und versteckt sich auf einem alten, auf Grund liegenden polnischen Minensuchboot, das, 1939 versenkt, einst Mahlke und seinen halbwüchsigen Kumpanen als Schauplatz für ihre Tauchübungen und für ihre Schweinereien gedient hatte.

Grass, der von gewissen Literaturkritikern als »erzählerische Kraftnatur« gepriesen wird, ist dafür bekannt, daß er vor keiner Unappetitlichkeit und vor keiner Obszönität zurückschreckt. Der »Dichter« hat sich zweifellos zu einem »Meister der Pornographie« entwickelt, von dem man nicht behaupten kann, er ziehe den Leser »nach oben«, wie dies Dichter sonst zu tun pflegen.

Vielmehr konfrontiert er ihn rücksichts- und hemmungslos mit Dingen, die man landläufig als schamlose Schweinereien bezeichnet. Solange aber Grass solche Obszönitäten mit einer Diskriminierung des Soldatischen verkoppelt, scheint ihm der Ruhm unserer Zeit sicher zu sein. Wohl in keinem anderen Lande ist ein Tapferkeitsorden so tief in den Schmutz gezogen worden wie in diesem Buch, das verdient, mit der Zange angefaßt zu werden.

Aber das Erstaunliche ist: Wie schnell war die Bundesprüfstelle für jugendgefährdende Schriften zur Hand, als es galt,
einige Bücher soldatischen Inhalts – darunter die Lebensbe-
schreibung des hochdekorierten, gefallenen Jagdfliegers No-
wotny – einer Prüfung hinsichtlich ihres »jugendgefährdenden« Inhalts zu unterziehen. Uns ist nicht bekannt, ob sich
diese dem Bundesinnenministerium untergeordnete Prüfstelle
schon näher mit »Katz und Maus« beschäftigt hat. Dies wäre
wohl zu empfehlen, nachdem junge Studenten das Audito-
rium Maximum der Universität Tübingen in Scharen verlie-
ßen, als Grass Obszönitäten aus diesem Buch zum besten
gab. Das ist dort noch keinem Dichter und keinem Vortragenden jemals widerfahren.

(Das Ritterkreuz, Wiesbaden, April 1962.
Zitiert nach Loschütz, S. 48–50)

2. Psychologische Beurteilung

Der Held der Novelle, Joachim Mahlke, ist jugendpsycho-
logisch differenziert angelegt. Die Beobachtungen und Überlegungen des Diplompsychologen Dr. Emil Ottinger beschreiben diese psychische Struktur als Folgeerscheinung
einer konstitutionellen Störung, die zu individual- und so-
zialpsychologisch deutbaren Aktionen und Reaktionen von
Einzelperson und Gruppe hinführt. Der Beitrag ist ungekürzt nachgedruckt und deckt sich inhaltlich weitgehend
mit Ottingers Gutachten zum Indizierungsantrag (vgl. Kap.
IV, 3).

Emil O t t i n g e r :

Zur mehrdimensionalen Erklärung von Straftaten
Jugendlicher am Beispiel der Novelle »Katz und Maus«
von Günter Grass

I

In dem Sammelwerk von Blau und Müller-Luckmann über
»Gerichtliche Psychologie« (Berlin-Neuwied, 1962) sagt Blau
(S. 344 ff.): »... auch gewisse individual- und sozialpsycho-
logische Gegebenheiten gehören heute zu den vor Gericht

erläuterungsbedürftigen Phänomenen. Es sei nur an Begriffe
wie Sozialreife, Akzeleration ... usw. erinnert.« Die Erläute-
rungsbedürftigkeit dieser neu ins allgemeine Bewußtsein tre-
tenden Phänomene stellt neue Anforderungen an die Sach-
kunde des Strafrichters. Blau zitiert dazu die Rechtsprechung
des Bundesgerichtshofes: Die Zuziehung eines Sachverstän-
digen sei nicht erforderlich, »wo nach der ganzen Sachlage
die Lebenserfahrung und die Menschenkenntnis des Richters
allein die Wahrheit finden können«.

Wann ist die forensische Sachlage so, daß Lebenserfahrung
und Menschenkenntnis allein die Grundlage der Wahrheits-
findung geben können? Sie müssen, um dafür zulänglich
zu sein, sich zumindest aller Bereicherungen bedienen, die
ihnen natürlicherweise zufließen. Dazu gehört auch das
Kunstwerk, besonders das literarische, als eine erstklassige
Quelle von Lebenskunde und Menschenverständnis.

Allport meint mit (schönem) angelsächsischen Sarkasmus:
»Manchem erscheint die Psychologie als ein ungebildeter
Emporkömmling, der lediglich wiederholt – nur weniger
formvollendet und weniger tief – was Dichtung und Philo-
sophie immer schon gesagt haben.« C. G. Jung urteilte über
»Psychologie und Dichtung«: »Der Urstoff der dichterischen
Gestaltung entstammt der Sphäre des Menschen, seiner ewig
sich wiederholenden Leiden und Freuden, er ist der Inhalt
des menschlichen Bewußtseins ... Die Inhalte des psychologischen Kunstschaffens entstammen stets dem Bereiche menschlicher Erfahrung ... Vom Erlebnis bis zur Gestaltung verläuft alles Wesentliche im Gebiet durchschaubarer Psychologie.«

So auch bei Günter Grass in seiner Novelle »Katz und Maus«
(1961).

Sie zeigt, wie sich dramatisch im Einzelschicksal entfaltet, was
in der wissenschaftlichen Feststellung komprimiert ist, die
J. M. Tanner in seinem Lehrbuch »Wachstum und Reifung
des Menschen« (1962) vorträgt: »Im Alter zwischen 13 und
14 Jahren beobachtet man in jeder Gruppe von Knaben
normalerweise so erhebliche Unterschiede, daß jede Entwick-
lungsstufe von völliger Kindlichkeit bis zu abgeschlossener
Reife vertreten sein kann. Diese Unterschiede verursachen
schwerwiegende Probleme der sozialen Einordnung und Erziehung und tragen teilweise zu den psychologischen Anpas-

sungsschwierigkeiten bei, so oft bei Jugendlichen beobachtet werden« (S. 32). Dieser knappe Befund muß unsere herkömmliche Lebenserfahrung mit Jugendlichen, unsere bislang typischen Vorstellungen von Jugendentwicklung zunächst erheblich irritieren.

Diese Irritation ist das künstlerische Wollen von Günter Grass. Sein Stil ist wie grelles Licht, das auf harte Dinge fällt. Aber es ist kein unbarmherziges Licht; es macht Dinge und Menschen durchlässig für das, was man den wissenden Blick nennt. Solches lebenskundige Wissen ist eine Mitvoraussetzung für forensische Beurteilungen, wenn sie den Forderungen der psychologischen Diagnostik entsprechen sollen, wie sie Stumpfl in der Schriftenreihe »Psychiatrie und Recht« in seinem Aufsatz »Motiv und Schuld« (1961) formuliert hat:

»Man kann es einer Tat nie ansehen, ob sie die eines Schizophrenen, eines Neurotikers, eines Primitiven, eines Verzweifelten oder in einem sonstigen Affekt Handelnden ... ist. Hier erlaubt es die Bestimmung der Vorgestalt der Tat, ihrer Vorentwürfe ..., die entscheidenden Spurenelemente des Motivationsprozesses zu isolieren.

Die Bestimmung erfolgt auf Grund klinischer Beobachtungen, sozialpsychologischer Analysen und Vor(lebens)studien ...« (S. 37).

So geschieht es in der Novelle von Günter Grass, einer Entwicklungsgeschichte eines Schülers.

II

Der Gymnasiast Joachim Mahlke ist ein vertrackter, disharmonischer, unschöner Junge, grobknochig und ungelenk (S. 8; 12), mit abstehenden roten Ohren (S. 8), mit henkelartig abstehenden Armen (S. 147); das Haar »dünn und haltlos«, mit Zuckerwasser fixiert; unter einem »affigen Mittelscheitel« ein dreieckiges Gesicht, »der Mund sauer verkniffen«, »die Augen stechende Punkte«, »der Hals gewunden«, »mit einer Ausgeburt von Adamsapfel« (S. 45). Immer hat der unfrohe Knabe »eine leidende und sanft entschlossene, wie von inwendigem Zahnweh durchtobte Erlösermiene« (S. 25). Er wurde wegen Kränklichkeit mit einem Jahr Verspätung eingeschult. Er ist Halbwaise, einziges

Kind. Der Vater war Lokomotivführer, verunglückte im
Dienst, als Mahlke 9 Jahre alt war, unter Selbstaufopferung
tödlich und erhielt posthum eine Anerkennungsmedaille.
Ist das die Andeutung eines fernen Zusammenhanges damit,
daß Mahlke später als Sekundaner ein Ritterkreuz stiehlt?
Jedenfalls ist Grass ein Meister im Erzählen von schicksalhaften Doppelbedeutungen:
Ein polnisches Minensuchboot zu Beginn des zweiten Weltkrieges ist in der Danziger Bucht in Strandnähe halb versun-
ken, wird nach und nach von Rost und Möwenmist bedeckt.
Diese harte und langsam wachsende Kruste wird immer wieder geschildert. So verkrustet auch Joachim Mahlke unter
seiner Erscheinung, seiner Entwicklung, unter seinen Leit-
motiven, unter den Umwelteinflüssen, bis er in dem rostver-
krusteten Wrack untergeht, als er dort, als fahnenflüchtiger
Unteroffizier (und Ritterkreuzträger), Unterschlupf sucht.
Die Gesellschaft ist auch hierbei nicht unschuldig. Aber Grass
erhebt keine lärmende Anklage. Er reduziert den Milieuein-
fluß auf das wirklichkeitsgetreue Maß: das Verhalten des
einzelnen ist der Schrittmacher für Umweltreaktionen, die
verhängnisvoll werden können, wenn der einzelne sie als
eine Herausforderung erlebt. Aber Mahlke selbst ist eine
Herausforderung. Und kann nichts dafür.
Die Charakterisierung von Mahlkes Wesen hat Grass stück-
weise auf weit auseinanderliegende Seiten seiner Novelle
verteilt. Das entspricht der berühmten »Lebenserfahrung«:
man hat von der Erscheinung eines anderen auch nicht immer
alles zugleich, man sieht manches Offenliegende erst so
spät.
Ein Merkmal hat Grass gleich auf der ersten Seite hervorge-
hoben: »Mahlkes Adamsapfel fiel auf, weil er groß war.«
Das ist nicht nur ein Häßlichkeitsmerkmal unter anderen,
das ist ein wesentliches biologisches Indiz, und Grass trifft
die Wahrheit, die konstitutionsbiologische und die entwick-
lungspsychologische, wenn er von Anfang an diesen Adamsapfel expressionistisch zum Leitmotiv macht. Entscheidendes
muß man gleich sehen, wenn man etwas Treffendes aussagen
will.
Der spillerige, steife, körperlich unproportionierte Schüler
Joachim Mahlke ist in seinem konstitutionstypologischen Sta-

tus ein lehrbuchmäßiger Leptosomer mit autistischer, sthenischer, anankastischer Schizoidie, ein eigenbrötlerischer Spaltsinniger mit verbissener Energie und einer Bereitschaft zu zwanghaften Verhaltensformen.

Ehe uns dieses Persönlichkeitsbild unter dem Voranschreiten der Erzählung vollständig deutlich wird, haben wir aber schon erfahren, daß ein vorzeitiger und dynamischer Veränderungsprozeß die jugendliche Persönlichkeit befallen hat: eine verfrühte und nur partiell sich ausbreitende männliche Reifung, die Akzeleration. »Mahlkes Adamsapfel fiel auf, weil er groß war.«

Zeller beschreibt in seinem Lehrbuch über »Konstitution und Entwicklung« (1957) den »Aufbau der Männlichkeit«: »Die Linien des Halses sind stärker geschwungen, wozu auch die stärkere Prominenz des Kehlkopfes beiträgt« (S. 49). »Auch die Entwicklung des Kehlkopfes ist ein Zeichen männlicher Reifung, doch machen sich hier konstitutionelle Momente insofern bemerkbar, als gewisse körperbauliche Endformen einen großen, stark prominenten Schildknorpel besitzen, andere dagegen eine Kehlkopfbildung zeigen, die eine stärkere Prominenz und Größe des ganzen Organs vermissen läßt« (S. 75). Mahlkes Konstitution ist angelegt auf das Reifungsendprodukt eines prononzierten Adamsapfels. Den zugrunde liegenden Entwicklungsprozeß hat Mahlke vorschnell, vorzeitig durchlaufen (wie die Frühentwickler, von denen Zeller im genannten Buch einige Beispiele vorstellt).

Es läßt sich rekonstruieren, daß Mahlke 14jährig war, als die Frühreife mit einem kräftigen Schub einsetzte. Mit 15 Jahren muß Mahlke sich rasieren (S. 101). Weitere Reifungszeichen führt Grass mit derber Sachlichkeit vor. Eine realistische Schilderung jungenhaft-spielerischer gemeinsamer Onanie enthüllt: Mahlke, der vor den Klassenkameraden von einem halbwüchsigen Mädchen zum Mittun provoziert wird, verfügt über ein ausgewachsenes, viriles Sexualorgan und über eine entwickelte ejakulative Potenz. Hierin ist Mahlke männlich, die Mitschüler sind noch Knaben. Man schwimmt im Sommer zu dem Wrack des polnischen Minensuchers. Da hocken die Tertianer auf dem von Möwen vermisteten Deck in ihrer halbreifen Stakeligkeit, »dürr und langarmig zwischen seitlich wegragenden Knien« (S. 6). Grass läßt den

Mitschüler Pilenz erzählen: »Und immer wenn wir auf Deck saßen, gab es Fußnägel, Fingernägel, die den Mist abzusprengen versuchten. Deswegen brachen unsere Nägel... Nur Mahlke besaß lange ... und bewahrt sich ihre Länge, indem er weder kaute noch Möwenmist kratzte. Auch blieb er der einzige, der nie von dem weggestemmten Mist aß, während wir kalkige Klümpchen kauten und als schaumigen Schleim über Bord spuckten« (S. 8).

Tertianer, glänzend geschildert in ihrem gemeinschaftlichen, durch das Abenteuer ausgelösten Rückfall in die Infantilität: Herumpuhlen mit Finger- und Zehennägeln und Kotessen und Schleimspucken: spielerische Ritualisierung der oralen Phase und mündliche Übung des Ejakulierens. Aber Mahlke schließt sich aus, weil er reifungsmäßig die Infantilität hinter sich hat.

III

Dieses Weiterentwickeltsein schafft nun den ersten Konflikt, denn es ist in den Augen der Klassenkameraden ein Anderssein und dieses bringt instinktive Feindschaft: die Gruppe ist unbarmherzig gegenüber dem Nonkonformisten. Mahlke erfährt es: Die Jungen liegen auf dem Sportplatz im Grase. Eine Katze schleicht vorbei. »Mahlkes Adamsapfel wurde der Katze zur Maus... Einer von uns« – so erzählt der Mitschüler Pilenz – »griff die Katze und setzte sie Mahlke an den Hals und Joachim Mahlke schrie, trug aber nur unbedeutende Kratzer davon« (S. 6).

Das Kollektiv geht zur Aggression über: das Andersartige, das aus der Gruppennorm herausfällt, muß paralysiert werden. Es geschieht symbolisch: Mahlkes Adamsapfel, der stellvertretend ist für sein Anderssein, wird attackiert. »Joachim Mahlke schrie« – vor Schreck und Schmerz, zugefügt von Kameraden, die so grausig ahnungslos blieben: »... trug aber nur unbedeutende Kratzer davon.« So läßt Grass den erzählenden Pilenz bagatellisieren, was für Mahlke eine seelische Verwundung wurde; die Feindseligkeit der Gemeinschaft wegen seines unverschuldeten Andersseins. Für das Klassenkollektiv ist Mahlke ein störender Fremdling, der den Kollektivinstinkt beleidigt, weil er kollektives Verhalten nicht mitmacht. Es nützt nichts, daß er »kein Streber war«,

»jeden abschreiben ließ«, »nie petzte« (S. 28). Seine Frühreife isoliert ihn. Er »hatte auffallende Abscheu vor den
üblichen Sauereien der Tertianer und griff ein, als ein Mitschüler ein Präservativ in die Klasse brachte und über die
Türklinke der Klassentür stülpte. Studienrat Treuge, einem
halbblinden Pauker, sollte eins ausgewischt werden. Jemand
rief schon auf dem Korridor: ›Er kommt!‹ da drückte sich
Mahlke aus seiner Bank, machte unbeeilte Schritte und ent-
fernte das Präservativ mit einem Butterbrotpapier von der
Klinke« (S. 28).
Indignation gegenüber pennälerhafter Ferkelei, Rücksicht-
nahme auf den halbblinden Lehrer und die bei allem gezierte
Art mit dem Butterbrotpapier – dafür wird Mahlke kollek-
tiven Repressalien ausgesetzt, dafür hetzt man ihm eine
Katze an die Gurgel.
In einem Rundfunkinterview (Frankfurt, 28. Dezember
1961) erläuterte Grass: Der Anstoß für seine Novelle war
die Vorstellung vom Schuldgefühl des Mitschülers Pilenz, der
aus Gewissensdruck zum Erzähler wird: »War es nun meine
Schuld, wenn Mahlke später ...« (S. 104). Pilenz steht für
die Umwelt. Bevor Mahlke straffällig wird (Diebstahl eines
Ritterkreuzes), wird die Umwelt ahnungslos schuldig.
Das Drama beginnt so: Biologisches (Mahlkes partielle Früh-
reife) trifft auf Soziologisches (die Gruppenkonvention der
Klassengemeinschaft) und wird dabei sozialpsychologische
Belastung für beide Teile. Die Gruppe reagiert infantil-
grausam: »Joachim Mahlke schrie« unter dem Angriff der
Katze, die ihm, dem Schlafenden, die Klassenkameraden an
die Kehle setzten. Diese heimtückische Aggression wird für
Mahlke zu einer endgültigen Determination. Er muß den
Kampf um die Anpassung an das Klassenkollektiv beginnen.
Auch er weiß instinktiv: der sozial abhängige Mensch ver-
trägt vieles, nur nicht den Verlust der Gruppenzugehörigkeit;
sie ist existenzwichtig.
Diesen Kampf kann Mahlke aber eben nur aus seiner Konstitution heraus führen, nur mit den Mitteln seines hochgra-
dig verschrobenen, schizoiden Naturells, an das er unauf-
löslich gebunden bleibt:
Er trägt seinen Mittelscheitel aus »Hang zur Symmetrie«
(S. 147) und sagt ernstlich: »Ich werde einmal Clown werden« (S. 237).

Als unter der kriegsmäßigen Verdunkelung die Leuchtknöpfe aufkommen, läßt er sich von seiner Tante ein halbes Dutzend »von oben nach unten an den Mantel nähen« (S. 65). »Aber Mahlke konnte nicht spotten. Er versuchte es manchmal. Aber alles was er tat, anfaßte, aussprach, wurde ernst bedeutsam . . .« (S. 137).

Mit Mädchen ist nicht »viel bei ihm los« (S. 37), aber er verehrt inbrünstig die Jungfrau Maria. Er geht regelmäßig, vor Schulbeginn, zur Frühmesse (S. 16) und betet mit »übertrieben stilisierter Handhaltung« (S. 37) und mit »glasigen Augen« (S. 58) vor dem Marienaltar.

Später, nach dem Notabitur, wird er zum Reichsarbeitsdienst eingezogen. Die 40jährige Frau seines Oberfeldmeisters zieht ihn an sich. Er erlebt ein wildes Konkubinat (S. 139) und gleichzeitig schneidet er in die Bretterwand der Lagerlatrine den »Anfang seiner Lieblingssequenz: Stabat Mater dolorosa . . .« (S. 137). Ausgezeichnet zeigt Grass die Überkreuzung der Merkmale »Schizoidie« und »Reifungsdisharmonie«: keine erotischen Beziehungen zu Mädchen, aber glühende, affektierte Frömmigkeit in der Marienverehrung; triebhafte Männlichkeit in der exzessiven sexuellen Beziehung zu einer mehr als 20 Jahre älteren Frau, und pure Knabenhaftigkeit, die beim Herumsitzen vor Bretterwänden Liebeszeichen ins Holz schnitzelt.

Mahlke, so gespalten, so überzwerch, so unangepaßt und linkisch, von den Klassenkameraden »Suppenhuhn« und »Schlucker« benannt (S. 97), ein früh angefeindeter Sonderling, muß um den Wiederanschluß an die Gruppe kämpfen. Seine Spaltnatur zwingt ihn zu einem strapaziösen Doppelversuch: zu krampfhafter Tarnung seines reifungsbedingten, akzelerationsbedingten Andersseins und zugleich zu einem zähen auftrumpfenden Dominieren mit Hilfe seiner vorentwickelten Wesenszüge, um Beifall und Respekt der Gruppe zu erzwingen.

Unter diesem Druck entwickelt sich nun zunächst eine blühende (schizoide) Zwangsvorstellung: Mahlke muß seinen exponierten Adamsapfel, sein Frühreifestigma, das die Kameraden herausfordert, das ihm bereits eine körperliche Aggression eingebracht hat, verdecken oder durch ein Gegengewicht entwerten. »Er hätte sich seinen Adamsapfel reparieren lassen sollen. Womöglich lag alles nur an dem Knorpel« (S. 37). Erschütternd demonstriert Grass die persönlichkeitsgefährdende Macht der neurotischen Symbolik: Der Schüler Joachim Mahlke muß immer etwas am Halse haben, was von seinem riesigen Adamsapfel ablenken soll: »Er hatte mal dieses mal jenes am Hals hängen, um die ewige Katze von der ewigen Maus abzulenken« (S. 25). Mahlke trug »am Hals ein silbernes Kettchen, dem etwas silbern Katholisches anhing: die Jungfrau« (S. 12). »Ein Schraubenzieher hing ihm unter der Gurgel und lenkte von seiner Gurgel ab« (S. 9).

Er trug einen »Büchsenöffner an einem Bindfaden am Hals, trug das Ding unterm Hemd neben dem anderen Klimbim in die Schule und schleppte es sogar zur Frühmesse in die Marienkapelle« (S. 30). Mahlke erfindet eine Schülermode: die »Puscheln«, bunte Wollbällchen, »an geflochtener Wollschnur unter dem Hemdkragen geführt und vorne zur Schleife gebunden« (S. 47). Im Winter läuft er ohne Mütze, »einen grauen Wollschal dicht unterm spitzen bis kümmerlichen Kinn übereinandergelegt und mit großer, schon von weitem deutlicher Sicherheitsnadel am Verrutschen gehindert« (S. 49). Mahlke »konnte sich nicht verkneifen«, die Kurbel eines Grammophons, das er aus dem Wrack des polnischen Minensuchers erbeutete, »am altbewährten Schnürsenkel um den Hals zu tragen« (S. 75).

Da Mahlkes Schulzeit in den Krieg fällt, ereignet es sich zweimal, daß ein ehemaliger Schüler als Ritterkreuzträger die Schule besucht und in der Aula über seine Fronterlebnisse berichtet. Für Mahlkes automatisierten Tick wird das Ritterkreuz zum Auslöser einer diebischen Sucht, in der die Zwangsvorstellung von einer unerläßlichen Kompensation des häßlichen Adamsapfels kulminiert: Mahlke stiehlt den Halsorden, als der zweite der Ritterkreuzträger eine Turnstunde mitmacht. Jetzt feiert Mahlke seinen großen, einsamen Triumph. Er schwimmt hinaus zum polnischen Wrack, hockt nackt auf Deck, das Ritterkreuz um den Hals. Das Unerhörte der Tat bringt die Erlösung: »Es hatte ein Adamsapfel, der ... Mahlkes Motor und Bremse war, zum erstenmal ein Gegengewicht gefunden. Still schlief er unter der Haut und mußte eine Zeitlang nicht rucken« (S. 103).

Der Frevel stillt die ewige Angst. Und nun kommt die Ironie, die moralische Inkonsequenz emotionaler Gruppenurteile: indem der Sekundaner Joachim Mahlke in die Gesetzlosigkeit ausbricht, empfängt er die Anerkennung der von seiner unerhörten Tat blindlings hingerissenen Klassengemeinschaft: »Das hat, das kann nur, das tat der Große Mahlke. Und bei diesem Titel blieb es« (S. 97). Die Ironie reicht weiter: Die paroxysmale Steigerung des vielgeübten Versuches, durch Tarnung des verräterischen Kehlkopfes so wie die anderen erscheinen zu können, hebt Mahlke so sehr über den Durchschnitt seiner Klasse, ja seiner Schule hinaus, daß damit die andere Bemühung, durch Imponieren die Anerkennung der Gruppe zu erringen, zu dem großen Erfolg wird, um den sich Mahlke ebenso verbissen seit langem bemühte:

Als er noch ein 14jähriger war, »konnte er weder schwimmen noch radfahren, fiel überhaupt nicht auf und ließ jenen Adamsapfel vermissen, der später die Katze anlockte« (S. 8). Mahlke stand unansehnlich im Hintergrund, die anderen schwammen ohne ihn zu dem polnischen Wrack hinaus. Als seine rapid ausbrechende Frühreife ihn in kurzer Zeit aus der Unauffälligkeit hinaustreibt, wird seine sthenische, anspannungsstarke Antriebsseite mobilisiert: er wird unter ehrgeiziger Anstrengung Turner, Radfahrer, Schwimmer und setzt sich mit waghalsigen Leistungen an die Spitze seiner Kameraden: »Und dann zeigte Mahlke es uns« (S. 9). Er taucht in das Wrack des polnischen Minensuchbootes hinunter und schraubt unter Wasser Teile los, die er als Trophäe hochbringt. Dabei einmal einen Schaumlöscher. »Mahlke ... zeigte uns, wie man mit Schaum löscht, löschte mit Schaum die glasgrüne See« (S. 10) – ein Symbol der männlichen Ejakulationskraft, von den Kameraden instinktiv aufs höchste bewundert: Mahlke »stand vom ersten Tag ganz groß da« (S. 10).

Aber seine schizoide und reifungsmäßige Gespaltenheit verhindert, daß er seine dominierende Stellung mit Selbstsicherheit genießen kann. »Beifall tat ihm gut und besänftigte seinen Hüpfer am Hals, Beifall machte ihn gleichfalls verlegen und gab demselben Hüpfer neuen Auftrieb« (S. 29). Die Klassenkameraden erkennen natürlich, daß Mahlke »auf teils erlesene, teils verkrampfte Art Beifall sammelte« (S. 28). Deshalb bleibt die Reaktion der Mitschüler zwiespältig. »Mahlke, der einst hatte bitten müssen: ›Laßt mich mitschwimmen ...‹, wurde belästigt: ›Komm doch mit. Ohne dich ist nischt los‹« (S. 67). Pilenz erzählt: »Noch heute schmeckt mir der besagte Sommer flau, weil Mahlke fehlte – Kein Sommer ohne Mahlke! Nicht, daß wir verzweifelten, da es ihn nicht mehr gab. Besonders ich war froh, ihn los zu sein, ihm nicht hinterdrein zu müssen« (S. 111). »Zwar bewunderten wir Mahlke; doch ... schlug die Bewunderung um: wir fanden ihn widerlich und zum Weggucken. Dann tat er uns ... mäßig leid. Auch fürchteten wir Mahlke, er gängelte uns« (S. 77).

Mahlke spürt und weiß das. Deshalb ist er Gruppenbeherrscher und Gruppenflüchter zugleich. Er darf nicht nachlassen, seine Spitzenposition mit immer waghalsigeren Taucherleistungen zu festigen und zugleich möchte er für seine schizoide »monumentale Einsamkeit« (S. 49) ein Versteck finden. Der polnische Minensucher wird eine Art geometrischer Ort für diese beiden gegensätzlichen Bestrebungen. Das Wrack ist die Gelegenheit für Mahlkes manchmal atemklemmendes Imponiergehabe, für seine Taucherkünste, die ihn in die Tiefe des Schiffsrumpfes führen, wohin ihm keiner zu folgen vermag. Und bei diesen Unterwasserstreifzügen hatte Mahlke »mittschiffs den Zugang zu einem Raum gefunden, der im Innern der Kommandobrücke über dem Wasserspiegel lag: die ehemalige Funkerkabine« (S. 71).

Nun gibt Grass ein fast surrealistisches Bild, in dem sich halbe Verrücktheit und bange Vorahnung mischen: dieser von seiner extremen Konstitution regierte unglückliche Joachim Mahlke zieht mit der Einrichtung seines häuslichen Mansardenzimmers Stück um Stück in die wasserversperrte Funkerkabine um (S. 71 ff.). Die ergreifende Flucht eines disharmonischen Jugendlichen in ein unbewohntes Reich, symbolischer Auszug aus der Gemeinschaft und Rücksiedlung in die Ersatzbildung einer intrauterinen Geborgenheit, umgeben und gesichert vom amorphen Lebenselement des Wassers.

Schroff daneben der Gegensatz: Neben infantiler Regression die virile Aggression: Mahlke steht nach dem Ritterkreuzdiebstahl auf dem Deck des polnischen Wracks, er hampelt

nackt herum und läßt den Halsorden vor seinem enormen
Genitale baumeln (S. 104). Ein höhnisch-trotziges Auf-
trumpfen mit der ihm von der Frühreife aufgezwungenen
vorzeitigen Männlichkeit. Das wirkt entspannend, kathar-
tisch, das löst den alten Zwang und schenkt dem disharmonischen Jungen einmal das Einssein mit sich selbst. Grass
untermalt diesen Individuationsvorgang mit der symphoni-
schen Schilderung sommerlicher Meeresheiterkeit: »Möwen
kamen wieder, Schnellboote liefen ein, schöne weiße Wolken ... unterwegs, am Horizont, rauchfahnenleicht, Kommen und Gehen, Glück, Flimmern, kein Fischchen sprang,
freundlich blieb das Wetter« (S. 104). Und Mahlke war
»überall lebendig und zum erstenmal bißchen albern, keine
Erlösermiene, ...« (S. 104).

IV

Dieser Glücksrausch dauert nicht. Das Sozialmoralische und
das Individualpsychologische klaffen auseinander. Im Augenblick, da Mahlke seine hypochondrische, zwangsneurotische Kompensation auf die Spitze getrieben und damit überwunden hat, ist er strafbar geworden: Wegen des Ritter-
kreuzdiebstahls wird er von der Schule relegiert. Er macht
auf einer Ausweichschule Notabitur, kommt zum Arbeitsdienst, meldet sich freiwillig zur Truppe, wird Unteroffizier
bei der Panzerwaffe und verdient sich als Panzerkommandant an der Ostfront das Ritterkreuz.
Erst dieser (symbolreiche) weitere Lebenslauf, der so sehr
nach sozialer Bewährung aussieht, eröffnet den zweiten Teil
der Tragödie. Zunächst kommt das retardierende Moment:
Als Mahlke die Schule hinter sich hat und Soldat geworden
ist, erscheint er männlicher, ausgeglichen. Pilenz trifft ihn
wieder: Mahlke »nahm meinen Arm, lachte auf neue Art
ungezwungen, plauderte, plauderte. Er der Einsilbige, sprach
übers Wetter ...« (S. 115). Mahlke: »Was man früher für
Quatsch gemacht hat. Erinnerst du dich? Konnte mich einfach nicht an das Ding da (Adamsapfel) gewöhnen. Dachte,
das ist eine Art Krankheit, dabei ist das vollkommen normal ... Fing damals mit der Katzengeschichte an. Das
Biest – sah meinen Hals und sprang, oder einer von euch –
nahm die Katze ... Na, Schwamm drüber« (S. 116). Mahlkes Verhalten macht den Eindruck: er ist erwachsen, hat

alle Pubertätsschwierigkeiten vernünftig überwunden, das Frühere hängt ihm nicht nach, er hat dafür die richtige Perspektive gewonnen. Er ist aufgelockert, reifer und normal. Aber Grass weiß Bescheid um die ewige Doppelnatur des Schizoiden: Nach außen hin sagt Mahlke: »Och, Penne ist Penne« (S. 116). Innerlich sticht ihn aber noch die Relegation. Sie erfolgte, nachdem Mahlke mit seinem Ritterkreuzdiebstahl die erschrockene und unbestreitbare Anerkennung der Klassengemeinschaft erlangt hatte. Im Augenblick, als für ihn das reifungsbiologisch komplizierte Problem der Selbstbehauptung in der Gruppe gelöst scheint, erfährt er den (natürlichen) Widerstand der Gesellschaftsmoral. Die Erwachsenenwelt kehrt sich gegen ihn, die Rechtsordnung, der Schuldirektor, Oberstudienrat Klohse. Der Direktor hatte schon das »Puscheltragen« als »weibisch, eines deutschen Jungen nicht würdig« »innerhalb des Schulgebäudes« verboten (S. 48). Klohse spricht die Relegation aus, als Vertreter der Ordnung, unbeugsam, aber maßvoll, nicht ohne Dezenz: »Oberstudienrat Klohse, mit grauem Aktendeckel . . . tönte über unsere Köpfe hinweg . . . mit kühlem Atem . . . Unerhörtes habe sich zugetragen und das in schicksalhaften Zeiten, da alle zusammenhalten müßten. Der Betreffende – Klohse nannte keinen Namen – sei bereits von der Anstalt entfernt worden. Man habe aber davon abgesehen, andere Instanzen . . . zu benachrichtigen. Allen Schülern werde nahegelegt, mannhaftes Schweigen walten zu lassen . . .« (S. 107).

Mahlke wird durch diese Repressalie erneut zu einem Kampf um die soziale Rehabilitierung verurteilt. Wieder hat er sich eine Ausstoßung zugezogen, wieder kommt das schizoide Antriebssystem seiner Selbstbehauptung in Gang. Die schizoide Empfindlichkeit, die Abschlußunfähigkeit, die schroffe Vorsatztreue, dazu die sthenische Schwerumstellbarkeit, die langfristige Verbissenheit determinieren den der Schule entwachsenen Mahlke, es der Schule noch einmal zu zeigen. Die alte zwangsneurotische Automatisierungstendenz springt wieder an, das Imponiergehabe wird wieder aktuell, der fanatische Kompensationswille versteift sich: Mahlke meldet sich freiwillig zur Truppe. (An der Front fühlt er die Jungfrau Maria bei sich. Seine schizoide Frömmelei, die auch seinem Pfarrer Sorge macht [S. 115], steigert sich zu halluzinatorischer Vision [S. 169 ff.]. Das Konstitutionelle bleibt, es ändert nur seine Dynamik, nicht seine Gesetzlichkeit.) Es bleibt der sthenische Wille, der abweisenden Gesellschaft die versagte Anerkennung triumphierend abzutrotzen.

Als Mahlke mit dem Ritterkreuz dekoriert ist, will auch er als Ehemaliger in der Aula seiner Schule einen Vortrag halten, das rechtmäßige Ritterkreuz am Hals, »denn er kannte von Anfang an nur ein Ziel: die Aula unserer Schule. Wollte im staubwimmelnden Licht stehen, das durch neugotische Spitzbogenfenster sickerte« (S. 152). Mahlke scheitert. Die herkömmliche Ordnung ist nicht flexibel genug, Oberstudienrat Klohse versagt Mahlke den Auftritt in der Aula, denn Kollektivwerte sind verletzt. Klohse schreibt Mahlke einen Brief, »ganz privat«, daß er »nicht so könne, wie sein Herz wolle« (S. 153). Die Gruppenmoral ist stärker. Als die Schule und ihre Anstaltsordnung die Rehabilitierung verweigern, geht Unteroffizier Mahlke zur aggressiven Vergeltung über: er schlägt mit der Hand zurück: nachts, am Gartenzaun, als Klohse auf dem Heimweg ist, faßte Mahlke ihn am Hemdkragen und schlägt ihn »links rechts« wortlos ins Gesicht (S. 155).

Indem der Geschlagene »starr und mit Haltung« schweigt (S. 155), bringt in diesen Sekunden auch er der Anstaltsordnung ein Opfer, aber ein freiwilliges, ein wissendes. Das kann Mahlke nicht. Seine Schizoidie verlangt das Alles-oder-Nichts, die Komplettierung ohne Rücksicht auf den Preis. Klohse hatte bei seiner Absage Mahlke hellsichtig gemahnt: »Lernen Sie verzichten, Mahlke!« (S. 153). Das wollte Mahlke nicht. Er sieht nur die Versagung und reagiert wieder gesetzlos. Der kurze nächtliche Ohrfeigen-Triumph ist aber unecht, Klohses überlegene Haltung hat Mahlkes Vergeltungstrotz vernichtet. Jetzt folgt die Peripetie, der Umschlag von der Aggressivität ins Sensitive: es kommt die Angst (S. 161), die uferlose Angst des spaltsinnigen Hypochonders. Mahlkes frühere, infantile Fluchttendenz gewinnt wieder die Oberhand, seine Antriebslage springt schizoid zum Gegenpol über: Mahlke begeht Fahnenflucht. Um ein neutrales Schiff zu erreichen, sucht er vorübergehend Unterschlupf in seiner Pennälerzuflucht, in der Funkerkabine des polnischen Wracks. Er taucht unter und nie wieder auf.

V

In der oben zitierten Schrift sagt Stumpfl, daß die wissenschaftliche Aufgabe der Ermittlung von Tatschuld darin liegt, »durch eine anthropologische und zugleich biologische und psychologisch-soziologische Methode, Intensitäten und Gradausprägungen exakt zu bestimmen, determiniertes Verhalten und akthaftes Entscheiden ... in den Teilabschnitten der konkreten Handlungsketten zu differenzieren und zu entflechten« (S. 19).

Man muß »entflechten«. Man darf gerade nicht darin Genüge finden, eine etikettierende Zusammenfassung über das Wesen einer Täterpersönlichkeit für eine Kausalerklärung gemeinschaftsstörenden Verhaltens zu nehmen. Man muß nicht nur fragen: Wer war es?, sondern mehr: Wie kam es?

Grass schildert mustergültig, wie ein konstitutionell gestörter Jugendlicher sich in seinen »Handlungsketten« (Stumpfl) verstrickt. Wer von Berufs und Amts wegen solche Verkettungen aufzuzeigen hat, muß retro-dynamisch analysieren, muß das mehrdimensionale Gefälle zwischen individualpsychologischen und sozialpsychologischen Strukturen im Auge behalten.

Grass hat sehr Recht, wenn er den Schluß seiner Novelle benutzt, um die diagnostische Unruhe wach zu halten, dieses nicht Ruhe gebende Verpflichtungsbewußtsein gegenüber der Kausalitätsfrage: Wie konnte etwas soweit kommen? Dieses Gewissen schlägt nicht immer, auch nicht bei allen, die Grass lesen. In der Fachzeitschrift »Bücherei und Bildung«, dem Mitteilungsblatt des Deutschen Büchereiverbandes, ist in Nr. 4, April 1962, »Katz und Maus« bei den »Umstrittenen Büchern« besprochen.

Da heißt es: »Man fragt sich unwillkürlich, wo der Weg eines Erzählers hinführen wird, der zum zweitenmal eine Geschichte aus der körperlichen Abnormität der Hauptgestalt entwickelt und seine literarische Hemmungslosigkeit im sexuellen Bereich bis zum Überdruß auch des vorurteilsfreien Lesers austobt.«

Hier ist übersehen worden und zugleich bewiesen, daß Grass so sehr Recht hat, seine Novelle mit nagenden Zweifeln, mit kritischer Beunruhigung aufhören zu lassen. Wer beruflich Tatschuld zu untersuchen und zu beurteilen hat, kennt und braucht immer wieder dieses verantwortliche Rückfragen, das Grass in der nachträglichen Erschütterung des Mitschülers Pilenz versinnbildlicht: »Was mit Katze und Maus begann, quält mich heute ... Die Wochenschau hat Unterwasserarbeiten als Aktualität eingefangen. Männer steigen mit blinkenden, leicht verbeulten Helmen hinab, kommen wieder hoch, Arme strecken sich ihnen entgegen, am Helm wird geschraubt, sie heben den Taucherhelm ab: aber nie zündet sich der Große Mahlke eine Zigarette an: immer rauchen andere« (S. 177).

(Monatsschrift für Kriminologie und Strafrechtsreform 1962. Carl Heymanns Verlag, Köln. S. 175–183)

3. Moralisch-ästhetische Beurteilung

Die Novelle »Katz und Maus« (1961) hat zusammen mit den beiden weiteren Romanen von Günter Grass, »Die Blechtrommel« (1959) und »Hundejahre« (1963), die Auseinandersetzungen um das Verhältnis von Kunst und Pornographie zu bis dahin unbekannter Vehemenz gesteigert. So erstattete am 23. Juni 1962 der Schriftsteller Kurt Ziesel gegen Günter Grass Anzeige wegen der Verbreitung unzüchtiger Schriften (vgl. Arnold/Görtz, S. 305–327). Am 28. September 1962 übersandte das hessische Ministerium für Arbeit, Volkswohlfahrt und Gesundheitswesen an die Bundesprüfstelle für jugendgefährdende Schriften, Bad Godesberg, einen Antrag auf Indizierung der Novelle »Katz und Maus«. Die anschließende Auswahldokumentation informiert über diesen Vorgang. Anläßlich der Verleihung des Büchner-Preises an Günter Grass wird drei Jahre später die Diskussion erneut belebt (vgl. Arnold/Görtz, S. 285–302). In den Jahren 1967 und 1974 versuchte der »Frankfurter Kreis deutscher Soldaten« die Erstaufführung der Novellenverfilmung (2. 2. 1967) und später die Fernsehwiederholung (5. 8. 1974) zu verhindern bzw. nur mit bereinigtem Filmmaterial zuzulassen (vgl. Schönborn, Soldaten verteidigen ihre Ehre, 1974, S. 10–34).

DER HESSISCHE MINISTER FÜR ARBEIT,
VOLKSWOHLFAHRT
UND GESUNDHEITSWESEN

Wiesbaden, den 28. 9. 1962
Adolfsallee 53 und 59
Tel.: 58 11

Az.: V b / 52 n - 12 - 27

An die
Bundesprüfstelle für
jugendgefährdende Schriften
532 Bad Godesberg
Postfach 190

Betr.: Antrag auf Aufnahme in die Liste der jugendgefährdenden Schriften.

Hiermit wird beantragt, die Schrift »Katz und Maus« –
Eine Novelle von Günter Grass, Hermann Luchterhand
Verlag, gemäß § 1 Abs. 1 GjS in die Liste der jugendgefähr-
denden Schriften aufzunehmen.
Ein Exemplar des Buches und 25 Abdrucke des Antrages
sind beigefügt.

Begründung:
Die Schrift enthält zahlreiche Schilderungen von Obszönitäten, die geeignet sind, Kinder und Jugendliche sittlich zu
gefährden. Auf die Seiten 28, 38, 39, 40, 41, 42, 43, 53, 54,
98, 102, 104, 112, 130, 139, 140 wird verwiesen. Die beanstandeten Passagen, die derartige bis ins einzelne gehende
Szenen mit betonter Ausführlichkeit bringen, sind ohne jeden erkennbaren Sinn in die Erzählung eingestreut worden.
Die Art und Weise dieser Darstellungen läßt den Schluß
zu, daß sie nur des obszönen Reizes willen aufgenommen
wurden. Sie sind geeignet, die Phantasie jugendlicher Leser
negativ zu belasten, sie zu sexuellen Handlungen zu ani-
mieren und damit die Erziehung zu beeinträchtigen.
Sie sind deshalb auch in keiner Weise mit der im Klappentext gedeuteten Absicht des Autors in Einklang zu bringen.
Der Inhalt der Erzählung hat das Leben und Treiben von
Schülern einer Sekunda-Klasse während des 2. Weltkrieges
in Danzig zum Gegenstand. Im Mittelpunkt steht der Held,
oder richtiger gesagt, der von seinen Kameraden zum Idol

erhobene »Große Mahlke«, dessen besonders ausgeprägter Halsknorpel (Adamsapfel) als »Attribut frühreifer Männlichkeit ... zur Ursache aller Taten des Jungen, zur Triebfeder für die ›Karriere‹ ... bis zum Erwerb einer hohen Kriegsauszeichnung« wird. Die sich in diesem Rahmen abspielenden Schilderungen von einzelnen mehr oder weniger banalen Begebenheiten, die im übrigen ausschließlich negative Erscheinungen aufweisen, verdienen weder vom Stil noch vom Stoff her ein besonderes literarisches Interesse. Wenn auch vielleicht dem Autor eine gewisse Fähigkeit und eine eigene Art des Schreibens nicht abzusprechen ist, kann sein Buch aber unter keinem Gesichtspunkt als der Kunst dienend im Sinne des § 1 Abs. 2 Nr. 2 GjS bewertet werden.

Der Band ist Jugendlichen gleichermaßen zugängig wie jedes andere Buch. Darüber hinaus ist, da es sich um eine »Schülergeschichte« handelt, zu befürchten, daß es gerade unter Jugendlichen zu einer verstärkten Verbreitung führt.

Im Auftrag:
gez. Dr. Englert

(Zitiert nach Loschütz, S. 51 f.)

HERMANN LUCHTERHAND VERLAG GMBH

Neuwied am Rhein, den 28. 10. 1962

An die Bundesprüfstelle
für jugendgefährdende Schriften
Postfach 190
532 Bad Godesberg

Betr.: Günter Grass, »Katz und Maus«. Eine Novelle, Neuwied 1961
Ihr Aktenzeichen: Pr. 255/62

Wir bitten, den Antrag, das bezeichnete Buch in die Liste der jugendgefährdenden Schriften aufzunehmen, abzuweisen.
Gründe:
Nach § 1 des Gesetzes über die Verbreitung jugendgefährdender Schriften in der Fassung vom 29. 4. 1961 (GjS) darf eine Schrift nicht in die Liste aufgenommen werden, wenn sie der Kunst dient.
Eine Schrift dient der Kunst, wenn durch sie der künstleri-

sche Besitz eines Volkes bereichert wird (OVG Münster, NJW 1959 S. 1890). Die Novelle »Katz und Maus« von Günter Grass ist nicht nur Kunst; sie dient ihr auch.

Es ist nicht zu untersuchen, ob die im Indizierungsantrag genannten Stellen für sich genommen geeignet sind, Jugendliche sittlich zu gefährden. Vielmehr kommt es darauf an, ob die Schrift als Ganzes den künstlerischen Besitz unseres Volkes und der Welt bereichert. Bei diesem Maßstab kann sich das Urteil nicht einmal auf das einzelne Buch des Autors beschränken; es muß im Zusammenhang des ganzen Werkes gewürdigt und bewertet werden.

Günter Grass wurde 1927 in Danzig geboren. Er stammt von Eltern teils deutschen, teils polnischen Ursprungs. Nach dem Krieg war Grass Steinmetz und studierte als Bildhauer und Zeichner an den Kunsthochschulen Düsseldorf und Berlin. Von 1956 bis 1959 arbeitete er in Paris an seinem Roman »Die Blechtrommel«.

1956 erschien im Luchterhand Verlag der schmale Band »Die Vorzüge der Windhühner« mit Gedichten, Prosa und Zeichnungen. Einige dieser Gedichte waren vorher in der Zeitschrift »Akzente« gedruckt worden. 1958 las Grass auf der Tagung der Gruppe 47 Bruchstücke aus seinem 1959 erschienenen Roman »Die Blechtrommel« und erhielt dafür den Preis der Gruppe 47. Einige Zeitschriften, darunter der konservative »Merkur« brachten Vorabdrucke aus dem Roman. Die Kritik hat sich in außerordentlicher Weise dieses Buches angenommen. Es sei auf die in der Anlage mitgeteilte Besprechung »Wilhelm Meister, auf Blech getrommelt« von Hans Magnus Enzensberger und die Liste weiterer großer Rezensionen hingewiesen. Bei Enzensberger heißt es: »›Die Blechtrommel‹ ist ein Entwicklungs- und Bildungsroman. Strukturell zehrt das Buch von den besten Traditionen deutscher Erzählprosa. Es ist mit einer Sorgfalt und Übersichtlichkeit komponiert, wie man sie von den Klassikern her kennt. Herkömmlich ist auch die hochgradige Verknüpfung der Handlung und der Motive. Der Autor zeigt eine Beherrschung seines Metiers, die nachgerade altmodisch erscheint ... Seine Sprache ist von einer Formkraft, einer Plastik, einer überwältigenden Fülle, einer inneren Spannung, einem rhythmischen Furor, für die ich in der deutschen Literatur des Augenblicks kein Beispiel sehe ... Wie man von

gewissen Stoffen behauptet, sie seien blutbildend, in eben
demselben Sinn kann man von dem Roman ›Die Blechtrommel‹ sagen, er sei weltbildend. Er verändert die Sehweise
des Lesers.« Enzensberger, Einzelheiten, Frankfurt 1962 S.
225 f.
Übereinstimmend wird diesem Roman bescheinigt, daß er
zur »deutschen Weltliteratur« (Rychner) gehöre. In der Zwischenzeit hat das Buch in Deutschland eine Auflage von
170 000 Exemplaren erreicht. In Frankreich hat es 1962 den
Preis »Le meilleur livre étranger« erhalten und ist dort mit
50 000 Exemplaren verbreitet. Weiter sind folgende Übersetzungen der »Blechtrommel« erschienen: 1962 in Frankreich, Schweden, Dänemark, Norwegen, England und Finnland. 1963 wird die italienische, amerikanische und jugoslawische Ausgabe erscheinen. 1964 kommt die portugiesische
Übersetzung heraus.
1961 veröffentlichte Grass »Katz und Maus«. Eine Novelle.
Dieses in der Form dem Anspruch gemäß geraffte Werk zeigt
deutlich, daß es sich aus dem Zusammenhang des großen
Romans entwickelt hat und mit ihm eng verknüpft ist. »Der
Bezug auf die ›Blechtrommel‹ ist keine Arabeske«, schreibt
Enzensberger (aaO. S. 231), »sondern ein Beweis dafür, daß
hier ein Autor am Werk ist, der sich nicht auf Einfälle verläßt.« Wieder sei auf eine in der Anlage mitgeteilte Rezension von H. M. Enzensberger verwiesen. Dort heißt es:
»Sein Geheimnis liegt in dem prekären und einzigartigen
Gleichgewicht, das er zwischen seiner anarchischen Einbildungskraft und seinem überlegenen Kunstverstand herzustellen vermocht hat. Auf der einen Seite von Finsternis, auf
der anderen von Manier bedroht, arbeitet er ohne Netz auf
dem Hochseil mit einer Sicherheit, die nicht Entrüstung, die
Bewunderung verdient. ›Allzubald wurde mir klar, daß auf
dieser Welt jedem Rasputin ein Goethe gegenübersteht, daß
Rasputin Goethe oder Goethe einen Rasputin nach sich zieht,
sogar erschafft, wenn es sein muß‹, heißt es in der ›Blechtrommel‹. Wer's für einen Witz gehalten hat, weiß nicht,
was die Trommel des Günter Grass, ›in Petersburg und Weimar gleichzeitig‹, geschlagen hat: die Ankunft eines Erzählers, der Kunst macht über dem Abgrund der Gewalt.« Enzensberger aaO. S. 232 f.
Die Weltöffentlichkeit nimmt auch an diesem Buch in außer-

gewöhnlichem Maße Anteil. Bisher wurden Lizenzausgaben
für Frankreich, Italien, Amerika, England, Polen, Norwegen,
Schweden, Dänemark, Finnland, Holland und Spanien vertraglich vereinbart.

Es ist begrifflich ausgeschlossen, ein Œuvre der Weltliteratur
zuzurechnen, ihm gleichzeitig aber vorzuwerfen, daß es nicht
»der Bereicherung des künstlerischen Besitzes eines Volkes
dient«. Der Tenor aller kritischen Äußerungen zum Werke
von Günter Grass geht denn auch dahin, daß es zu dem Ge-
samtbesitz deutscher »Kultur« etwas eigenartig Neues hin-
zufüge.

Daß diese Feststellung wie für das Gesamtwerk von Günter
Grass auch besonders für sein Buch »Katz und Maus« zutrifft, ergibt sich aus den beigefügten Gutachten der Herren
Professoren Jens und Martini, des Schriftstellers Dr. Hans
Magnus Enzensberger, des Psychologen Dr. Ottinger sowie
des Herrn Präsidenten der Deutschen Akademie für Sprache
und Dichtung, Dr. Kasimir Edschmid.

Zum Schluß sei auf eine eigentümliche Feststellung hingewiesen. Das ergänzbare Gesamtverzeichnis der in die Liste
jugendgefährdender Schriften aufgenommenen Werke zeigt
deutlich, daß bisher kein Werk von Rang indiziert worden
ist. Praktisch ist bisher das belletristische Schrifttum, soweit
es für Jugendliche pädagogisch-sittlich schädlich sein könnte,
nicht vor die Prüfstelle gelangt, in den wenigen Ausnahme-
fällen nicht indiziert worden. Mit dem Antrag, »Katz und
Maus« zu indizieren, wird die Grenze überschritten, die
Kunst von Außerkünstlerischem trennt. Mit Recht macht
Schilling in seinem Werk »Literarischer Jugendschutz«, Neuwied 1959, darauf aufmerksam, daß gar kein Bedürfnis danach bestehe, in das Gebiet der eigentlichen Literatur einzu-
steigen, wo die Bundesprüfstelle die große und gefährliche
Flut unliterarischer Schmutzproduktion, auf die das Gesetz
abstellt, gar nicht bewältigen könne und auch nicht bewältigt
habe. Die Gefahr einer »Zensur auf Umwegen« ist da nicht
ausgeschlossen, wo die Indizierung eines literarischen Werkes
praktisch dessen völliges Verschwinden bewirkt. Wir haben
uns bei der Auslegung des Kunstvorbehaltes zwar strikt an
die bisherige höchstrichterliche Entscheidung des OVG Münster gehalten; möchten aber darauf hinweisen, daß dieser
Bescheid außerordentlich gefährlich ist (vergl. dazu auch die

Kritik von Hamann, NJW 1959 S. 1890 und die Ausführungen bei Schilling aaO.).

Wenn auch Günter Grass mit seinem bisherigen literarischen Werk und insbesondere »Katz und Maus« ganz eindeutig und undiskutabel weit diesseits der Grenze liegt, die Kunst von den Niederungen scheidet, auf die sich das Gesetz bezieht und deshalb von der Auslegung des Begriffes »Kunst« durch das OVG Münster nicht betroffen werden kann; so ist die Unterscheidung des OVG für weniger eindeutige Fälle sehr ambivalent und öffnet durch seinen zu hoch angesetzten Maßstab wie durch die Verwechslung von Kunst und Kultur der banausischen, freier künstlerischer Produktion abträglichen Schnüffelei viele Schleichwege. Immer aber sollte an Vorgänge wie den »Reigenprozeß« in der Weimarer Zeit gedacht werden: vestigia terrent!

Mit vorzüglicher Hochachtung
Hermann Luchterhand Verlag GmbH
gez. Dr. Benseler

(Zitiert nach Loschütz, S. 53–56)

PROF. DR. FRITZ MARTINI
Technische Hochschule
Lehrstuhl für Literaturwissenschaft
und Ästhetik

Stuttgart, den 12. November 1962

Gutachten
anläßlich der Verhandlung der Bundesprüfstelle für jugendgefährdende Schriften über Aufnahme von Günter Grass' »Katz und Maus«, Hermann Luchterhand Verlag GmbH, Neuwied am Rhein und Berlin Spandau 1961, in die Liste der jugendgefährdenden Schriften.

Soweit mir bekannt ist, besagt § 1 Absatz 2 des GjS, daß eine Schrift nicht in die Liste aufgenommen werden darf, »wenn sie der Kunst oder der Wissenschaft, der Forschung oder der Lehre dient«.

Es ist fernerhin zu beachten, daß gemäß Absatz 2 »Kind im Sinne des Gesetzes ist, wer noch nicht 14, Jugendlicher, wer 14 aber noch nicht 18 Jahre alt ist«.

Es scheint mir zunächst die Annahme des Herrn Hessischen Ministers für Arbeit, Volkswohlfahrt und Gesundheitswesen,

daß das Buch als eine »Schülergeschichte« gerade unter Jugendlichen eine stärkere Verbreitung finden wird, auf einem
Irrtum zu beruhen. Gehalt und Stil dieses Buches sind durchaus nicht leicht faßbar und keinesfalls von dem Autor selbst
für jugendliche Leser im zitierten Sinn, sondern für Erwachsene gedacht, die über eine kritische Lebenserfahrung und
eine Fähigkeit verfügen, eine künstlerische Symbolsprache
zu verstehen. Es erscheint mir als eine banale Selbstverständlichkeit, daß in einem Buch, das als Dichtung künstlerisch
durchgestaltet ist, alles Stoffliche und Thematische nur im
Zusammenhang der ganzen Darstellung aufgefaßt werden
muß, nur im Zusammenhang der ganzen Darstellung seine
Funktion und seinen Sinn erhält. Es muß die Fähigkeit, so
zu lesen, bei einem künstlerischen Werk vorausgesetzt werden. Fehlt sie, d. h. wird also Stoffliches und Thematisches
lediglich als isoliertes Reizmittel aufgenommen, so beweist
dies ein Unvermögen oder eine mangelnde Ausbildung des
Lesers, aber gar nichts gegen den Autor und dessen Absichten. Die Lektüre der Novelle »Katz und Maus« macht leicht
einsichtig, daß diese Voraussetzung zutrifft.

Der junge, heranwachsende Schüler, Soldat usw. Mahlke ist
eine durchaus komplex angelegte Figur, den beanstandeten
Stellen stehen durchaus andere Stellen gegenüber, die gerade
ihn, seinen Charakter, von dem Anheimfall an sexuelle etc.
Verirrungen abheben. Es wird S. 28 ausdrücklich gesagt, daß
er sich von den »üblichen Sauereien der Tertianer« streng
distanziert; es wird gezeigt, daß jener in der Tat etwas
extreme Vorgang Seite 38–40 wiederum nichts mit sexueller
Perversion zu tun hat, sondern mit seiner psychologischen
Grundanlage (Ehrgeiz etc.). Eben diese Episode wird als
eine extreme Ausnahme dargestellt und reduziert durch andere Eigenschaften: Seine selbstverständliche Frömmigkeit,
sein Dienst am katholischen Glauben, unter dem Druck und
trotz des Nationalsozialismus, seine sportliche Trainings-
leidenschaft, sein grundanständiges Verhalten dem Mitmenschen gegenüber, usw. Es heißt, dieses Buch gründlich mißzu-
verstehen, wenn man meint, Günter Grass habe Stellen, wie
Seite 38–43, Seite 53–54, um einer aufreizenden, sehr primitiven Lüsterregung willen geschrieben und veröffentlicht.
Das gleiche gilt für die anderen genannten Stellen Seite 98,
102, 104, 112, 130, 139–140. Alle diese Stellen sind jeweils

eingebaut in einen Zusammenhang, der durch Psychologie, Milieu usw. zugleich charakterisiert und relativiert wird, sie sind also nicht um ihrer selbst willen hingesetzt, sondern sie haben eine deskriptive Funktion im Realitätspanorama. Würde man sie streichen, so würde dieses gesamte Realitätspanorama unglaubwürdig und damit die Darstellung künstlerisch verfälscht. Darin liegt gerade der Beweis, daß diese Darstellung von jeder Art von Pornographie, die ihre Reizstellen um ihrer selbst willen hinsetzt und ausstattet, unterschieden ist. Die Sprache, in der Günter Grass erzählt, hält sich in einer nüchternen Sachlichkeit, die auf jede Akzentuierung gerade der beanstandeten Stellen im Sinne irgendeiner herausspringenden oder gar verführerischen Wirkung verzichtet. Wenn jemand die Neigung zeigen sollte, daß diese Darstellung um des obszönen Reizes willen aufgenommen wird, so kann solche Form der Reaktion nur diesem Leser, keinesfalls dem Autor zur Last gelegt werden. Es muß jedenfalls der Annahme mit den eben genannten Argumenten nachdrücklichst widersprochen werden, daß die beanstandeten Szenen mit betonter Ausführlichkeit und ohne jeden erkennbaren Sinn in die Erzählung eingestreut worden seien.

Dieser Annahme widerspricht die durchaus künstlerische Gestaltung dieser Novelle. Ihr widerspricht der künstlerische Charakter von Günter Grass, der längst eine internationale Anerkennung gefunden hat, wie die Fülle des kritischen Schrifttums über ihn, die Fülle der internationalen Übersetzungen und die Literaturpreise beweisen, die er in Deutschland und Frankreich erhalten hat. Wenn bereits Lizenzverträge zwecks Übersetzung mit jeweils einem französischen, italienischen, englischen, amerikanischen, polnischen, schwedischen, finnischen, dänischen, holländischen und spanischen Verlag zustande gekommen sind, dürfte dies ein Beweis der künstlerischen Anerkennung und Schätzung dieses Buches sein, denn man wird nun ganz gewiß nicht behaupten wollen, daß alle diese Verlage einen deutschen Autor, ein deutsches Buch um behaupteter pornographischer Reizwirkungen willen veröffentlichen.

Diese Annahme wäre so absurd, daß sie nicht weiter diskutiert zu werden braucht. Vielmehr sollte die Tatsache der zahlreichen Übersetzungen daran erinnern, daß eine Kritik an der Novelle von Günter Grass sich in jeder Hinsicht und gegenüber jeder Einzelheit an dem künstlerischen Grundcharakter der Novelle in Thema, Struktur und Sprache zu orientieren hat.

gez. Fritz Martini

(Zitiert nach Loschütz, S. 58–60)

DR. HANS MAGNUS ENZENSBERGER

Tjoeme, Norwegen, z. Zt. Rom, den 17. November 1962

Gutachten
über die Novelle »Katz und Maus« von Günter Grass im Hinblick auf den Antrag des hessischen Ministers für Arbeit vom 28. 9. 62, dieses Werk auf die Liste der jugendgefährdenden Schriften zu setzen.

1.

Die von dem Ministerialbeamten Dr. Englert bezeichnete Begründung des Antrags besteht aus einer Reihe von Behauptungen, für die keinerlei Beweise angetreten werden; der Verfasser ist nicht einmal bemüht, seine Hypothesen zu belegen. Erweislich falsch sind insbesondere die folgenden Behauptungen des Verfassers:
a) Die beanstandeten Passagen seien »ohne jeden erkennbaren Sinn in die Erzählung eingestreut«. Allein die Vokabel »eingestreut« beweist die Unzuständigkeit des Gutachters. Jedem denkenden Menschen dürfte bekannt sein, daß literarische Werke nicht durch Streuung, das heißt durch die zufällige Kombination von »Passagen« entstehen. Sie werden geschrieben: das heißt, sie werden komponiert. Nicht nur die Literaturkritik, sondern die literarische Öffentlichkeit des In- und Auslandes ist sich darüber einig, daß die Novelle, die zur Rede steht, außergewöhnlich streng und dicht komponiert ist. Daß Herr Dr. Englert in ihrem Bau keinen Sinn zu erkennen vermag, ist bedauerlich. Er steht mit diesem Unvermögen allein da. Unter den Begriff des normalen, unbefangenen Lesers, wie ihn die Rechtsprechung versteht, fällt ein Leser nicht, der den sinnvollen Bau einer Novelle nicht erkennen kann. Dr. Englert ist ein unterdurchschnittlich begabter oder aber ein befangener Leser. Er dürfte daher als Gutachter nicht in Betracht kommen.

b) Die Überschreitung seiner geistigen und juristischen Kompetenz wird besonders deutlich in der Behauptung, die »Schilderungen« von Günter Grass »verdienen weder vom Stil noch vom Stoff her ein besonderes literarisches Interesse«. Besonderes Interesse verdienen sicherlich nicht die literarischen Urteile des Herrn Dr. Englert, die mit verblüffender Leichtfertigkeit aufgestellt und durch keinen einzigen Beleg gedeckt sind. Herr Dr. Englert, der, wie sein Antrag zeigt, nicht einmal der Regeln mächtig ist, die für die deutsche Interpunktion gelten, ist nicht befugt, sich in amtlicher Eigenschaft zu Stilfragen zu äußern. Was »besonderes literarisches Interesse« verdient und was nicht, kann nicht von der Ministerialbürokratie entschieden werden, sondern einzig und allein von einer literarischen Kritik, die sich die Begründung ihrer Urteile nicht zu ersparen pflegt. Diese Kritik ist sich, im Inland wie im Ausland, längst darüber einig, daß Grass ein Schriftsteller ersten Ranges ist. Hunderte von Rezensionen, die auch Herrn Dr. Englert zugänglich gewesen wären, hätte er es nicht vorgezogen, selbst als Kunstrichter aufzutreten, geben darüber jede gewünschte Auskunft und erbringen dafür jeden gewünschten Beweis.

2.

Neben offensichtlich falschen Behauptungen enthält der Antrag eine Anzahl von groben Unsachlichkeiten und Unterstellungen.

a) Unsachlich ist es, einem Erzähler »Ausführlichkeit« vorzuwerfen. Die ganze epische Weltliteratur ist »ausführlich«. Einem Romancier anzukreiden, daß er keine Epigramme oder Aphorismen verfaßt, das grenzt ans Lächerliche. Unsachlich ist ferner die Behauptung, die beanstandeten Passagen seien von betonter Ausführlichkeit. Die Lektüre einer beliebigen Seite des inkriminierten Autors beweist eindeutig, daß Grass sexuelle Dinge nicht mehr und nicht weniger ausführlich erzählt als irgendwelche anderen Erscheinungen. Mit dem Wort »betont« soll offenbar das Gegenteil angedeutet werden. Das ist eine Unterstellung.

b) Eine weitere Unterstellung liegt in dem »Schluß«, die beanstandeten Darstellungen seien »nur des obszönen Reizes willen« aufgenommen worden. Es handelt sich um keinen Schluß, sondern um eine Verdächtigung, die jenseits aller

Logik liegt. Offenbar weiß Herr Dr. Englert nicht, was eine Schlußfolgerung ist.

c) Unsachlich ist die Phrase des Gutachters, es handle sich um »mehr oder weniger banale Begebenheiten«. Die Frage, ob ein Schriftsteller es vorzieht, über mehr banale oder über weniger banale Begebenheiten zu schreiben, geht den hessischen Minister für Arbeit nichts an.

d) Unsachlich und von zweifelhafter sprachlicher Qualität ist die Bemerkung, jene Begebenheiten wiesen »ausschließlich negative Erscheinungen auf«. Sollte es in der Absicht des hessischen Ministers für Arbeit liegen, die Welt in positive und negative Erscheinungen zu zerlegen und eine Tabelle hierüber anzulegen, damit inskünftig jeder Schriftsteller wisse, woran er sich zu halten habe? Solange eine derartige amtliche Tabelle nicht vorliegt und Gesetzeskraft erlangt hat, sind Urteile der Art, wie sie Herr Dr. Englert dem Gericht anbietet, überflüssig und sinnlos.

3.

Die Methode der Antrags-»Begründung«, aus dem inkriminierten Werk einzelne Passagen herauszupflücken und vom Ganzen gesondert zu beanstanden, zeugt nicht nur von einem Banausentum ohnegleichen, sie ignoriert auch vollständig die maßgebenden Kommentare und die Rechtsprechung der letzten fünfzehn Jahre. Diese Methode ist unstatthaft, wo es sich um Werke der Literatur handelt.

4.

Die Frage, ob es sich, im Sinn des Art. 5 Abs. 3 GG, um ein literarisches Kunstwerk handle, wird in dem Antrag des hessischen Ministers für Arbeit umgangen. Mit einer gewissen unfreiwilligen Komik gesteht Herr Dr. Englert Günter Grass sogar zu, »eine gewisse Fähigkeit und eine eigene Art des Schreibens« sei diesem Schriftsteller »nicht abzusprechen«. Sein Buch könne aber »unter keinem Gesichtspunkt als der Kunst dienend ... bewertet werden«. Wie bei Herrn Dr. Englerts Auffassung von der Sorgfaltspflicht eines Beamten nicht weiter verwunderlich, operiert er auch hier wieder mit einer schlichten Behauptung.

5.

Letzten Endes läuft die »Begründung« des Antrags darauf hinaus, daß der Antragsteller nicht willens oder nicht fähig ist, zwischen »Lotus«, einem Monatsblatt für Sonnensport (indiziert BAnz. 237), und einem Werk der modernen Weltliteratur irgendeinen qualitativen Unterschied zu machen.

6.

Dieses Verhalten des Antragstellers, möge es aus Unfähigkeit oder aus bösem Willen entspringen, widerspricht dem erklärten Willen des Gesetzgebers; es widerspricht ferner nicht allein den Interessen der deutschen Literatur, sondern den Grundvoraussetzungen einer jeden demokratischen Gesellschaft und damit auch den Interessen der Jugend, die durch das anmaßende Gebaren einer Ministerialbürokratie, die sich als Literaturkritik ex officio aufspielt, nicht geschützt werden kann. Jugendgefährdend ist nicht die Novelle »Katz und Maus« von Günter Grass, sondern der Antrag des hessischen Ministers für Arbeit, vertreten durch Herrn Dr. Englert.

gez. Hans Magnus Enzensberger

(Zitiert nach Loschütz, S. 61–64)

HEINRICH HEMSATH   Wiesbaden, den 9. Januar 1963
Staatsminister   Adolfsallee 53

An den
Hermann Luchterhand Verlag GmbH
545 Neuwied am Rhein
Postfach 369
zu Hd. von Herrn Dr. Benseler

Betr.: Novelle »Katz und Maus« von Günter Grass

Sehr geehrter Herr Dr. Benseler!

Die Bundesprüfstelle für jugendgefährdende Schriften hat mir eine Abschrift Ihres Schreibens vom 6. 12. 1962 zugeleitet, auf das ich Ihnen erwidern darf, daß der Antrag auf Indizierung des Buches »Katz und Maus« von der zuständigen Fachabteilung meines Hauses ohne mein Wissen gestellt worden ist. Der Antrag hat nicht meine Zustimmung gefunden. Ich habe deshalb, nachdem mir die Angelegenheit vor-

getragen worden ist, die sofortige Rücknahme des Antrages
verfügt.

Ich möchte gleichzeitig mein Bedauern zum Ausdruck bringen, daß Ihnen durch das bereits eingeleitete Verfahren Un-
gelegenheiten und Unkosten entstanden sind. Ich habe Vor-
sorge getroffen, daß das künftig nicht mehr möglich ist.

Mit vorzüglicher Hochachtung
gez. Hemsath

(Zitiert nach Loschütz, S. 69)

Günter G r a s s :

Nicht nur in eigener Sache

Günter Grass und Kurt Ziesel trafen gestern vor dem Oberlandes-
gericht zusammen. Grass-Verteidiger Gritschneder: »So nahe waren
sie sich noch nie!« Der Grund: eine Berufungsverhandlung, mit der
Grass erreichen will, daß Ziesel beleidigende Äußerungen wie »Verfasser übelster pornographischer Ferkeleien« generell verboten werden,
und zwar nicht nur, wie nach einem Urteil im Landgericht Traunstein,
in Zeitungspublikationen. Die Entscheidung soll am 18. Dezember
fallen.
Grass: »Ziesel hat den Bereich des Literarischen seit längerem verlas-
sen – er schürt Emotionen und versucht Politiker für Denunzierungen
zu gewinnen in einem Land, in dem es schon einmal Bücherver-
brennungen gab.« Ziesel: »Man wird doch wohl noch schreiben dürfen,
wenn das Schamgefühl verletzt worden ist. Man hätte das doch an-
ständiger formulieren können. Außerdem: Im Gesetz steht die Definition für das, was Pornographie ist.« Senatspräsident Dr. Waltenber-
ger: »Leider nicht, das ist es ja!« Grass gab folgende Stellungnahme ab.

Es ist für einen Autor nicht einfach, in eigener Sache, das
heißt für seine Bücher sprechen zu müssen, wenn isolierte
Textstellen, zum Zweck der bloßen Diffamierung des Autors
in der Öffentlichkeit, mißbraucht werden.

In meinen drei Prosawerken – »Die Blechtrommel«, »Katz
und Maus« und »Hundejahre« – war ich bemüht, die Wirklichkeit einer ganzen Epoche, mit ihren Widersprüchen und
Absurditäten in ihrer kleinbürgerlichen Enge und mit ihrem
überdimensionalen Verbrechen, in literarischer Form darzustellen. Die Realität, als das Rohmaterial des Schriftstellers,
läßt sich nicht teilen; nur wer sie ganz einfängt und ihre
Schattenseiten nicht ausspart, verdient es, Schriftsteller genannt zu werden.

So selbstverständlich es ist, es sei dennoch wiederholt: Auch
der sexuelle Bereich mit seinen Höhepunkten und Tiefgän-

gen, desgleichen in seiner abgenutzten Alltäglichkeit, ist Teil dieser Realität. Desgleichen gehört das Verhältnis der Zeitgenossen in einer Epoche zu den Religionen und zu den herrschenden wie unterdrückten Ideologien zur darzustellenden Wirklichkeit.

In dem von mir skizzierten, breiten epischen Muster und verständlich aus der Rolle und Rollenprosa – entweder erzählenden fiktiven Figuren oder mithandelnden, gleichfalls fiktiven Figuren – erklären sich das sexuelle Verhalten sowie die Haßliebe des Oskar Matzerath zur katholischen Kirche.

Es bleibt erstaunlich, daß immer wieder darauf hingewiesen werden muß, inwieweit die Position des Lästerers im Alten wie Neuen Testament verankert ist. Ich erinnere an den einer Schächer am Kreuz; durch seine Gegenposition erst wird die Position des anderen Schächers deutlich.

Zudem wird ein erzählender Schriftsteller, der seine erzählte Welt örtlich genau bestimmt (alle drei Bücher handeln in Danzig und beziehen das westpreußische, teils deutsche, teils polnische, teils kaschubische Hinterland mit ein) den örtlichen Gegebenheiten Rechnung tragen.

Es ist allgemein bekannt, daß sich der Katholizismus in Polen, ähnlich wie in anderen vorwiegend katholischen Ländern, Reste heidnischer Ursprünglichkeit bewahrt hat, daß zum Beispiel der Marienkult das Verhältnis zu Jesus Christus und zur Bergpredigt weit überragt. Dem Autor kam es darauf an, diese spielfreudige, farbenprächtige, halb heidnische, halb christliche Welt darzustellen und in Beziehung zu setzen zur Epoche des Nationalsozialismus.

An anderer Stelle, in dem »Blechtrommel«-Kapitel »Glaube, Hoffnung, Liebe«, trifft die vorherrschende Ideologie, nämlich der Nationalsozialismus, in seiner aggressivsten Form auf die jüdische Minderheit und ihre Religion. Die Barbarei der SA während der Kristallnacht findet in der Aggressionslust der jugendlichen Stäuberbande später ihre Entsprechung. Nur so, im Verhältnis zur freigesetzten Gewalt, läßt sich die Demontage des Marienaltars in der Herz-Jesu-Kirche verstehen.

Bewußt hat der Autor bei allen drei vorliegenden Büchern Erzählperspektiven gewählt, die es dem Leser der Bücher jeweils erlauben, ironische Distanz zum Erzählten zu nehmen. Es gilt als nachgewiesen, daß die von den erzählenden Per-

sonen und vom Leser gewählte ironische Distanz jeden vor-
dergründigen sexuellen Effekt ausschließt; und auch die
große Lästerrede steht nicht isoliert, sondern versteht sich
erst durch ihre ironischen Bezüge zur Umwelt.
Wollten wir die Weltliteratur mit literaturfremden Katego-
rien messen, dann müßten wir auf Jean Pauls »Siebenkäs«
verzichten, weil in diesem großen deutschen Roman die »Rede des toten Christus vom Weltgebäude herab, daß kein Gott
sei«, im Urteil der Beckmesser als Blasphemie zu gelten
hätte.
Der große chinesische gesellschaftskritische Roman der Minh-
Zeit »King Ping Meh«, »Das Decameron« des Boccaccio,
Rabelais' »Gargantua und Pantagruel«, ja, selbst die lateini-
schen Anfänge des europäischen Romans, »Die große Satyre
des Petronius«, müßten wir streichen, wenn wir die Diffamierung der Schriftsteller, wie im hier verhandelten Fall,
zuließen.
Erlauben Sie mir zu sagen, daß ich mir als Schriftsteller
durchaus der europäischen Literaturtradition bewußt bin;
und wenn ich mich gegen Verleumdungen wehre, dann tu ich
es nicht nur in eigener Sache, sondern im Sinne großer Er-
zählertraditionen, denen ich viel verdanke.

(Münchner Merkur, 24. 10. 1968. Zitiert nach
Arnold/Görtz, S. 314–316)

4. Militär-ethische Beurteilung

Die erzählerische Einbeziehung des Ritterkreuzes und dessen
kritische Beachtung im Problemfeld von militär-ethischer
Tradition des Eisernen Kreuzes, ideologisch begründeter Erneuerung im nationalsozialistischen Deutschland und solda-
tisch-traditionsbewußten Bewahrung in der Nachkriegszeit
hat heftige Diskussionen ausgelöst, die anläßlich der Novellenverfilmung erneut einsetzten. Um die Vielschichtigkeit
und Breite dieser Reaktionen verstehen und beurteilen zu
können, bietet das folgende Material in drei Gruppen die
notwendigen Informationen:
1. Ordensgeschichte: Verordnungstext zur Erneuerung des
Eisernen Kreuzes (1. 9. 1939) und Kommentar zu den Verleihungsrichtlinien (1968).

2. Ritterkreuz, militärisches Ethos und Nationalbewußtsein während der Nachkriegszeit: zwei Zeitungsberichte zu dem in der Novelle erwähnten Bundestreffen der Ritterkreuzträger in Regensburg (1959), des Autors Wahlkampfrede »Von der Wut über den verlorenen Milchpfennig« (1967) und die Ansprache des schleswig-holsteinischen Kultusministers Prof. Braun bei der Übergabe des deutschen U-Bootes »U-995« an den Deutschen Marinebund (2. 10. 1971).

3. Bundes- und verbandspolitische Reaktionen auf die Novellenverfilmung: ein Kommentar der Wochenschrift »Der Spiegel« (26. 12. 1966), das Protokoll einer Anfrage im Bundestag (27. 1. 1967) und das Grundsatzreferat von der Protestveranstaltung des »Frankfurter Kreises deutscher Soldaten« (12. 12. 1967).

Ordensgeschichte

a) Verordnung des Führers und Reichskanzlers über die Erneuerung des Eisernen Kreuzes

Vom 1. September 1939 (RGBl. I S. 1573)

Nachdem ich mich entschlossen habe, das deutsche Volk zur Abwehr gegen die ihm drohenden Angriffe zu den Waffen zu rufen, erneuere ich eingedenk der heldenmütigen Kämpfe, die Deutschlands Söhne in den früheren großen Kriegen zum Schutze der Heimat bestanden haben, den Orden des Eisernen Kreuzes*.

* Die *Stiftung des Eisernen Kreuzes* erfolgte durch König Friedrich Wilhelm III. von Preußen am 10. 3. 1813 für die Dauer des Krieges zur Belohnung von Kriegsverdiensten ohne Unterschied des Dienstgrades, des Ranges und des Standes in drei Stufen: 2. Klasse, 1. Klasse und Großkreuz. Entworfen war das E. K. von K. F. Schinkel. 1870 und 1914 wurde das E. K. für die Kriegsdauer erneuert. Die in den Befreiungskriegen verliehenen schwarzen gußeisernen, mit Silber eingefaßten Kreuze tragen den gekrönten Namenszug FW über der Jahreszahl 1813, die Kreuze von 1870/71 den gekrönten Namenszug W über der Jahreszahl 1870. Von den letzteren unterscheiden sich die Kreuze von 1914 nur durch die Jahreszahl 1914. Für Verdienste vor dem Feind wurde das E. K. am schwarzweißen Band, für andere Kriegsverdienste am weißschwarzen Band verliehen. *Großkreuze* sind insgesamt verliehen worden: 1813/15 fünf, 1870/71 neun und 1914/18 nur fünf. Nach dem Sieg bei Waterloo (18. 6. 1815) wurde dem Feldmarschall Blücher ein besonderes Ehrenzeichen in Form eines goldenen Sterns, auf dem das E. K. liegt, verliehen. Nach Blücher hat nur noch Generalfeldmarschall von Hindenburg diese Auszeichnung (*Blücherkreuz*) erhalten.

Art. 1. Das Eiserne Kreuz wird in folgender Abstufung und Reihenfolge verliehen:

Eisernes Kreuz 2. Klasse,

Eisernes Kreuz 1. Klasse,

Ritterkreuz des Eisernen Kreuzes,

Großkreuz des Eisernen Kreuzes.

Art. 2. (1) Das Eiserne Kreuz wird ausschließlich für besondere Tapferkeit vor dem Feinde und für hervorragende Verdienste in der Truppenführung verliehen.

(2) Die Verleihung einer höheren Klasse setzt den Besitz der vorangehenden Klasse voraus.

Art. 3. Die Verleihung des Großkreuzes behalte ich mir vor für überragende Taten, die den Verlauf des Krieges entscheidend beeinflussen.

Art. 4. (1) Die 2. Klasse und die 1. Klasse des Eisernen Kreuzes gleichen in Größe und Ausführung den bisherigen mit der Maßgabe, daß auf der Vorderseite das Hakenkreuz und die Jahreszahl 1939 angebracht sind.

(2) Die 2. Klasse wird an einem schwarz-weiß-rotem Bande im Knopfloch oder an der Schnalle, die 1. Klasse ohne Band auf der linken Brustseite getragen.

(3) Das Ritterkreuz ist größer als das Eiserne Kreuz 1. Klasse und wird am Halse mit schwarz-weiß-rotem Bande getragen.

(4) Das Großkreuz ist etwa doppelt so groß wie das Eiserne Kreuz 1. Klasse, hat an Stelle der silbernen eine goldene Einfassung und wird am Halse an einem breiteren schwarz-weiß-roten Bande getragen.

Art. 5. Ist der Beliehene schon im Besitz einer oder beider Klassen des Eisernen Kreuzes des Weltkrieges, so erhält er an Stelle eines zweiten Kreuzes eine silberne Spange mit dem Hoheitszeichen und der Jahreszahl 1939 zu dem Eisernen Kreuz des Weltkrieges verliehen; die Spange wird beim Eisernen Kreuz 2. Klasse auf dem Bande getragen, beim Eisernen Kreuz 1. Klasse über dem Kreuz angesteckt*.

---

* a) *Trageweise der Spange* zum E. K. II. (Weltkrieg) (Erlaß des OKW. vom 21. 9. 1939):

Zu Art. 5 der VO. vom 1. 9. 1939 wird mitgeteilt:

Die Spange zum E. K. II. (Weltkrieg) wird auf dem mitgelieferten (schwarz-weißen) Band befestigt und das Band im zweiten Knopfloch getragen.

b) Trageweise des *Ritterkreuzes* des E. K. (Erl. Ob. d. L. vom 13. 11.

Art. 6. Der Beliehene erhält eine Besitzurkunde.

Art. 7. Das Eiserne Kreuz verbleibt nach Ableben des Beliehenen als Erinnerungsstück den Hinterbliebenen.

Art. 8. Die Durchführungsbestimmungen erläßt der Chef des Oberkommandos der Wehrmacht im Einvernehmen mit dem Staatsminister und Chef der Präsidialkanzlei.

b) Durchführungsbestimmungen
des Chefs des Oberkommandos der Wehrmacht
zur VO. über die Erneuerung des Eisernen Kreuzes

Vom 1. September 1939 (HVBl. 1939, Teil A S. 66)

Auf Grund des Art. 8 der VO. des Führers und Reichskanzlers über die Erneuerung des Eisernen Kreuzes vom 1. September 1939 (RGBl. I S. 1573) wird angeordnet:

1. Vorschläge für die Verleihung des Ritterkreuzes sind über das Oberkommando der Wehrmacht dem Führer zur Entscheidung vorzulegen.

2. Die 1. und 2. Klasse des Eisernen Kreuzes und die Spange (Art. 5 der VO.) werden im Namen des Führers durch die Oberbefehlshaber der drei Wehrmachtteile und den Chef des Oberkommandos der Wehrmacht, jeder für seinen Bereich, verliehen.

Die Oberbefehlshaber der Wehrmacht sind ermächtigt, die Verleihungsbefugnis bis zu den Divisionskommandeuren und Kommandeuren in entsprechender Dienststellung zu übertragen.

Es wird betont, daß nach der ausdrücklichen Willensmeinung des Führers das Eiserne Kreuz *ausschließlich* für besondere *Tapferkeit vor dem Feind* und für hervorragende Dienste in der *Truppenführung* zu verleihen ist.

Die Schaffung einer besonderen Auszeichnung für verdienstvolle Tätigkeit, auf die die Voraussetzungen für Verleihung des Eisernen Kreuzes nicht zutreffen, bleibt vorbehalten.

Im Gegensatz zur Verleihungsweise im Weltkrieg kommt eine Verleihung für sonstige Verdienste nach Art des Eisernen Kreuzes am weiß-schwarzen Bande *nicht* in Frage.

3. Die Zuteilung der Ehrenzeichen für die einzelnen Verbände regeln die Wehrmachtteile.

1939): Das Ritterkreuz des E. K. ist – wie der Orden Pour le mérite – zu allen Anzugsarten (außer zum Sportanzug) zu tragen.

4. Der Bedarf an Ehrenzeichen ist bei der Präsidialkanzlei des Führers und Reichskanzlers, Berlin W 8, Voßstr. 4, unmittelbar durch die Oberbefehlshaber der Wehrmachtteile anzufordern.

5. Vordrucke der Vorschlagslisten und der Besitzurkunden sind bei der Reichsdruckerei erhältlich.

6. Die Verleihungsvorschläge sind einzureichen vom Kompanie- usw. -Führer an aufwärts.

7. Die Verleihungsvorschläge sind listenförmig nach Klassen geordnet aufzustellen.

8. Die Verleihungsvorschläge haben zu enthalten:
   1. den Zunamen des zu Beleihenden,
   2. seinen Vornamen (Rufname),
   3. Geburtsort und -Tag,
   4. Dienstgrad,
   5. Truppenteil,
   6. kurze Begründung und Stellungnahme der Zwischenvorgesetzten.

9. Die Besitzurkunden haben wie Anlage 3 und 4 zu lauten. Für das Großkreuz erfolgt Sonderregelung durch den Staatsminister und Chef der Präsidialkanzlei des Führers und Reichskanzlers.

10. Die Besitzurkunden für das Ritterkreuz sind in Maschinenschrift der Präsidialkanzlei des Führers vorzulegen. Die Besitzurkunden für die 1. und 2. Klasse des Kreuzes sowie für die Spange (Art. 5 der VO.) werden von den verleihenden Dienststellen (Ziff. 2) ausgestellt.

11. Die Verleihung ist in das Wehrstammbuch, den Wehrpaß, die Kriegsstammrolle, die Kriegsrangliste, die Personalpapiere der Offiziere usw. einzutragen.

12. Die Oberkommandos der Wehrmachtteile und das Oberkommando der Wehrmacht für seinen Bereich stellen die karteimäßige Erfassung aller erfolgten Verleihungen sicher.

c) Zusätze
des Oberbefehlshabers des Heeres zu den Durchführungsbestimmungen zur VO. über die Erneuerung des E. K.

Vom 1. September 1939 (HVBl. 1939 Teil A S. 67)

Zu 1:

Die Vorschläge sind in doppelter Ausfertigung auf dem Dienstwege mit persönlicher Stellungnahme der Zwischenvorgesetzten dem Oberkommando des Heeres – Heerespersonalamt – vorzulegen.

Zu 2:   A.

In *erster Linie wird Tapferkeit vor dem Feinde* unter unmittelbarer Feindeinwirkung ausgezeichnet.
Darüber hinaus können hervorragende Verdienste in der Truppenführung belohnt werden. Hierfür kommen zunächst der Truppenführer und sein erster Berater in Frage.
Berücksichtigung weiterer bewährter Gehilfen in der Truppenführung ist erst bei längerer Dauer der Kriegshandlungen vorzusehen.

B.

I. Mit der Verleihung des Eisernen Kreuzes 1. und 2. Klasse beauftrage ich
a) die Divisionskommandeure für ihren Stab und ihre Truppen,
b) die Kommandierenden Generale für ihre Stäbe und die Korpstruppen,
c) die Oberbefehlshaber der Armeen für ihre Stäbe und die Armeentruppen,
d) die Oberbefehlshaber der Heeresgruppen für ihre Stäbe und die Heeresgruppen.
II. Die Verleihung an Angehörige des OKH. sowie mir unmittelbar unterstellte Dienststellen und Heerestruppen behalte ich mir vor.
III. Mit der Verleihung des Eisernen Kreuzes 1. und 2. Klasse für die dem Heer unterstellten Verbände der Luftwaffe wird im Einvernehmen mit dem Reichsminister der Luftfahrt und Oberbefehlshaber der Luftwaffe der General der Luftwaffe beim Oberkommando des Heeres beauftragt. Die Luftwaffenverbände haben dementsprechend Verleihungsvorschläge über ihre Truppenvorgesetzten an ihren Waffenvorgesetzten Koluft zu leiten, der sie dem General der Luftwaffe beim Oberkommando des Heeres vorzulegen hat.

Zu 3:

Den Heeresgruppenkommandos und Armeeoberkommandos werden vom Oberkommando des Heeres eine Anzahl EK. I und II überwiesen. Der von den Divisionen und General-

kommandos benötigte Bedarf ist rechtzeitig bei den Armee-
oberkommandos anzufordern.
Die Armeeoberkommandos haben stets einen genügenden
Vorrat bereitzuhalten. Ersatz ist beim Oberkommando des
Heeres – Heerespersonalamt – anzufordern.
Es muß angestrebt werden, besondere Verdienste ohne Zeit-
verlust zu belohnen.

Zu 5:

a) Die Vorschlagslisten sind nach dem gegebenen Muster von
den in Frage kommenden Dienststellen anzufertigen;
b) die Besitzurkunden werden mit den Auszeichnungen (s.
Ziff. 3) übersandt.
Soweit Besitzurkunden nicht gleichzeitig mit den Auszeichnungen ausgehändigt werden können, sind »Vorläufige Be-
sitzzeugnisse« in einfachster Form von der aushändigenden
Dienststelle auszustellen und mit Dienststempel zu verse-
hen.

Zu 7:

Am 15. und 30. jeden Monats sind von den Verleihungs-
dienststellen nach Truppenteilen getrennt und nach Klassen
geordnet Verleihungslisten auf dem Dienstwege in Maschinenschrift dem Oberkommando des Heeres – Heerespersonalamt – einzureichen.

Zu 10:

Die Besitzurkunden für das Ritterkreuz werden vom Oberkommando des Heeres ausgefertigt und der Präsidialkanzlei
des Führers vorgelegt.

> (Zitiert nach Hanns Dombrowski (Hrsg.): Or-
> den, Ehrenzeichen und Titel des nationalsozia-
> listischen Deutschlands. Textausgabe. Berlin:
> Vahlen 1940. S. 153–160)

Werner Otto H ü t t e :

Verleihungsrichtlinien des Ritterkreuzes, die mit seinem Besitz verbundenen Privilegien und seine Erweiterungen im Verlauf des Krieges

Für die Verleihung des Ritterkreuzes, das den sehr großen
Abstand zwischen Eisernem Kreuz erster Klasse und Groß-

kreuz verringerte, waren die besprochenen Durchführungsbestimmungen des Oberkommandos der Wehrmacht vom 1.
September 1939 und die vom Oberbefehlshaber des Heeres
zur gleichen Zeit erlassenen Zusätze maßgeblich. Nach den
Richtlinien des Oberkommandos der Wehrmacht waren
»Vorschläge zur Verleihung des Ritterkreuzes über das Oberkommando der Wehrmacht dem Führer zur Entscheidung
vorzulegen«. Ergänzend dazu stellte die Verfügung des
Oberbefehlshabers des Heeres fest, daß »die Besitzurkunden
für das Ritterkreuz vom Oberbefehlshaber des Heeres (bzw.
Oberbefehlshaber der Kriegsmarine und der Luftwaffe) an-
gefertigt und der Präsidialkanzlei des Führers vorgelegt«
wurden. Im übrigen unterschied sich das Verleihungsverfah-
ren des Ritterkreuzes kaum von den Verleihungsrichtlinien
des Eisernen Kreuzes, jedoch entsprach es dem Niveau des
Ritterkreuzes, wenn Hitler als »Führer« und Oberster Befehlshaber der Wehrmacht im einzelnen über die Vorschläge
der Wehrmachtteile entschied. Während das Eiserne Kreuz
erster und zweiter Klasse im Namen des »Führers« von den
mit der Verleihung beauftragten Dienststellen ausgegeben
wurde, verlieh der »Führer« und Oberste Befehlshaber der
Wehrmacht im Namen des Deutschen Volkes das Ritterkreuz zum Eisernen Kreuz.
Die hohe Auszeichnung wurde ausschließlich für hervorragende Tapferkeit und weit überdurchschnittliche Verdienste
in der Truppenführung verliehen. Überragende Tapferkeit
bedeutete eine kampfentscheidende Leistung, die sich durch
selbständigen Entschluß und außergewöhnlichen Erfolg
charakterisierte. Grundlage für die Erringung der Auszeichnung im Rahmen der Truppen- und Kampfführung war der
militärische Erfolg, der sich in entscheidender Weise auf eine
übergeordnete Einheit auswirken mußte.
Eine ihrer niederen bzw. mittleren Dienststellung angemessene Sonderregelung war für Soldaten vom Schützen bis
Kompanieführer erlassen. Bei den Verleihungsvorschlägen
zum Ritterkreuz war ihr Dienstgrad und ihre Dienststellung
insofern zu berücksichtigen, als auch Einzelhandlungen von
bedeutendem örtlichen Erfolg als Vorteil für das Ganze gewertet und durch Verleihung des Ritterkreuzes anerkannt
werden konnten. Bei der Auswahl der zum Ritterkreuz Vorgeschlagenen war nur die Leistung, nicht der Rang in der

militärischen Hierarchie zu berücksichtigen. Dabei mußten Offiziere höheren Leistungen gerecht werden als Unteroffiziere, und diesen wurde mehr abverlangt als Mannschaften.

Für die Einreichung der Verleihungsvorschläge zum Ritterkreuz erarbeitete das Oberkommando des Heeres im Einvernehmen mit der Präsidialkanzlei genaueste Richtlinien. Danach waren bei der Aufstellung eines Ritterkreuzvorschlages folgende Gesichtspunkte zu beachten:

»Der Vorschlag hat sofort mit dem Kernpunkt der geschilderten Tat zu beginnen. Lange ausführliche Berichte über frühere Taten, die mit dem Vorschlag selber nichts zu tun haben, sind fortzulassen.

Kurze Gefechtsberichte mit klaren, einfachen Skizzen können zur Erläuterung der Tapferkeitstaten beigefügt werden. Auf sie würde in der Begründung des Vorschlages hinzuweisen sein. Weitere Ausführungen in der Begründung erübrigen sich dann.

Bisherige Verwendung und frühere besondere Leistungen sind nur in Stichworten anzugeben.

Eine Beurteilung der Persönlichkeit gehört in keinem Fall in einen Ritterkreuzvorschlag.

Zu schildern ist die *Tat*. Der eigene selbständige Entschluß muß klar zum Ausdruck kommen. Als Ergebnis der Durchführung ist der eigene ausschlaggebende Erfolg für die Kampfführung darzustellen.

Für die Verleihung des Ritterkreuzes ist erste Voraussetzung hervorragende persönliche Tapferkeit des Vorgeschlagenen, nicht die tapfere Haltung der Truppe.

Vorschläge für hervorragende Verdienste in der Truppenführung sind nur für den verantwortlichen Truppenführer selbst vorzulegen. Sie kommen bei Führungsgehilfen nur dann in Frage, wenn der vorzuschlagende Offizier bei Abwesenheit des verantwortlichen Führers selbständig einen schlachtentscheidenden Entschluß gefaßt hat.«

War der zum Ritterkreuz Vorgeschlagene noch nicht im Besitz des Eisernen Kreuzes erster und zweiter Klasse, so wurden gleichzeitig mit dem Ritterkreuz die beiden unteren Stufen verliehen. Der Ausgezeichnete erhielt zum Ritterkreuz ein provisorisches Besitzzeugnis, da die in eine Ledermappe gebundene aus Pergament bestehende Besitzurkunde infolge ihres Umfanges zur Verschickung an die Front nicht

geeignet war; die Besitzurkunde, die der »Führer« persönlich unterzeichnet hatte, wurde den Angehörigen des Ausgezeichneten zugeschickt.
Mit dem Besitz des Ritterkreuzes waren für den Inhaber
gewisse Privilegien verbunden. So wurde ihm unter anderem die Benutzung der Schnell- und Eilzüge gestattet. Allen
Trägern des Ritterkreuzes hatten die militärischen Posten
mit (ungeladenem) Gewehr die Ehrenbezeigung durch Still-
stehen mit präsentiertem Gewehr zu erweisen. Daneben
konnten in besonderen Fällen Beförderungen ausgesprochen
werden, die in erster Linie Offiziere vom Range eines Leutnants bis einschließlich Hauptmann betrafen, jedoch auch
Mannschaften und Unteroffiziere nicht unberücksichtigt lie-
ßen. Zu diesen auf den militärischen Bereich beschränkten
Vorrechten erließ das Oberkommando der Wehrmacht am
27. Juli 1941 eine Verfügung über die Betreuung der Ritterkreuzträger und ihrer Hinterbliebenen. Darin heißt es, »die
im Namen des Volkes erfolgte Auszeichnung verpflichtet
die Nation zur Dankbarkeit gegenüber den Inhabern des
Ritterkreuzes des Eisernen Kreuzes 1939 (Ritterkreuzträger).« In diesem Sinne wurden Maßnahmen mit der Absicht erlassen, wirtschaftliche Notlagen zu verhindern, zu
beseitigen und zu mildern. So unterstützten die Wehrmacht-
fürsorge- und Versorgungsämter »in angemessenen Grenzen«
die durch eine Umschulung bedingten finanziellen Belastun-
gen. Über die Gewährung eines Ehrensoldes nach dem Vorbild einiger früherer Militärorden sollte nach Kriegsende
entschieden werden.
Beim Tode eines Ritterkreuzträgers mußte gemäß Heeres-
dienstvorschrift 131 Ziffer 352 c eine Trauerparade gestellt
werden, falls nicht ein Staatsbegräbnis angeordnet wurde.
Ferner war die Todesnachricht unter Würdigung der Persönlichkeit durch die allgemeine und Wehrmachtpresse sowie
den Rundfunk der Öffentlichkeit bekannt zu machen. Für
Beerdigung, Ausstattung und Pflege einer würdigen Grab-
stätte übernahm die Wehrmacht die entstehenden Kosten.
Der »Führer« beanspruchte für sich das Entscheidungsrecht,
ob beim Tode eines Trägers des Ritterkreuzes in seinem
Auftrag ein Kranz niederzulegen war.
Zuzüglich zu diesen Vorrechten, die sich auf den Bereich der
wirtschaftlichen Unterstützung und der Ehrungen vor und

nach dem Tode bezogen, erfreuten sich Inhaber des Ritterkreuzes eines Privilegs, das ihnen bezüglich der Bekleidungsvorschrift eine nicht unerhebliche Sonderstellung einräumte. Offizieren, Unteroffizieren und Mannschaften stand das Recht zu, die beiden oberen Knöpfe ihres Mantels offen zu lassen, um das Ritterkreuz sichtbar zu tragen. Besaß der Träger des Ritterkreuzes noch einen anderen Halsorden, beispielsweise den Pour le Mérite des Ersten Weltkrieges, so war nach einer Verfügung des Oberkommandos der Wehrmacht vom 24. Juni 1940 »das Ritterkreuz des Eisernen Kreuzes über dem Pour le Mérite und sonstigen Halsorden zu tragen«.

Mit zunehmender Kriegsdauer erwies sich die Einteilung des Eisernen Kreuzes in eine zweite und erste Klasse sowie ein Ritterkreuz und Großkreuz als nicht ausreichend. War ein Soldat im Besitz des Ritterkreuzes, so konnte ihm bei erneutem außerordentlichen Verdienst praktisch keine weitere Auszeichnung mehr verliehen werden, da die Statuten von 1939 die Verleihung des Großkreuzes auf kriegsentscheidende Erfolge beschränkten. Es boten sich verschiedene Möglichkeiten an, so die Stiftung einer vollends neuen Auszeichnung oder die Erweiterung des Eisernen Kreuzes. Die Gründung eines neuen Ordens zur Anerkennung des militärischen Verdienstes an der Front und in der Truppenführung erschien unzweckmäßig, da Hitler das Eiserne Kreuz als *den* Tapferkeitsorden der Wehrmacht betrachtete. Die Anfügung einer dritten und vierten Stufe wäre unsinnig gewesen, da die zweite Klasse ohnehin die niedrigste war – es sei denn, die Gesamtstruktur des Ordens wäre radikal verändert worden. Folglich kam, da am Sinn des Großkreuzes ebenfalls nichts verformt werden durfte, für eine Erweiterung nur das Ritterkreuz in Frage. Dabei griff man auf verschiedene Embleme des früheren deutschen Ordenswesens zurück, indem man das Ritterkreuz zunächst mit Eichenlaub, in den folgenden Jahren zusätzlich mit Schwertern und Brillanten ausschmückte und schließlich ein Goldenes Eichenlaub stiftete.

Die erste Ergänzung des Ritterkreuzes datierte vom 3. Juni 1940. Für die Verleihung des Eichenlaubes, der Schwerter zum Eichenlaub und der Brillanten zum Eichenlaub mit Schwertern, deren Stiftung am 28. September 1941 erfolgte, waren folgende Richtlinien verbindlich: als Grundlage für die Verleihung des Eichenlaubes dienten mehrmalige überragende Tapferkeitstaten oder eine außergewöhnliche Führungsleistung im Rahmen der Dienststellung und des Dienstgrades. Als Maßstab wurde im allgemeinen eine solche Tat angesehen, die abermals durch die Verleihung des Ritterkreuzes ausgezeichnet worden wäre. Die Auszeichnung mit den Schwertern setzte den Besitz des Eichenlaubes voraus; sie erfolgte bei wiederholtem und gesteigertem Verdienst.

Den Adjutanten der Divisionen und höheren Kommandostäben war aufgetragen, die Tapferkeitstaten der Träger des Ritterkreuzes genauestens zu registrieren. Bei der Einreichung des Vorschlages zur nächsthöheren Stufe waren diese Vermerke als Unterlagen für die Bewertung heranzuziehen. Bei gegebener Gelegenheit, anläßlich einer Dienstreise oder Heimaturlaubes, hatten sich die mit Eichenlaub, Schwertern oder Brillanten ausgezeichneten Soldaten dem Heeres im Personalamt des Oberkommando des Heeres vorzustellen. Das Oberkommando des Heeres unterrichtete das Ordensbüro beim »Führer«, der die hohen Auszeichnungen zusammen mit den Besitzurkunden auf einem Empfang in der Reichskanzlei überreichte.

Die dritte Verordnung zur Änderung der Verordnung über die Erneuerung des Eisernen Kreuzes wurde am 29. Dezember 1944 erlassen und am 22. Januar 1945 veröffentlicht. Nach dem Willen des Stifters sollte das Ritterkreuz des Eisernen Kreuzes mit dem Goldenen Eichenlaub mit Schwertern und Brillanten »nur zwölfmal verliehen werden, um höchst bewährte Einzelkämpfer, die mit allen Stufen des Ritterkreuzes des Eisernen Kreuzes ausgezeichnet sind, vor dem Deutschen Volk besonders zu ehren«.

(Hütte: Die Geschichte des Eisernen Kreuzes und seine Bedeutung für das preußische und deutsche Auszeichnungswesen von 1813 bis zur Gegenwart. Diss. Bonn 1968. S. 113–117)

Bundestreffen der Ritterkreuzträger: »die Tradition zu wahren und die Kameradschaft zu pflegen«

Etwa 350 Gäste aus der Bundesrepublik waren anwesend / Festfeier im Reichssaal / Gedenken an die Gefallenen unter den Linden

h. Mit einem überdimensionalen Ritterkreuz hatte die organisierende Landesgruppe Bayern unter Hauptmann a. D.

Haschberger aus Regensburg die Bühne des Kolpingssaals
milieugerecht in das Blickfeld des Bundestreffens der »Gemeinschaft der Ritterkreuzträger« gerückt. Davor spielte das
Musikkorps der 4. Panzergrenadierdivision unter Hauptmann Schwander Marsch auf Marsch; denn – so sagte der
erste Vorsitzende, Generalmajor a. D. Niemack – »wie gäbe
es ein Fest alter Soldaten ohne soldatische Weisen«. Unge-
wollter Star des Treffens, obwohl ganz im Hintergrund
sitzend, war Sepp Dietrich. Jovial und sympathisch lächelte
er in die Linsen der Kameras der Fotografen und Wochenschauleute, bereitwillig kam er dem Wunsch ehemaliger Kameraden entgegen, wenn er gebeten wurde, den ersten Ehren-
schluck aus ihrem Bierglas zu nehmen, oder hob sein Glas,
wenn ihm von einem anderen Tisch aus, das Glas zum dritten oberen imaginären Uniformknopf erhoben, zugeprostet
wurde. Neben diesem Kameradschaftsabend brachte das
Bundestreffen nach den organisatorischen Formalitäten einen
Vortrag des Schweizer Generalstabschefs Frick, einen Empfang durch die Stadt, eine Gefallenenehrung und eine Fahrt
zur Walhalla.

»Wir tragen unser Ritterkreuz nicht nur, damit es uns immer gemahne, in ritterlichem Sinn unsere Pflicht zu tun,
sondern in erster Linie für die Leistungen unserer Kameraden.« So sagte Horst Niemack bei der Gedenkfeier am Eh-
renmal unter den Linden, bevor er einen Kranz niederlegte. Vor ihm charakterisierte Divisionspfarrer Max Seidel
das Zeichen des Kreuzes als Symbol des Sieges und der Ehre.
Wie kam es, so fragte er, daß die damals Regierenden das
Kreuzzeichen, das sie aus den Schulen entfernt hätten, dennoch als Sieges- und Ehrenzeichen hätten benützen müssen?
Und er gab – dem Sinne nach – die Antwort, daß jener Ge-
kreuzigte nicht Ruhm gesucht, nicht an sich selbst gedacht,
sondern denen habe Trost geben wollen, für die er gelitten
habe. Der Wert des Kreuzes läge darin, dem nachzufolgen,
der das Schmachzeichen des Kreuzes zum Siegeszeichen gemacht habe. Für manchen Ritterkreuzträger sei die eigentliche Bewährungsprobe die Zeit nach dem Krieg gewesen,
wo es keinen Ruhm bedeutet habe, dieses Zeichen zu besitzen. »Viele von Ihnen haben diese Bewährungsprobe bestanden.« Die letzte Ehre aber habe ein ganz anderer zu verge-
ben, der wisse wofür, warum und wie wir gekämpft hätten;

»denn er sieht in das Herz«. Ähnlich deutete auch der katholische Divisionspfarrer Sachsenhauser den Sinn des Opfers der Gefallenen, als er meinte: »Es ist die Haltung unserer Gefallenen, die Leistung unserer Kameraden, die anerkannt, rein und heilig ist im Widerstreit der sonstigen Meinungen.«

Beim Kameradschaftsabend in unserer Stadt, die mit etwa 350 Ritterkreuzträgern die bisher meisten Inhaber dieser höchsten Auszeichnung bei einem Treffen in ihren Mauern versammelte, stellte General Pemsel den ehemaligen Generalfeldmarschall Erwin Rommel, der den »Giftbecher« der Nazis leeren mußte, als Symbol des ritterlichen Soldaten heraus. »Rommel verkörpert für alle Zeiten das hohe Soldatentum, dessen sittliche Werte es weiterzutragen gilt, mit dem Herzen, mit dem Verstand und mit unserem Einstehen.« Im übrigen war der Abend ganz auf den Zweck der »Gemeinschaft der Ritterkreuzträger« abgestellt: die Tradition zu wahren und die alte Kameradschaft zu pflegen. Draußen vor dem Saal packten inzwischen die fliegenden Buch- und Ordenshändler ihre Stände zusammen. Mancher der Gäste hatte sich hier noch das nachgebildete Ritterkreuz, in einen kleinen runden Handspiegel blickend, für 27,50 Mark in normaler und für 37,50 Mark in versilberter Ausführung, unter dem Hemdkragen anlegen lassen.

Die Feierstunde im Reichssaal wurde vor den Ehrengästen, Regierungspräsident Dr. Georg Zizler und den Generalen Pemsel, Übelhack und Thilo – auch Erzherzog Josef war am Nachmittag anwesend –, mit einem Streichquartettsatz von Josef Haydn eröffnet. Mit seinen Variationen aus dem Kaiserquartett – die Gäste vermuteten in ihnen irrtümlich die Nationalhymne und erhoben sich von den Sitzen – wurde sie abgeschlossen. Oberbürgermeister Rudolf Schlichtinger wies, nach einer persönlichen Einflechtung, im Gedanken an Kriegsauszeichnungen auf den Unterschied zwischen Regime und Vaterland hin, der nunmehr allgemein bekannt sei. »Ich möchte Sie bitten, so wie Sie im letzten Krieg dem Vaterland gedient haben, auch heute wieder dem deutschen Volk im Frieden zu dienen.«

(Mittelbayerische Zeitung, Regensburg,
26. 10. 1959)

Großes Treffen unter dem Zeichen des Ritterkreuzes

K. u. k. Erzherzog und 50 Generale in Regensburg – Ehrung der
Gefallenen – »Hilfswerk Ritterkreuz« gegründet

la. 254 Träger des Ritterkreuzes, vom Eichenlaub mit
Schwertern und Brillanten bis zum einfachen Ritterkreuz,
trafen sich an diesem Wochenende in Regensburg zur Gene-
ralversammlung der »Gemeinschaft der Ritterkreuzträger«.
Unter ihnen befanden sich etwa 50 Generale. Ehrengast war
die über 90 Jahre alte Kaiserliche Hoheit, der k. u. k. Feldmarschall Erzherzog Joseph aus Österreich. Unbestrittener
Star der Wochenschauleute und Kameramänner war der
ehemalige Kommandeur der »Leibstandarte Adolf Hitler«,
SS-General Sepp Dietrich. Die Tagungsteilnehmer trugen
ihre Orden zum Frack oder dunklen Anzug. Bundesverteidi-
gungsminister Franz Josef Strauß, der für ein Referat vorge-
sehen war, konnte nicht kommen. Er wurde vom Befehlshaber des Wehrbereichs VI, Generalmajor Paul Reichelt,
vertreten, der auch die Grüße der bayerischen Staatsregie-
rung überbrachte.
Auf der Jahreshauptversammlung am Samstag nachmittag
wurden hauptsächlich verbandsinterne Fragen besprochen.
Das »Hilfswerk Ritterkreuz« wurde gegründet. Es hat den
Zweck, notleidenden Inhabern dieser Auszeichnung zu helfen. Im Namen der Stadt wurden die Ritterkreuzträger im
Historischen Reichssaal von Oberbürgermeister Schlichtinger
begrüßt.
In einem Presseempfang wurde erklärt, daß die Gemeinschaft der Ritterkreuzträger jetzt ungefähr 1000 Mitglieder
habe. Zweck der Gemeinschaft sei die Wahrung der Tradition und der Kameradschaft. Ferner wurde gesagt, daß die
»soldatischen Tugenden« besonders gepflegt werden sollen.
Anstelle von Minister Strauß sprach am Samstag im Kolpinghaus der Schweizer Oberstkorpskommandant General-
stabschef a. D. Frick. Er gab einen Überblick über die historische Entwicklung und den gegenwärtigen Stand des
Militärs in der Schweiz. Die Ritterkreuzträger bedachten
die Ausführungen über die Wehrfreudigkeit der Schweizer
Bürger mit besonderem Beifall. Frick sagte, daß für das
Militär in der Schweiz im Jahr 1957 rund 930 Millionen

Franken ausgegeben wurden. Das sind 182 Franken pro Kopf der Bevölkerung oder 41,6 Prozent der gesamten Bundesausgaben. 1958 betrugen die Ausgaben bereits über eine Milliarde.

Der Redner führte alle Vorteile des Milizsystems gegenüber dem stehenden Heer an, betonte aber, daß es nicht in allen Ländern durchführbar sei. Eine Kampagne gegen die Bestrebung, das Land mit Atomwaffen auszurüsten, finde in der Schweiz keinen Anklang. So haben sich auch 35 führende Schweizer Sozialdemokraten für die Atombewaffnung ausgesprochen.

Zu einem Kameradschaftsabend am Samstag abend im Kolpingsaal war auch der Kommandeur des 2. Korps, General Max Pemsel, erschienen. Er erklärte, daß er von einer einseitigen Abrüstung nichts halte. Seine Haltung umschrieb er mit Versen von Wilhelm Busch: ». . . und trotzt getrost der ganzen Welt, bewaffnet, doch als Friedensheld.«

Mit einem Kranz, den der Erste Vorsitzende der Gemeinschaft, Generalmajor a. D. Horst Niemack, am Gefallenendenkmal »Unter den Linden« niederlegte, ehrten die Ritterkreuzträger die Toten der beiden letzten Weltkriege. Der katholische Divisionspfarrer Sachsenhauser sagte, daß die Haltung dieser Gefallenen rein und heilig sei. »Wenn es uns gelungen ist, den Soldaten in Schmerz und Leid einen religiösen Angelpunkt zu geben, dann soll uns das Genugtuung sein.«

Über die Bedeutung des Kreuzes sprach der evangelische Divisionspfarrer Seidl. Er erklärte, daß es erst seit 1500 Jahren ein Zeichen des Sieges sei. Ein Siegeszeichen sei es deshalb geworden, weil unter dem Kreuz nicht ein Mensch, sondern Gott mit der ganzen Menschheit gelitten habe. Generalmajor a. D. Niemack sagte, daß das Ritterkreuz zur Pflicht mahne. »Wir tragen das Kreuz in erster Linie für die Leistungen der Kameraden.« – Die Jahreshauptversammlung endete mit einer Fahrt zur Walhalla.

(Regensburger Tagesanzeiger, 26. 10. 1959)

Günter G r a s s :

Rede von der Wut über den verlorenen Milchpfennig

anläßlich der Landtagswahl in Schleswig-Holstein, März 1967

Meine Damen und Herren,
ich habe vor, ein Beethoven-Thema zu variieren, Beethovens
Wut über einen verlorenen Groschen.

Denn man sagte mir: Wer in Schleswig-Holstein zur Wahl
sprechen will, müsse über den Milchpfennig Bescheid wissen,
denn er, der Milchpfennig, und was mit ihm zwei- und
vierbeinig zusammenhängt, entscheide die Wahl; der Rest
sei mit einem nationalen Getöse zu bestreiten, dessen wa-
berndes Ungefähr zwischen der Burg des Herrn von Thadden
und dem geistigen Standort des Herrn von Hassel das Wetter bestimme.

Denn in der Tat: Nicht schlecht lebt die NPD von den
deutschnationalen Sprüchen der CDU. Von wem ist das,
»Nationale Würdelosigkeit«? Sprach so der Barzel, sprach
so der Otto Heß? Ja doch, ich werde polemisch. Mit Hilfe
des wahlüblichen Taktierens mag es der CDU womöglich
gelingen, die NPD rechts zu überholen und so die FDP
um ein halbes Prozent zu schmälern. Trotzdem sind Joachim
Steffen und mit ihm die SPD gut beraten, wenn sie die
Pleite einer verfehlten Landwirtschaftspolitik offenbar machen.

Dem Bürger in Schleswig-Holstein kann man mit Hilfe des
Milchpfennigs keine politische Erkenntnis mehr abkaufen:
Wir haben versagt. Wir sind pleite. Wir müssen uns offen-
baren. Wir sitzen auf einem ranzig werdenden Butterberg.

Warum diese harten Töne? Weil nach jahrelangem Tanz
um das Goldene Kalb nun die beginnende Rezession den
falschen Propheten von gestern Hoffnung auf morgen macht.
Es wäre billig, den Thielen-von-Thadden-Streit hier aufzu-
wärmen; diese Aufgabe überlasse ich gerne der NPD, zumal ihre Kostgänger Geschmack am Kohl von vorgestern
haben. Es kann auch nicht meine Aufgabe sein, sich selbst
zum Denkmal werdende Altnationalsozialisten und Deutsch-
nationale bekehren zu wollen. Wenn Joachim Steffen und
mit ihm die SPD in Schleswig-Holstein der Meinung ist,
Aufstieg und Fall der NPD lasse sich, wie dazumal der
Aufstieg und Fall der NSDAP, im Verhältnis zu steigenden

und fallenden Schweinepreisen ablesen, mag er recht haben, und ich traue Joachim Steffen zu, daß er an verantwortlicher Stelle mit dem Schweinepreis manches andere in den Griff bekommt, aber meines Vaters gebrannter Sohn ist vorsichtig genug, es nicht alleine aufs Preisgefälle ankommen zu lassen. Ich versuche, zum Neuwähler zu sprechen, denn erschreckenderweise ist es der NPD gelungen, jungen Menschen in diesem Land alte Hüte zu verkaufen. Und nur nebenbei war von Schweinepreisen und dem Milchpfennig die Rede. Zugegeben: Ich kann nicht melken. Zugegeben: Ich verstehe zu wenig von der Lage an der Milchfront. Herr Rehwinkel, mit dem ich eines gemein habe – wir schreiben beide Gedichte – ist mir, zugegeben, auf dem Gebiet der Milchkuhhaltung überlegen, daß aber der Milchpfennig wenig mit der Rentabilität der Kühe, wohl aber eine Menge mit dem Wählerwillen der Bauern zu tun hat, habe auch ich begriffen.

Der Milchpfennig ist heilig. Selbst Karl Schillers konzertierte Streichaktion wagte nicht, am Milchpfennig zu rühren. Der Milchpfennig ist tabu; tabu wie gestern noch die Gänsefüßchen backbord und steuerbord der DDR; tabu wie die Oder-Neiße-Grenze; tabu wie die Orden und Ehrenzeichen eines Krieges, dessen Folgen wir heute noch zu tragen haben. Alle wissen es: Der Milchpfennig ist ein aufgelegter Wahlschwindel. Alle wissen es: Die DDR existiert. Alle wissen es: Schlesien, Ostpreußen, Pommern sind vertan und verloren. Alle wissen es: Das Ritterkreuz belohnte militärische Leistungen, deren Ziele ein verbrecherisches System gesteckt hatte. Aber trotz des umfassenden Wissens stehen die heiligen indischen Kühe in unserer politischen Landschaft herum; sie fressen kaum wachsender Erkenntnis die Triebe ab. Wer an Milchpfennigen und Ritterkreuzen rührt, wird nationaler Würdelosigkeit bezichtigt.

Da meine Zeit begrenzt ist und unsere Statussymbole austauschbar sind, beschränke ich mich auf ein begrenztes und gleichwohl wichtiges Thema: Orden und Ehrenzeichen. Ich könnte genauso gut vom Milchpfennig reden, denn die Wut über den verlorenen Milchpfennig tritt ähnlich fäusteschüttelnd auf wie die Wut über das verlorene Ritterkreuz.

Die Bundesrepublik ist unter anderem reich an soldatischen Traditionsverbänden. Diese ehemaligen Angehörigen der

Wehrmacht, Marine, Luftwaffe und Waffen-SS haben vier
Jahre lang die Welt in Schrecken, Furcht und Staunen versetzt. Im Kaukasus hißten sie die Reichskriegsflagge. Unzu-
reichend bekleidet und ausgerüstet, hielten sie am Polar-
kreis die Murmansk-Front. Keine Wüste war ihnen zu
groß; sie stießen bis El Alamein vor. Deutsche U-Boote
machten die Karibische See unsicher. Mehr als ein Dutzend
europäischer Länder wurde militärisch erfolgreich heimge-
sucht und zu Zeugen solch erschreckender und, wie man zu
meinen geneigt ist, übermenschlicher Tapferkeit gemacht,
die sich in Rundfunksondermeldungen niederschlug. Ich bin
mit Sondermeldungen im Ohr aufgewachsen. Immer wieder
erlag ich dem Rausch der Erfolge. Tapferkeit, die ausschließlich an militärischen Leistungen gemessen wurde, ge-
riet meiner Generation zum Glücksbegriff. Es kam darauf
an, wie lange und gegen welche Übermacht, in welch
taktischem bis strategischem Zusammenhang eine Stellung
gehalten wurde. Es kam darauf an, wieviel Tausend-Brutto-
Registertonnen versenkt, wie viele feindliche Flugzeuge abgeschossen, wie viele Panzer geknackt wurden. Es gab Spe-
zialisten dieser Art Tapferkeit, sogenannte Asse, deren Bilder meine Generation tapferkeitssüchtig gesammelt hat.
Heute gibt es einen Traditionsverband Deutscher Ritterkreuzträger, der den überlebenden, also geringeren Teil der
Tapferkeitsspezialisten von Zeit zu Zeit versammelt. Dagegen wäre wenig zu sagen, wenn dieser Verband nicht
thesenhaft verkündete, diese militärische Tapferkeit habe
einen Sinn gehabt. Nun sind aber nachweislich Millionen
deutscher Soldaten sinnlos, also umsonst gefallen; Millionen Soldaten, die meinten, mit ihrer Tapferkeit »Führer«,
Volk und Vaterland« zu schützen, ja die gerechte Sache der
Deutschen in aller Welt zu verbreiten, dienten – auch das
ist erwiesen – dem organisierten Verbrechen. Die Mehr-
zahl der deutschen Soldaten wußte das nicht. Aber Unwissen-
heit gibt ihrem Tod am Wolchow, bei Tobruk oder in der
Normandie immer noch keinen Sinn; nur tragischer und
absurder wird die Sinnlosigkeit blindlings vollbrachter Opfer, wenn heute den Unwissenden von gestern das Ritterkreuz zum Milchpfennig wird.
Weiterhin meint der genannte Traditionsverband, die symbolische Ehre der deutschen Kriegsorden verteidigen zu

müssen. Dabei sind Orden und Ehrenzeichen von einer Reichsführung verliehen worden, die genau wußte, wie groß und zukunftsträchtig organisiert das geplante Verbrechen war, dem deutsche Soldaten mit ihrer sprichwörtlichen Tapferkeit den notwendigen Spielraum zu erkämpfen hatten. All das: die Massenerschießungen, die Vernichtungslager, die Euthanasie-Morde sind heute aktenkundig und unwiderlegt. Dennoch versuchen Traditionsverbände, wie jener der Ritterkreuzträger, den Tod ihrer Kameraden als Opfertod für das Vaterland zu deklarieren. Jede Kritik an der bewußten Verfälschung jüngster deutscher Geschichte wird von ihnen als Verhöhnung deutschen Soldatentums gewertet. Die Gefallenen von damals können sich gegen die Anmaßung der Traditionsverbände von heute nicht wehren. Wo aber, frage ich mich oft, lebt ein Ritterkreuzträger, der Reste seiner soldatischen Tapferkeit ins zivile Nachkriegsleben gerettet hat, der etwa dergestalt der Wahrheit das Wort reden könnte:

»Ja, ich habe erkannt, daß meine soldatische Leistung sinnlos gewesen ist. Ohne es zu wissen und zu wollen, half ich Verbrechern, die Zeit und Raum benötigten, ihren Mordanschlag an sechs Millionen Menschen zu organisieren und durchzuführen. Viermal bin ich verwundet worden. Ein Bein habe ich verloren. Bei Wetterumschlag schmerzt der Stumpf und erinnert mich. Ich lehne es ab, Orden zu tragen, die verliehen wurden, damit hinter unserm Rücken Mörder und ihre Gehilfen, denen wir alle Macht gegeben hatten, ihr Verbrechen ausbreiten und vollenden konnten!«

Aber so oder ähnlich hat bis heute kein Ritterkreuzträger in der Öffentlichkeit gesprochen. Die gleichen Leute, die nach der Kapitulation ihre Orden gegen amerikanische Zigaretten vertauschten, wollen heute die Jugend glauben machen, es handle sich bei dem einst hakenkreuzverzierten Metall um ein heiliges Symbol. Immer noch wird der militärischen Tapferkeit absolut ethischer Wert beigemessen. Meine These heißt: Angst vor dem Soldatentod zu haben und dieses Recht auf Angst konsequent zu verteidigen, verlangt Tapferkeit; diese Tapferkeit ist selten und bedarf keiner Orden und Ehrenzeichen.

Wir wissen, daß die Helden aller Kriege, hochdekoriert

und gefeiert, Angst gehabt haben; denn nur die Dummheit schließt Angst aus. Mut, auch Ehrgeiz mag ihnen geholfen haben, ihre Angst zu überwinden, durch militärische Leistung zu verdrängen. Doch heute haben die überlebenden Helden aller Blitzkriege und Abwehrschlachten mit ihren Uniformen den dekorierten Mut abgelegt. Zivil gekleidet sind sie nur noch an Stammtischen tapfer. Sie beugen sich einer Tradition, die ihnen die besten Jahre geraubt, die ihre Gesundheit zerrüttet hat, deren Verführung sie immer noch erliegen; wären sie nicht mächtig, so wären sie nur töricht. So aber, weil sie der anfälligen Demokratie in unserem Land gefährlich sind und weil sich die Toten dieser Vermessenheit nicht erwehren können, sei ihnen Widerstand geboten.

Meine Damen und Herren, ich sprach von falscher Traditionspflege. Hätte ich nur vom Milchpfennig sprechen sollen? Es wird Joachim Steffens Aufgabe sein, zu beweisen, inwieweit der Milchpfennig und ähnliche Statussymbole gleichfalls falsche Traditionspflege sind. Packen wir alles in die Schublade: Die Orden und Ehrenzeichen, den Milchpfennig und unsere Wiedervereinigungskerzen. Schließen wir gut ab, damit uns die Ladenhüter einer verfehlten und abermals verfehlten Politik nicht mehr im Wege stehen. Unser Land verlangt nach ziviler und nicht nach militärischer Tapferkeit.

Sie haben die Wahl.

(Grass: Über das Selbstverständliche. Reden, Aufsätze, Offene Briefe, Kommentare. Neuwied u. Berlin: Luchterhand 1968. S. 180–185)

Rede des schleswig-holsteinischen Kultusministers Professor Dr. Walter B r a u n, gehalten am 2. Oktober 1971 bei der Übergabe des von Norwegen als Museumsschiff an die Bundesrepublik Deutschland zurückgegebenen U-Bootes U 995:

»Ihnen allen, insbesondere dem Deutschen Marinebund, darf ich zu diesem festlichen Anlaß die herzlichen Grüße des Herrn Ministerpräsidenten Dr. Gerhard Stoltenberg und seines Kabinetts überbringen.

Wir freuen uns darüber, daß heute als Ergebnis jahrelanger Bemühungen der verantwortlichen Persönlichkeiten des Deutschen Marinebundes – auch und gerade in einer Zeit,

in der dies nach einem verlorenen Krieg sehr unpopulär war
– diese Übergabe des deutschen U-Bootes ›U 995‹ möglich
geworden ist.

Mit seinen Bemühungen hat der Deutsche Marinebund von
Anfang an nicht nur das Borderlebnis der Kameradschaft
weiter pflegen wollen, sondern er hat nüchtern und sachlich
auch die Zukunftsinteressen des deutschen Volkes gesehen.
Für die in aller Stille und unauffällig geleistete Arbeit
möchte ich Ihnen als Vertreter der schleswig-holsteinischen
Landesregierung den aufrichtigen Dank aussprechen. Die
Worte des damaligen Präsidenten des Deutschen Marine-
bundes anläßlich der zweiten offiziellen Übernahme des
Marine-Ehrenmales Laboe gelten auch für den heutigen
Tag. Er sagte:
›Dieses in seiner Größe und Gestaltung in der Welt einmalig
dastehende Marine-Ehrenmal soll fortan dem Gedenken
aller auf See gebliebenen Seeleute gewidmet sein.‹

Diesen Gedanken möchte ich gerne aufgreifen. Jeder unter
uns, der Gesinnung und Tat eins sein läßt, steht erschüttert
vor den Zeugnissen der Toten unseres Volkes in allen Be-
rufsschichten und Landschaften, unter den Soldaten, poli-
tisch Verfolgten, den Opfern der Bombennächte und der
Vertreibung aus dem Osten, die danach lebten und han-
delten, daß nicht derjenige Vorbild für die nachwachsende
Generation sein kann, der nur taktisch geschickt ist und sich
jeder Situation geschmeidig anzupassen weiß, sondern derjenige, der für seine Gesinnung auch das höchste Opfer zu
erbringen bereit ist.

Die Frage ist berechtigt: Ist die nachwachsende Generation,
ist die deutsche Jugend so eingestellt, daß die Opfer nicht
umsonst gewesen sind? War der Tod so vieler Brüder und
Schwestern von uns nur sinnlose Grausamkeit, oder hat sich
durch leidgeprüfte Erfahrungen eine innere Wandlung voll-
zogen?

Mit Sorge erfüllt mich die zunehmende Geschichtslosigkeit,
der bewußte Verzicht auf geschichtliche Erfahrung. Wer
glaubt, darauf verzichten zu können, für den bleibt nur die
fanatische Flucht nach vorn, hinein in oft gefährlichste Uto-
pien. Die sinnvolle Weiterexistenz unserer Gesellschaft
braucht die Kontinuität, benötigt die geschichtliche Erfahrung.

Die Wehrmüdigkeit muß ich in diesem Zusammenhang ansprechen. Für manchen mag sie nur modisch sein, doch die Erscheinung selbst ist keine Mode. Sie ist eine gefährliche Entwicklung, der wir alle gegensteuern müssen.
Hier drücken uns Sorgen, hier liegen Aufgaben. Trotzdem dürfen wir sagen: Die, derer wir heute gedenken, sind nicht umsonst gestorben.
Wir müssen es nur begreifen, was ihr Opfer uns gebracht hat. Nichts Geringeres als die Freiheit, das höchste Gut, dessen sich Menschen erfreuen können. Wir alle wissen, daß diese Freiheit kein Geschenk und ein sich selbst erhaltender Wert ist. Wir müssen sie als Aufgabe begreifen und täglich um die Sicherung ihres Bestandes ringen. Gerade auch dazu diene uns ›U 995‹ als Symbol.
Als Kultusminister wünsche ich mir, daß diese Stätte in der Zukunft von vielen jungen Menschen besucht und geehrt wird. Hier sollen sie Geschichte erfahren. Und gerade hier sollen sie erfüllt werden von dem Gefühl für unser Vaterland, das sich in seinen recht verstandenen Werten nicht quantifizieren läßt. Vaterland ist eine Qualität. Sie bewußt zu machen gehört zu dem Bildungsauftrag, den wir übernommen haben.
Es ist eine Aufgabe des Staates, auch dafür zu sorgen, daß dieses Bewußtsein in unseren Schulen und Hochschulen gepflegt wird. Diese Einrichtungen sind eben nicht nur Lehr- und Lernfabriken, sondern hier muß sich auch Erziehung vollziehen. Und zwar Erziehung so, daß unsere Freiheit gewahrt und daß unsere demokratische Ordnung gesichert bleibt. Daß dies so ist, gilt nicht mehr überall als Selbstverständlichkeit. Echt revolutionäre Kräfte sind angetreten und versuchen, die von uns verteidigten Werte wie Freiheit, Demokratie, Leistung, Verantwortung, Treue und Nächstenliebe auszuhöhlen oder als altväterlich zu disqualifizieren. Was sie uns anzubieten haben, ist Utopia – undefiniert, unbewiesen oder ganz einfach nicht möglich und nirgendwo.
Für uns alle steht viel zuviel auf dem Spiel, als daß wir solchem Treiben tatenlos zusehen dürften. Wir wollen nicht alles verlieren und noch einmal von vorne anfangen. Die, derer wir heute gedenken, mahnen uns. Wir sind es ihnen

schuldig, auf sie zu hören. Sie starben für eine bessere Welt;
diese zu gestalten ist unsere Aufgabe.
Und es muß uns gelingen, unsere Jugend für dieses Ziel
nicht nur zu interessieren, sondern sie dafür sogar zu begei-
stern. Möge der heutige Tag dazu ein wichtiger Beitrag
werden.«

(Marine, November 1971, S. 8 f.)

Als 1966 »Katz und Maus« unter der Regie von Hansjürgen
Pohland und unter Mitwirkung von Lars und Peter Brandt,
den Söhnen des damaligen Außenministers Willy Brandt,
verfilmt wurde, entstand eine neue Diskussion, über die im
Nachrichtenmagazin »Der Spiegel« berichtet wird.

Das Dingslamdei

An die Reling des halb in der Ostsee versunkenen russischen
Minenlegers tritt, mit dem Rücken zum Betrachter, ein
klappriger Knabe und beginnt, seine altväterliche Badehose
abzustreifen. Bei etwa hälftig entblößtem Gesäß hält er inne.
Andere Knaben treten herzu, blicken über seine Schultern an
ihm hinab und urteilen neidvoll: »Mensch, doll!«
Später führt der nämliche Knabe, diesmal frontal zum Betrachter, auf dem schrägen Bootsdeck einen wilden Freuden-
tanz auf, wobei er eine geklaute Kriegsauszeichnung nicht
nur durch die Luft, sondern auch kurzfristig in seine zu
diesem Zweck vorn vom Körper abgespreizte Badehose hin-
einbaumeln läßt.
Dies sind zwei Szenen aus dem Lichtspiel, das der Bundes-
filmpreisträger Hansjürgen Pohland nach der »Katz und
Maus« betitelten Novelle des Blechtrommlers Günter Grass
zusammengekurbelt hat. Aber wenn es nach den in Bonns
neuer Regierung vereinigten Interessen des Innenministers
Paul Lücke (CDU) und des Außenministers Willy Brandt
(SPD) geht, dann werden diese Szenen keine deutsche Kino-
leinwand beflecken.
Denn der Knabe an der Reling ist des neuen deutschen Außenministers und Vizekanzlers zweitältester Sohn Lars
Brandt, 15. Und was er da baumeln läßt, ist der alten deutschen Soldaten hoher Orden: das Ritterkreuz.
Was aber für den Es-Pe-De-Wahlhelfer Grass nur ein »Bonbon« ist, ein »Apparat«, ein »galvanisierter Vierklee«, ein

»Ding Ding Ding«, dieses »Dingslamdei«, dieses »Ichsprechesnichtaus«, das ist für die von wachsender NPD-Opposition
beunruhigte Große Koalition gewiß ein ehrenschutzwürdiger
Gegenstand.

Franz-Josef Straußens vielgepriesene politische Wahrschau
hat ihn schon am 21. September, als er noch gar nicht wieder
Minister war, erkennen lassen, daß hier eingeschritten werden müsse: »Tun Sie das Ihre . . .«, bat er im Bundestag den
wehrfreudigen SPD-Kollegen Helmut Schmidt, »daß die
Darbietung von hohen Orden, getragen von jungen Leuten
prominenter Politiker, und das in dem Falle in Danzig bei
der Verfilmung eines Stückes von Günter Grass, entweder
überhaupt nicht erfolgt oder nicht veröffentlicht wird. Sie
wissen, was ich meine.«

Ganz genau wissen es die Beteiligten freilich erst seit der
zweiten Dezemberwoche: seit Willy Brandts engste Mitarbeiter den fertigen Film in Bonn – und Frau Rut Brandt in
Berlin-Lankwitz – vorgeführt bekommen haben. Willy
Brandt selber ist durch seine neuen Pflichten davor bewahrt
worden, sich die Bescherung noch vor den Weihnachtsfeier-
tagen ansehen zu müssen.

Die Bescherung ist vor allem das, was von der pubertären
Do-it-yourself-Erotik, die der Autor Grass seinen jugendlichen
Helden Joachim Mahlke ausüben läßt, in der Film-Fassung
des Berliner Produzenten Hansjürgen Pohland (»Das Brot
der frühen Jahre«) noch übriggeblieben ist: eine Andeutung
bloß und dennoch zuviel.

Mehr jedenfalls, als Willy Brandt annahm – oder gar bil-
ligte –, als er auf Pohlands Drängen seinen Söhnen Peter, 18,
und Lars im Frühjahr 1965 widerstrebend die Erlaubnis gab,
diesen Joachim Mahlke, der seinen enormen Adamsapfel
samt zugehörigen Komplexen durch ein Ritterkreuz zu kompensieren sucht, in verschiedenen Stadien seiner Entwicklung
auf der Leinwand darzustellen (Spiegel 28/66).

Auch Autor Grass (»Loblied auf Willy«) war nicht sicher,
ob man Brandt das antun solle. »Ich ahnte«, so Grass heute
zum Spiegel, »was auf ihn zukommt. Ich sprach mit den
Brandts auch darüber. Sie waren skeptisch. Doch Willy
meinte, seinen Söhnen verbiete sich ohnehin schon vieles;
denn alles, was sie tun, komme gleich in die Presse. Er sah

auch die Chance für die Jungs, nach Polen zu kommen. Er
sagte: ›Ich kann es ihnen nicht verbieten.‹«

Väterliche Fürsorge war es denn auch, was Willy Brandt bei
der Abfassung des »Anstellungsvertrags für Filmschaffende«
leitete, den er und seine Frau am 23. März 1966 unterschrie-
ben. Unter Ziffer 13 (»Besondere Vereinbarungen«) ließ er
die Bedingung aufnehmen, die Dreharbeiten müßten während der großen Ferien stattfinden. Außerdem habe der Produzent darauf zu achten, daß die am Aufnahmeort (Danzig,
heute Gdansk) geltenden gesetzlichen Bestimmungen eingehalten würden. Besonders sei der Genuß von Alkohol zu
vermeiden. Die Gage wurde auf tausend Mark pro Sohn beschränkt.

»Ich gehe davon aus«, ließ Brandt in einem weiteren Ver-
tragszusatz festlegen, »daß diese Bestimmungen nur so an-
gewendet werden, wie es sich gegenüber Minderjährigen,
die die Schule besuchen, verantworten läßt und mit meiner
Stellung in der Öffentlichkeit zu vereinbaren ist.«

Aber dieser Zusatz bezieht sich erkennbar nur auf die Ver-
tragsziffern 9 und 10, in denen lediglich Publicity-Verpflich-
tungen erwähnt werden. Die Bedingung, daß seinen Söhnen
der öffentliche Vollzug irgendwelcher Sexualpraktiken nicht
zugemutet werde – sozusagen die Geschäftsgrundlage seiner
Einwilligung – ließ Willy Brandt, wohl aus Respekt vor
der Freiheit der Künste und im Vertrauen auf die »Freiwillige Selbstkontrolle« der Filmindustrie, vertraglich nicht
fixieren.

Immerhin hatte auch das fachkundig besetzte, dem Innenministerium attachierte »Kuratorium Junger Deutscher Film«
Pohlands Drehbuch, noch in Unkenntnis der Besetzung, am
6. Oktober 1965 förderungswürdig gefunden und damit ein
Darlehen von 300 000 Mark aus Staatsgeldern für »Katz
und Maus« lockergemacht, das normalerweise nur dann zu-
rückgezahlt werden muß, wenn der Film genügend einbringt.

Hermann Höcherl (CSU), damals Innenminister, unternahm
nichts gegen die Gewährung dieser Darlehensprämie. Erst
sein Amtsnachfolger Paul Lücke entdeckte, von Beamten des
Hauses aufmerksam gemacht, einen sittlich begründeten
Widerspruch zwischen Früherotik und Finanzspritze. Wor-
aufhin der Filmreferent des Innenministeriums, Ministerial-

rat Fuchs, am 22. Dezember 1965 bei Pohlands »Modern Art Film« in Berlin anrief und das Anliegen vortrug, die auf den Drehbuchseiten 49 bis 51 beschriebene Pubertätspassage aus dem Film herauszunehmen. Pohland sagte noch am selben Tag fernschriftlich zu, die beanstandete Szene »in geeigneter Weise zu ändern oder ganz zu streichen«.

Aus Gdansk, Gdynia und Umgegend, wo Pohland mit den Brandt-Buben und in Kooperation mit »Film Polski« vom 1. Juli bis 15. August 1966 drehte, kam keine verdachterregende Kunde. Abgesehen von 23 Flohstichen als Andenken an sein Hotel »Dom Marynarza« hatte auch Lars nach Rückkehr nichts Unappetitliches zu melden.

Der fertige Film passierte die »Freiwillige Selbstkontrolle« am 18. November ohne Schnittauflage. Bewertung: Frei ab 18 Jahren, nicht feiertagsfrei.

Zehn Tage darauf, am 28. November, rief eine Dame aus dem Bonner Innenministerium bei Pohland in Berlin an und bat um Übersendung einer Kopie des Films. Wie der Zufall so spielt, war es der nämliche Tag, an dem die Morgenzeitungen meldeten, daß in Bonn die Große Koalition zustande gekommen sei. »Bild«-Schlagzeile: »Jetzt geht's wieder aufwärts!«

Und während das Opus von der »Filmbewertungsstelle Wiesbaden« in der Berufungsinstanz das steuerbegünstigende Prädikat »Wertvoll« bekam (»Filmisch erscheinen dem Ausschuß die Szenen auf dem Boot, auch die Szene der ›männlichen Spiele‹, mit Delikatesse gemacht zu sein«), reagierte das Innenministerium ganz anders.

Pohland empfing einen vom 6. Dezember datierten Brief des Ministerialrats Fuchs, in dem dieser verärgert schrieb, daß die beanstandete Szene ja nun doch – inhaltlich unverändert – in dem Film enthalten und sittlich anstößig sei. Fuchs erbat Stellungnahme und kündigte sein Kommen an.

Er kam am 13. Dezember und hinterließ bei Pohland und dessen Prokuristen Dietrich Krausser den Eindruck, daß Fuchs »Katz und Maus« samt allen Freigaben und Prädikaten am liebsten überhaupt nicht aufgeführt sehen würde. Jedenfalls beanstandete er jetzt nicht nur eine, sondern vier Sequenzen als unanständig und heischte deren Entfernung.

Wenn die Produzenten sich den amtlichen Änderungswünschen widersetzten – so verstanden die Filmleute den Fuchs aus Bonn –, dann wolle das Innenministerium spornstreichs seine, unter anderen Voraussetzungen gewährten, 300 000 Mark wiederhaben.

Doch während man im Bonner Innenministerium daranging, zu prüfen, mit Hilfe welcher Rechtsmittel die längst ausgegebenen 300 000 Mark von der »Modern Art Film« gegebenenfalls wieder beigetrieben werden könnten, fand Pohland, am 19. Dezember, für »Katz und Maus« einen bei Deutschlands Lichtburgherren renommierten Verleiher: Ilse Kubaschewskis »Gloria«. Die Premiere wurde für Anfang Februar in Berlin angesetzt.

In dieser Klemme zwischen dem Staatsinteresse, das sie schon Willy Brandt zuliebe nicht geringschätzen mögen, und dem Anspruch auf künstlerische Freiheit, den sie aber aus Gründen des guten Geschmacks nicht mit voller Wucht vertreten können, fiel den Filmleuten ein finanzieller Ausweg ein.

Pohland-Prokurist Krausser: »Wenn der neuen Bundesregierung der Film nicht gefällt, kann sie ihn ja kaufen. Aber sie soll nicht glauben, daß sie die Entwicklung der letzten Monate auf dem Buckel eines kleinen Produzenten austragen kann.«

Im Vorspann könnte es, so Krausser, dann heißen: »Sie sehen die entschärfte Fassung des Innenministeriums.«

(Der Spiegel, Nr. 53, 26. 12. 1966, S. 22 f., 25)

Aus der Fragestunde im Deutschen Bundestag, 27. Januar 1967:

»Vizepräsident Frau Dr. Probst: Ich rufe die Frage VIII/10 des Abgeordneten Dorn auf:
Aus welchen Beweggründen hat das Bundesinnenministerium für die Erstellung des Films »Katz und Maus« einen Zuschuß von 300 000 DM gezahlt?
Herr Abgeordneter Dorn ist im Saal. Bitte, Herr Staatssekretär!
Dr. Ernst, Staatssekretär im Bundesministerium des Innern: Ich möchte zunächst zur Klarstellung sagen, daß nicht der Film selbst, sondern das Drehbuch mit einer Prämie von 300 000 DM bedacht worden ist. Über die Förderungswürdigkeit von Filmvorhaben befindet ein unabhängiger Aus-

schuß. Diese Regelung ist durch einen Erlaß des Bundesministers des Innern festgelegt und gilt bereits so lange, wie es überhaupt eine Förderung des Filmes durch den Bund in dieser Art gibt. Der Ausschuß ist bei seinen Beschlüssen an bestimmte Richtlinien gebunden, die in diesem Erlaß festgelegt sind. So ist auch bei dem Filmvorhaben ›Katz und Maus‹ verfahren worden. Nach dem Sinn dieser Regelung und unter Beachtung des verfassungsmäßigen Grundsatzes der Freiheit der Kunst ist der Innenminister an diese Beschlüsse gebunden, wenn sie sich an die Richtlinien halten und die Grundsätze unserer verfassungsmäßigen Ordnung nicht verletzen.

Auf Grund des Inhalts des Drehbuches und einer von dem Regisseur und Produzenten abgegebenen zusätzlichen Erklärung bestand danach für den Innenminister keine Möglichkeit, die Zahlung der Prämie zu verweigern.

Vizepräsident Frau Dr. Probst: Eine Zusatzfrage, bitte sehr!

Dorn (FDP): Herr Staatssekretär, teilt die Bundesregierung meine Befürchtung, daß durch Darstellungen in dem Film eine Verunglimpfung des Eisernen Kreuzes erfolgt?

Dr. Ernst, Staatssekretär im Bundesministerium des Innern: Herr Abgeordneter, ich persönlich habe nicht den Eindruck, daß diese Darstellung, so wie sie jetzt aussieht, eine solche Verunglimpfung bedeutet. Man kann darüber verschiedener Meinung sein, Herr Abgeordneter. Aber ich sagte bereits, wir haben in der Verfassung den Grundsatz der Freiheit der Kunst, und die Regierung ist auch bei Maßnahmen, die im sogenannten gesetzesfreien Raum getroffen werden, wie z. B. hier bei der Bewilligung von Prämien, nicht völlig frei in ihren Entscheidungen, sondern sie muß diesen Grundsatz schon beachten, zumal ja dieser Ausschuß eine gewisse Entscheidungsfreiheit hat.

Vizepräsident Frau Dr. Probst: Eine weitere Zusatzfrage des Herrn Abgeordneten Dorn.

Dorn (FDP): Herr Staatssekretär, darf ich Ihre persönliche Auffassung so verstehen, daß sie auch die Auffassung der Bundesregierung ist, oder geben Sie jetzt als Staatssekretär persönliche Erklärungen hier im Hause ab?

Dr. Ernst, Staatssekretär im Bundesministerium des Innern: Ich gebe keine persönlichen Erklärungen im Hause ab, son-

dern ich sage die Meinung des Innenministers. Meine persönliche Meinung wäre sicher ohne jedes Interesse.

(Abg. Dorn: In der Einleitung der Beantwortung sagten Sie
so!)

Die Bundesregierung wird keine Kritik an den Entscheidungen des Ausschusses üben, Herr Abgeordneter. Das würde
dem Wesen dieses Ausschusses widersprechen. Wir haben
nur ein gewisses Vetorecht, wenn gewisse Grenzen bei der
Entscheidungsfreiheit des Ausschusses überschritten werden.
Wir sind der Meinung, daß diese Grenzen in diesem Fall
nicht überschritten worden sind.

Vizepräsident Frau Dr. Probst: Eine Zusatzfrage von Herrn
Spitzmüller. Bitte!

Spitzmüller (FDP): Herr Staatssekretär, durch die Vorbereitung auf die gestrige Fragestunde ist Ihnen der Inhalt des
Ordensgesetzes sicherlich genau bekannt. Ich frage: Sind
Regisseure und Schauspieler nicht gehalten, die Paragraphen
des Ordensgesetzes einzuhalten?

Dr. Ernst, Staatssekretär im Bundesministerium des Innern:
Nein, denn das Tragen von Orden auf Bühnen oder in
Filmen ist kein Tragen im Sinne des Gesetzes.

Vizepräsident Frau Dr. Probst: Ich rufe die Frage VIII/11
des Abgeordneten Dorn auf:

Welche Ereignisse sind inzwischen eingetreten, den in Frage
VIII/10 erwähnten Zuschuß von 300 000 DM von den Produzenten des Films wieder zurückzuverlangen?

Dr. Ernst, Staatssekretär im Bundesministerium des Innern:
Herr Abgeordneter, die Frage geht von einer nicht zutreffen-
den Annahme aus. Die Prämie ist nicht zurückgefordert
worden.

Vizepräsident Frau Dr. Probst: Zusatzfrage.

Dorn (FDP): Herr Staatssekretär, darf ich Sie also so verstehen, daß die bisherigen Verlautbarungen nicht zutreffen,
daß, weil Beanstandungen am Drehbuch nicht berücksichtigt
worden sind, die Bundesregierung den gewährten Zuschuß
zurückgefordert hat?

Dr. Ernst, Staatssekretär im Bundesministerium des Innern:
Die Wünsche, die der Innenminister geäußert hatte, sind inzwischen von dem Regisseur berücksichtigt worden. Nach der
jetzt vorliegenden Fassung sehe ich keine Möglichkeit, die
Prämie zurückzufordern.

Vizepräsident Frau Dr. Probst: Zweite Zusatzfrage.
Dorn (FDP): Herr Staatssekretär, hat die Bundesregierung
schon einmal bei einem anderen Film nach der Prädikatisie-
rung einen bereits gewährten Zuschuß wieder zurückver-
langt?
Dr. Ernst, Staatssekretär im Bundesministerium des Innern:
Das ist mir nicht bekannt, Herr Abgeordneter.«

(Verhandlungen des Deutschen Bundestages.
5. Wahlperiode. Stenographische Berichte
Bd. 63. S. 4120 f.)

Erwin S c h ö n b o r n :

Grundsatzreferat

gehalten am 12. Februar 1967 in Frankfurt a. M. vor den Spitzenver-
tretern von über 75 Soldaten- und Traditionsverbänden

Meine sehr verehrten Damen und Herren, liebe Freunde,
liebe Kameraden!
Wenn immer es in einem Volk nicht mehr weitergeht, wenn
der Sumpf zu groß wird, wenn Korruption und Bestechung,
Demoralisierung und Sittenverfall jede, auch die letzte Ordnung zu zerstören drohen, dann gibt es nur eine Kraft, die
in der Lage ist, das Volk zu retten, und das sind die Soldaten.
Dabei denke ich nicht unbedingt an die offiziellen Waffen-
träger des jeweiligen Staates, sondern ich meine hier die Soldaten im Volk, denen Soldatentum nicht äußerlicher Tand,
sondern innere ethische und sittliche Verpflichtung ist. Und
genau deshalb haben wir, die wir für die heutige Veranstaltung die Verantwortung tragen, die Initiative ergriffen, um
den Versuch zu unternehmen, einmal über alle trennenden
Schranken und über alle kleinlichen Organisationsegoismen
hinweg eine Repräsentation des deutschen Soldatentums in
seiner echten Form zu einer Aktion zusammenzubringen, die
unter dem Motto stehen soll

Soldaten verteidigen ihre Ehre

Wir meinen, wenn der Soldat verpflichtet ist, Volk und Vaterland zu verteidigen, dann muß ihm das Recht zugestanden werden, auch seine eigene Ehre zu schützen.
Wenn der »Fall Lars Brandt« – in Wahrheit ein »Fall Willy
Brandt« – der eigentliche und äußere Anlaß ist, dann ist das

an sich Zufall. Es hätte genau so ein anderer Fall sein können, die Fernsehsendung »Heia Safari« zum Beispiel oder andere Ereignisse in unserem Bereich, die beinahe täglich zur Aktion herausfordern, nur war alles Bisherige nicht derart provozierend, derart verkommen und derart Ehre, Anstand und Würde verletzend und beleidigend wie der »Fall Brandt« in all seinen Gegebenheiten und Konsequenzen.

Wenn wir erfuhren, wer unserem Ruf gefolgt ist, dann können wir darüber unsere große Freude und unsere Dankbarkeit zum Ausdruck bringen, dann glaube ich aber auch, daß wir daraus Hoffnung schöpfen können, die Hoffnung nämlich, daß die Ehre der deutschen Soldaten nicht tot ist, daß deutsche Soldaten noch immer bereit sind, ihre Ehre wirkungsvoll zu verteidigen, woran wir in den letzten Jahren oft zweifeln mußten, denn meine Freunde und meine Kameraden, lassen Sie mich eines schon hier sagen: Wenn die Gegner Deutschlands und die Gegner deutschen Soldatentums, die beide interessanterweise immer identisch sind, so weit gehen konnten, wie sie gingen, dann trifft hieran auch die deutschen Soldaten selbst ein gerütteltes Maß Schuld. Ich meine, als Kameraden, die offen und ehrlich miteinander reden sollen, wie es die Art von Soldaten und von Kameraden ist, sollten wir einmal, gerade am heutigen Tage, selbstkritisch Bilanz ziehen und prüfen, welche Fehler gemacht wurden, mit denen Angehörige der Frontgeneration gleichsam zu Komplizen deutschfeindlicher Kreaturen wurden.

Vorher jedoch darf ich auf einige Fragen eingehen, die im Zusammenhang mit unserer heutigen Tagung auftauchten und die in Antwortbriefen auf unsere Einladung eingegangen sind. Neben begeisterter Zustimmung, die bei weitem überwog, erhielten wir natürlich auch skeptische und durchaus wohlmeinende, belehrende Briefe. Ich gehe zwangsläufig nur auf die Fragen ein, die wesentlich sind.

1. zum Beispiel schreibt ein Kamerad, es wäre doch besser gewesen, wenn nicht ein privater Kreis, sondern wenn eine Organisation gewissermaßen federführend für die Aktion gezeichnet hätte. Hierzu unsere Stellungnahme:

Genau das Gegenteil ist richtig. Wir haben natürlich daran gedacht. Wir meinen jedoch, daß eine Organisation mit all ihren Schranken und Barrieren nach innen und außen in

diesem Fall nicht die Breite hätte gewinnen können, die
für diese Aktion nötig ist, wenn sie Erfolg haben soll. Hier
ergibt sich aus jahrelangen Erfahrungen im politischen und
soldatischen Organisationsbereich folgende Quintessenz:
Die Organisation, die aufgrund ihrer qualitativen und quan-
titaven Breite eine durchschlagende Wirkung mit einer Aktion erzielen könnte, scheut die Aktion, das heißt, sie scheut
die echte, wirkungsvolle Aktion, warum auch immer und
die Organisation, die diese echte und wirkungsvolle Aktion
nicht scheut, erzielt nicht die hierfür nötige qualitative und
quantitative Breite.
Deshalb, und nur deshalb sind wir heute in der Breite an
Qualität und Quantität vertreten, weil keine Organisation
hinter der Veranstaltung steht, sondern ein Kreis völlig unabhängiger Kameraden, der nur soldatisch verbunden ist
und der allerdings glücklicherweise über eine gewisse hierfür
nötige Routine und über das Maß an Phantasie verfügt,
eine solche Tagung vorzubereiten und – wie wir hoffen –
auch gut über die Bühne zu bringen.
2. wurde gesagt: die Beleidigung richte sich nur gegen das
Ritterkreuz, ergo wäre nur die Ordensgemeinschaft der Ritterkreuzträger befugt, die Protestaktion zu veranstalten. (Der
Hinweis kommt übrigens nicht aus Kreisen der O. d. R.!) –
Ich glaube, die anwesenden Ritterkreuzträger sind mit uns
einer Meinung, daß dieses Argument – ich überspitze ein wenig – von Willy Brandt persönlich stammen könnte, um die
Aktion zur Mini-Aktion zu machen. Aber nicht nur aus diesem Grund halten auch wir nicht mit dem Ritterkreuz ausgezeichneten Soldaten uns für befugt, diese Aktion zu aktivieren und zu tragen. Abgesehen davon, daß auch ein Träger des Ritterkreuzes zu unserem losen Frankfurter Kreis
gehört, warum sollen sich die Träger des EK I oder des EK II
nicht genau so durch den Brandt-Sohn beleidigt fühlen? Und,
meine Kameraden, wieso soll nicht auch der gefallene Kamerad beleidigt sein, der am 2. oder 3. Tag des Polenfeldzuges
für Deutschland sein Leben ließ und der keinen Orden erhalten konnte, dessen Grab aber das Eiserne Kreuz schmückt?
Und tragen nicht alle Denkmäler für unsere Gefallenen das
Eiserne Kreuz? Und wurden nicht auch alle Frauen und Müt-
ter dieser gefallenen Kameraden durch diese Vorgänge beleidigt? – Das 1813 gestiftete Symbol deutschen Soldatentums,

der in Form und Gehalt eindeutig schönste Orden der Militärgeschichte aller Völker, steht für alle Soldaten, und deshalb dürfte für keinen Soldaten ein Zweifel bestehen, daß die Verunglimpfung des deutschen Ordens durch den Brandt-Sohn alle Soldaten ohne Ausnahme trifft.

3. haben sich Stimmen gemeldet, die fragen, ob denn die Aktion nicht überflüssig ist, weil doch der Film beschnitten sei und die in Westdeutschland gezeigte Fassung keine Verunglimpfung des Eisernen Kreuzes darstelle. Diese Auskunft will man von Staatssekretär Dr. Ernst vom Innenministerium erhalten haben. Wir wissen nicht, welche Einstellung Herr Dr. Ernst zum E. K. hat. Die Szenen, die laut eindeutiger Bezeugung heute noch in Berlin gezeigt werden, sind auf jeden Fall nach wie vor derart widerlich, daß es unvorstellbar ist, wie ein Mensch mit ethischem Niveau, diese nicht als anstößig empfinden kann. Die Frage ist hier allerdings, ob man Staatssekretären in Bonn Vorwürfe machen soll über mangelndes Gefühl für Anstand und Würde, wenn sich exponierte Soldaten durch solche Auskünfte besänftigen lassen. Auch wenn der Film überhaupt nicht mehr laufen würde, wäre die Tatsache des Mitwirkens der Söhne des Bundesaußenministers ein grenzenloser Skandal, und im übrigen gelten die Schnitte am Film nur für die Bundesrepublik. Im Ausland und möglicherweise in unserer mitteldeutschen Heimat läuft der Film ungekürzt. Wir erleben hier offenbar erneut, was uns nicht zum ersten Mal passiert, daß nämlich Exponenten des deutschen Soldatentums aktiviert werden oder sich selbst aktivieren, um einer Aktion, wie wir sie planen, den Wind aus den Segeln zu nehmen, um sie zum Scheitern zu bringen. Und damit bin ich bei dem angekündigten Thema, wieweit nämlich Soldaten mitschuldig sind an der allgemeinen Situation.

Auch hier nur einige Beispiele:

Sie wissen, daß noch jahrelang nach dem Kriege, und zum Teil bis zum heutigen Tage, sich deutsche Soldaten als Kriegsgefangene im Gewahrsam auch sogenannter befreundeter Nationen im Bereich der NATO befanden und noch befinden, wie zum Beispiel in Belgien, Holland und Italien. Wir meinen, wenn sich zum gegebenen Zeitpunkt alle Soldaten soldatisch, nämlich kameradschaftlich und solidarisch verhalten hätten, dann wären alle Kriegsgefangenen längst

frei. Und wir stellen die konkrete Frage: Haben sich alle
Soldaten richtig verhalten, die bedenkenlos und übereifrig
die Uniform der Bundeswehr angezogen haben?

Als man sich bemühte, unter Verzicht auf die Durchführung
des Morgenthauplanes die ehemaligen deutschen Soldaten
für die neue westdeutsche Wiederaufrüstung zu gewinnen,
da war die Angelegenheit eine reine Prioritätsfrage. Die verantwortlichen Staatsmänner des Westens wollten damals zur
Konsolidierung des Status quo, zur Verewigung der Spaltung
Deutschlands, die Wiederbewaffnung des westdeutschen Teil-
staates. Diese Forderung hatte absolute Priorität und alle
Wünsche der umworbenen deutschen Soldaten wären zweifellos erfüllt worden, wenn sie nur standhaft und geschlossen vorgebracht worden wären. Mit dem Verzicht auf diese
selbstverständliche soldatische Pflicht gegenüber den kriegsgefangenen Kameraden begann letztlich die Kette von Un-
verständlichkeiten, mit denen deutsche Soldaten ihre Ehre
mehr als einmal aufs Spiel setzten und zu denen zum Beispiel auch der Fall eines Exponenten einer heiß umstrittenen
Truppe gehört, der zum gleichen Zeitpunkt, als die offizielle
Presse der SPD von übelsten Hetztiraden gegen deutsche
Soldaten strotzte, öffentlich erklärte, die SPD hätte sich
immer besonders verständnisvoll gegenüber den Wünschen
der Waffen-SS gezeigt. Um diese Truppe ging es nämlich.
Um Ihnen zu zeigen, wie unverständlich uns eine solche
Erklärung sein mußte – bei allem Verständnis für die Be-
mühungen um die 131er Versorgung – zitiere ich aus dem
Organ des Landesverbandes Berlin der SPD »Berliner
Stimme« vom 17. Mai 1958, wo es genau zu dem erwähn-
ten Zeitpunkt unter anderem wörtlich heißt:

»Des Führers liebste Kinder

25 Jahre ist es her, daß eine Gangsterbande, wie sie alle
Zuchthäuser der Welt nicht zusammenstellen könnten, sich
anschickte, Deutschland, ihr ›Vaterland‹ und Europa zu zerstören. Es ist ihnen gelungen. Heute, 13 Jahre nach dem
Fiasko, als dessen Opfer Millionen Tote und Krüppel auf der
Strecke blieben, fordern Mörder, Räuber und Zuhälter des
NS-Regimes oder deren Nachkommen von der Demokratie
die Genehmigung, ihre Beute in Ruhe zu verzehren. Vor
den Spruchkammern erscheinen sie oder ihre teuern Hinter-

bliebenen nun wieder, nachdem sie ganz sicher sind, daß ihnen außer dem Zuspruch einer angemessenen Pension, Entschädigung für in der Demokratie erlittenes Unrecht, nichts aber auch gar nichts passieren kann.

Erhält die Gattin des irdischen Satans in Person Heydrich von der Bundesrepublik nicht eine angemessene Rente, bekommen nicht der Herr SS-Obergruppenführer, Gauleiter Lohse ... und Nazi-Generale von Papa Ramcke zu Kesselring die ihnen gebührenden Gebühren ...«

So gäbe es viele Beispiele, die wir in den letzten Jahren registrieren mußten und die mehr und mehr den notwendigen Graben zuschütteten, der die anständigen Deutschen von den antideutschen und antisoldatischen Kreisen trennen muß. Und nur so ist es zu erklären, daß eine der größten Instinktlosigkeiten unserer Tage geschehen konnte, auf die uns ein Teilnehmer an der heutigen Tagung dankenswerterweise schriftlich hinwies, die wir nur als kurze Pressenotiz gelesen hatten.

Die Schande von Aurich

Ein Brigadegeneral veranstaltete mit 1000 Gästen, darunter neben Admiralen, Generalen und dem Kommandierenden General der Luftwaffengruppe Nord in der Auricher Blücher-Kaserne eine Dichterlesung mit Günter Grass, also mit dem Mann, der in jedem seiner Werke das deutsche Soldatentum in widerlichster Weise in den Dreck zieht. Meine Freunde, nichts kann deutlicher zeigen, wie stumpf das Ehrgefühl gewisser deutscher Soldaten geworden ist, und wir können nur hoffen, daß es noch nicht zu spät ist, die Ehre der deutschen Soldaten in ihrer Gesamtheit wieder herzustellen. Wie notwendig die Aktion der Frontgeneration ist, zeigt überdeutlich der Vorfall in Aurich, der ein ewiger Schandfleck in der deutschen Militärgeschichte sein wird.

Ursächlich steht hiermit in Zusammenhang auch unsere Einstellung zu Fragen, die oft trennend zwischen uns Soldaten stehen und die ich bewußt heute nicht ansprechen will, um keine Barrieren zu errichten zwischen Kameraden, die sich einig sind in der Ablehnung der Beschmutzung deutscher Orden durch den Brandt-Sohn. Soviel aber lassen Sie mich doch sagen: Die Moral ist unteilbar, genau so wenig wie die Ehre teilbar ist. Und wer keine rechte Moral gegenüber seinem Volk und gegenüber dem Deutschen Reich gekannt hat, in dessen Familie kann eben auch die allgemeine Moral nicht in Ordnung sein. – Und ich habe mich gefragt angesichts der Tatsache, daß ein 15jähriger Junge nichts dabei findet, sich mit derart widerlichen Szenen öffentlich zu prostituieren, wie sie uns durch ernstzunehmende Publikationsorgane geschildert werden: In welcher geradezu grauenhaften familiären Atmosphäre muß dieser letztlich bedauernswerte Junge aufgewachsen sein, der für sein ganzes Leben gezeichnet sein wird, der keinen wirklichen, anständigen Freund mehr haben kann, und der eines Tages nur eine Frau aus asozialen Kreisen, nämlich aus der Gosse finden wird, weil keine anständige Familie einem solchen im Kern verdorbenen Wesen seine Tochter zur Frau geben kann.

Für uns Deutsche, mit Verantwortung gegenüber dem deutschen Volk, gegenüber der deutschen Familie und vor allem gegenüber der deutschen Jugend, für uns ergeben sich daraus eindeutige Konsequenzen, nämlich es nicht dabei bewenden zu lassen, gegen die Verunglimpfung deutscher Orden zu protestieren, sondern ganz eindeutig die Aktion so auszurichten, daß der Verantwortliche für diese Affäre, der Außenminister der Deutschen Bundesrepublik, aus dem Blickpunkt der Öffentlichkeit verschwindet, weil er ganz einfach nicht mehr als Leitbild für deutsche Familien erscheinen darf. Ich habe nur die eine Hoffnung, daß wir, die wir heute hier versammelt sind – Generale, Oberste, Majore, Hauptleute, Leutnants, Feldwebel, Unteroffiziere und Gefreite geschlossen und solidarisch sind und bleiben.

Napoleon hat einmal sinngemäß gesagt: Die Geschicke eines Volkes werden nicht mit den Generalen und Obersten, sondern mit den Leutnants und Feldwebeln der vergangenen Epoche gelöst. Strafen wir heute hier Napoleon Lügen! Beweisen wir der Welt, daß es keinen Rangunterschied bei deutschen Soldaten gibt, wenn es gilt, ihre Ehre zu verteidigen, und ich bin überzeugt, wenn wir heute hier ein Beispiel geben, dann wird in Kürze vom Generalfeldmarschall oder Großadmiral bis zum letzten Grenadier eine einzige Phalanx stehen, an denen alle Feinde Deutschlands und alle Feinde deutschen Soldatentums zerbrechen werden.

Zeigen wir Mut und gehen wir an die Arbeit!

(Schönborn: Soldaten verteidigen ihre Ehre.
Frankfurt a. M.: Bierbaum 1974. S. 21–25)

V. Literaturhinweise

1. Ausgaben

Katz und Maus. Eine Novelle. Neuwied/Berlin: Luchterhand, 1961. ⁹1981.

Katz und Maus. Eine Novelle. Hamburg: Rowohlt, 1963. (rororo 572.)

Katz und Maus. Eine Novelle. Danziger Trilogie 2. Neuwied/Darmstadt: Luchterhand, 1974. ²⁸1988. (Sammlung Luchterhand. 148.)

Katz und Maus. Eine Novelle. Mit Illustr. von Günther Stiller. Frankfurt a. M. / Zürich: Büchergilde Gutenberg, 1977.

Katz und Maus. Eine Novelle. Berlin: Volk und Welt, 1984. (Volk-und Welt-Spektrum. 192.)

Katz und Maus. Eine Novelle. 9. Aufl. München: Deutscher Taschenbuch Verlag, 1999. (dtv 11822.)

Katz und Maus. Eine Novelle. Mit einem dokumentar. Anh. Frankfurt a. M.: Suhrkamp, 2000. (Bibliothek Suhrkamp. 1332.)

Katz und Maus. Eine Novelle. Nachw. von Volker Neuhaus. Mit Bildern von Jacky Gleich. München: Deutscher Taschenbuch Verlag, 2001. (Reihe Hanser. 62049.)

Katz und Maus. Eine Novelle. In: G. G.: Werkausgabe in 10 Bänden. Hrsg. von Volker Neuhaus. Bd. 3: Katz und Maus. Hundejahre. (Krit. durchges. mit Komm. und Nachw.) Darmstadt/Neuwied: Luchterhand, 1987.

Katz und Maus. Hrsg. von Volker Neuhaus. In: G. G.: Werkausgabe in 16 Bänden und 23 CDs. Hrsg. von Volker Neuhaus und Daniela Hermes. Bd. 4. Göttingen: Steidl, 1997.

Katz und Maus. Hrsg. von Volker Neuhaus. In: G. G.: Das literarische Werk [in 17 Bdn. – Edition zum Literaturnobelpreis.] Hrsg. von Volker Neuhaus und Daniela Hermes. Bd. 4. Göttingen: Steidl, 1999.

Filmfassung:

›Katz und Maus‹. Produzent und Regisseur: Hansjürgen Pohland, Kameramann: Wolf Wirth. Pilenz: Wolfgang Neuß. Mahlke: Lars und Peter Brandt. Außenaufnahmen: Danzig 1966. (35 mm, s/w, 88 Min.) Uraufführung: 2. Februar 1967 im Berliner »Atelier am Zoo«. Wiederholung im Fernsehen: 5. August 1974, ARD/Süddeutscher Rundfunk.

›Katz und Maus‹. Videocassette 16 mm. Deutsch mit Untertiteln auf Englisch, Französisch, Spanisch oder Portugiesisch. Vertrieb: Inter Nationes. Vertriebsnummer: IN 1396.

›Katz und Maus‹. Videocassette (VHS, 85 Min.; s/w) München: Transit Film, [© 1999]. (Transit Classics.)

2. Forschungsliteratur

Bibliographie

Neuhaus, Volker / Hermes, Daniela: Günter Grass. [Auswahlbibliographie:] 1. Werkverzeichnis, 2. Sekundärliteratur. In: Kritisches Lexikon zur deutschsprachigen Gegenwartsliteratur (KLG). München. [Fortlaufende Aktualisierung.]

Schwarz, Wilhelm Johannes: Übersicht über die Grass-Kritik. In: W. J. Sch.: Der Erzähler Günter Grass. Bern ²1971. S. 82–121.

Allgemeine Darstellungen

Adler, Hans / Hermand, Jost (Hrsg.): Günter Grass. Ästhetik des Engagements. New York [u. a.] 1996.

Angenendt, Thomas: »Wenn Wörter Schatten werfen«. Untersuchungen zum Prosastil von Günter Grass. Frankfurt a. M. [u. a.] 1995.

Arnold, Heinz Ludwig (Hrsg.): Günter Grass. München ⁶1997. (Text & Kritik. 1.)

Beyersdorf, Herman: Childhood and Adolescence in the Prose Works of Günter Grass. (Synopsis.) In: Australasian Universities Language and Literature Association 15 (1973 [1974]) S. 11, 14.

Boßmann, Timm: Der Dichter im Schußfeld. Geschichte und Versagen der Literaturkritik am Beispiel Günter Grass. Marburg 1997.

Brandes, Ute: Günter Grass. Berlin 2000. [Neuaufl.]

Brode, Hanspeter: Die Zeitgeschichte im erzählenden Werk von Günter Grass. Versuch einer Deutung der ›Blechtrommel‹ und der ›Danziger Trilogie‹. Frankfurt a. M. / Bern 1977.

Cepl-Kaufmann, Gertrude: Günter Grass – Eine Analyse des Gesamtwerks unter dem Aspekt von Literatur und Politik. Kronberg i. Ts. 1975.

– Verlust oder poetische Rettung? Zum Begriff ›Heimat‹ in Günter Grass' ›Danziger Trilogie‹. In: Literatur und Provinz. Das Konzept ›Heimat‹ in der neueren deutschen Literatur. Hrsg. von Hans Georg Pott. Paderborn 1986. S. 61–83.

Durzak, Manfred: Arno Holz, Alfred Döblin, Günter Grass. Zur Tradition von politischer Dichtung in Deutschland. Stockholm 1972.

Enderstein, Carl O.: Zahnsymbolik und ihre Bedeutung in Günter Grass' Werken. In: Amsterdamer Beiträge zur neueren Germanistik 4 (1975) S. 135–155. – Auch in: Monatshefte für deutschen Unterricht, deutsche Sprache und Literatur 66 (1974) H. 1. S. 5–18.

Gerstenberg, Renate: Zur Erzähltechnik von Günter Grass. Heidelberg 1980.

Görtz, Franz Josef: Günter Grass. Zur Pathogenese eines Markenbildes. Die Literaturkritik der Massenmedien 1959–1969. Eine Untersuchung mit Hilfe datenverarbeitender Methoden. Meisenheim a. G. 1978.

Haslach, Anja Martina: Die Stadt Danzig-Gdansk und ihre Geschichte im Werk von Günter Grass. In: Studia Germanica Gedanensia 6 (1998) S. 93–110.

Hille-Sandvoß, Angelika: Überlegungen zur Bildlichkeit im Werk von Günter Grass. Stuttgart 1987.
– Zwischen Brokdorf und den Weiden im März – Günter Grass und der Fluß der Zeit. In: Alexander Ritter (Hrsg.): Literaten in der Provinz – Provinzielle Literatur? Schriftsteller einer norddeutschen Region. Heide 1991. S. 163–174.
Ide, Heinz: Dialektisches Denken im Werk von Günter Grass. In: Studium Generale 21 (1968) S. 608–622.
Köpf, Gerhard: Hund und Katz und Maus, Schnecke, Butt und Ratte. Frankfurt a. M. 1987.
Koopmann, Helmut: Günter Grass. Der Faschismus als Kleinbürgertum und was daraus wurde. In: Gegenwartsliteratur und Drittes Reich. Hrsg. von Hans Wagner. Stuttgart 1977. S. 163–182.
Labroisse, Gerd / Stekelenburg, Dick van (Hrsg.): Günter Grass: ein europäischer Autor? Amsterdam [u. a.] 1992.
Mews, Siegfried: Günter Grass und das Problem der deutschen Nation. In: Zwischen Traum und Trauma – die Nation. Transatlantische Perspektiven zur Geschichte eines Problems. Hrsg. von Claudia Mayer-Iswandy. Tübingen 1994. S. 111–127.
Michaelis, Rolf: Brauchen täten wir ihn schon, aber wollen tun wir ihn nicht. Günter Grass und die Aufnahme seiner Werke vor allem bei Kritikern der Bundesrepublik. In: Günter Grass. München ⁶1988. [Neufass.] (Text & Kritik. 1.) S. 120–127.
Moser, Sabine: Günter Grass. Romane und Erzählungen. Berlin 2000.
Müller-Schwefe, Hans-Rudolf: Sprachgrenzen. Das sogenannte Obszöne, Blasphemische und Revolutionäre bei Günter Grass und Heinrich Böll. München 1978.
Neubert, Brigitte: Der Außenseiter im deutschen Roman nach 1945. Bonn 1977.
Neue Aspekte der Grass-Forschung. Studia Germanica Posnaniensa 12 (1983).
Neuhaus, Volker: Das dichterische Selbstverständnis und seine Entwicklung bei Günter Grass. In: Gunter E. Grimm (Hrsg.): Metamorphosen des Dichters. Frankfurt a. M. 1992. S. 274–285.
– Günter Grass. Stuttgart ²1993. (Sammlung Metzler. 179.)
– Günter Grass. In: Deutsche Dichter des 20. Jahrhunderts. Hrsg. von Hartmut Steinecke. Berlin 1994. S. 715–725.
– Schreiben gegen die verstreichende Zeit. Zu Leben und Werk von Günter Grass. München 1997.
– / Hermes, Daniela: Die ›Danziger Trilogie‹ von Günter Grass. Texte, Daten, Bilder. Frankfurt a. M. 1991.
Pelster, Theodor: Günter Grass. Stuttgart 1999.
Reddick, John: Vom Pferdekopf zur Schnecke. Die Prosawerke von Günter Grass zwischen Beinahe-Verzweiflung und zweifelnder Hoffnung. In: Heinz Ludwig Arnold / Theo Buck (Hrsg.): Positionen im deutschen Roman der sechziger Jahre. München 1974. S. 39–54.
– The ›Danzig-Trilogy‹ of Günter Grass. London 1975.

Richter, Frank-Raymund: Die zerschlagene Wirklichkeit. Überlegungen zur Form der ›Danzig-Trilogie‹ von Günter Grass. Bonn 1977.
– Günter Grass. Die Vergangenheitsbewältigung in der ›Danziger Trilogie‹. Bonn 1979.
Rothenberg, Jürgen: Günter Grass – Das Chaos in verbesserter Ausführung. Zeitgeschichte als Thema und Aufgabe des Prosawerks. Heidelberg 1977.
Schwarz, Wilhelm Johannes: Der Erzähler Günter Grass. Bern ³1975.
– Günter Grass. In: Benno von Wiese (Hrsg.): Deutsche Dichter der Gegenwart. Berlin 1973. S. 560–572.
Stolz, Dieter: Vom privaten Motivkomplex zum poetischen Weltentwurf. Konstanten und Entwicklungen im literarischen Werk von Günter Grass (1956–1986). Würzburg 1994.
– Günter Grass zur Einführung. Hamburg 1999. (Zur Einführung. 186.)
Swiatlowski, Zbhiew: Das verknotete Wurzelwerk der erinnernden Phantasie. Günter Grass' Suche nach dem Land der Polen. In: Literatur im Kulturgrenzraum. Bd. 2: Hrsg. von Izabella Golec und Tadeusz Namowicz. Lublin 1994. S. 45–56.
Tank, Kurt Lothar: Günter Grass. Berlin ⁵1974.
Vormweg, Heinrich: Günter Grass. 4., erg. und aktual. Aufl. Reinbek bei Hamburg 1998. (rowohlts monographien. 50359.)
Wolff, Rudolf (Hrsg.): Günter Grass. Werk und Wirkung. Bonn 1986.

»Katz und Maus«

Bahners, Klaus [u. a.] (Hrsg.): Günter Grass: ›Katz und Maus‹. Hollfeld 1998.
Bauer-Pickar, Gertrud: The Aspect of Colour in Günter Grass' ›Katz und Maus‹. In: German Life and Letters 23 (1970) H. 2. S. 304–339.
– Intentional Ambiguity in Günter Grass' ›Katz und Maus‹. In: Orbis litterarum 26 (1971) S. 232–245.
Behrendt, Johanna E.: Die Ausweglosigkeit der menschlichen Natur. Eine Interpretation von Günter Grass' ›Katz und Maus‹. In: Zeitschrift für deutsche Philologie 87 (1968) S. 546–562. – Wieder in: Rolf Geißler (Hrsg.): Günter Grass. Ein Materialienbuch. Darmstadt/Neuwied 1976. S. 115–135.
– Auf der Suche nach dem Adamsapfel. Der Erzähler Pilenz in Günter Grass' Novelle ›Katz und Maus‹. In: Germanisch-Romanische Monatsschrift 19 (1969) H. 3. S. 313–326.
Biermann, Heinrich / Klothen, Winfried: Günter Grass: ›Katz und Maus‹ – ein literarisches Werk in der öffentlichen Kontroverse. In: H. B. / W. K.: Literatur und Öffentlichkeit. Düsseldorf 1980. ²1982. S. 95–126.
Bruce, James C.: The Equivocating Narrator in Günter Grass' ›Katz und Maus‹. In: Monatshefte für deutschen Unterricht, deutsche Sprache und Literatur 58 (1966) H. 2. S. 139–149.

Croft, Helen: Günter Grass' ›Katz und Maus‹. In: Seminar 9 (1973) S. 253–264.

Dahne, Gerhard: Zur Problematik des Geschichtsbewußtseins im Werk von Günter Grass. Greifswald 1970. [Zu »Katz und Maus« S. 223–250.]

Durzak, Manfred: Entzauberung des Helden. Günter Grass: ›Katz und Maus‹ (1961). In: Winfried Freund (Hrsg.): Deutsche Novellen. Von der Klassik bis zur Gegenwart. München 1993. S. 265–277.

Ezergailis, Inta M.: Günter Grass' ›Fearful Symmetry‹. Dialectic, Mock, and Real in ›Katz und Maus‹ and ›Blechtrommel‹. In: Texas Studies in Literature and Language 16 (1974/75) S. 221–235.

Friedrichsmeyer, Erhard M.: Aspects of Myth, Parody, and Obscenity in Grass' ›Die Blechtrommel‹ and ›Katz und Maus‹. In: The Germanic Review 40 (1965) H. 3. S. 240–250.

Frye, Lawrence O.: Günter Grass, ›Katz und Maus‹, and gastro-narratology. In: Germanic Review 68 (1993) S. 176–184.

Hasselbach, Ingrid: Günter Grass. ›Katz und Maus‹. München 1998.

Hillmann, Roger: Erzähltechnische Probleme in Günter Grass' ›Katz und Maus‹. In: Erzählung und Erzählforschung im 20. Jahrhundert. Hrsg. von Rolf Kloepfer und Gisela Janetzke-Dillner. Stuttgart 1981. S. 319–325.

Kaiser, Gerhard: Günter Grass. ›Katz und Maus‹. München 1971.

Karthaus, Ulrich: ›Katz und Maus‹ von Günter Grass – eine politische Dichtung. In: Der Deutschunterricht 23 (1971) S. 74–85.

Krueger, Werner: Mystisch, barbarisch, gelangweilt: Zu Günter Grass, ›Katz und Maus‹. In: Acta Germanica 12 (1980) S. 185–196.

Lucke, Hans: Günter Grass' Novelle ›Katz und Maus‹ im Unterricht. In: Der Deutschunterricht 21 (1969) S. 86–95.

Maier, Wolfgang: Moderne Novelle. Günter Grass' ›Katz und Maus‹. In: Sprache im technischen Zeitalter 1 (1961) S. 68–71.

Neubauer, Martin (Hrsg.): Günter Grass' ›Katz und Maus‹. München 1998.

Neuhaus, Volker: Belle Tulla sans merci. In: Arcadia 5 (1970) S. 278–295.
– ›Katz und Maus‹. In: V. N.: Günter Grass. Stuttgart 1979. S. 66–81.

Ottinger, Emil: Zur mehrdimensionalen Erklärung von Straftaten Jugendlicher am Beispiel der Novelle ›Katz und Maus‹ von Günter Grass. In: Monatsschrift für Kriminologie und Strafrechtsreform 5/6 (1962) S. 175–183. – Wieder in: Gert Loschütz (Hrsg.): Von Buch zu Buch – Günter Grass in der Kritik. Eine Dokumentation. Neuwied/Berlin 1968. S. 38–48.

Paschke, Wolfgang (Hrsg.): Lektürehilfe Günter Grass – ›Katz und Maus‹. Stuttgart 2001.

Pelster, Theodor: ›Katz und Maus‹. Eine Novelle. In: Th. P.: Günter Grass. Stuttgart 1999. S. 68–75.

Pfeiffer, John R.: ›Katz und Maus‹. Grass' Debt to Augustine. In: Papers on Language and Literature 7 (1971) S. 279–292.

Piirainen, Ilpo Tapani: Textbezogene Untersuchungen über ›Katz und Maus‹ und ›Hundejahre‹. Bern 1968.

Plagwitz, Frank: Die Crux des Heldentums. Zur Deutung des Ritterkreuzes in Günter Grass' ›Katz und Maus‹. In: Seminar 32 (1996) Nr. 1 S. 1–14.

Reddick, John: The Eccentric Narrative World of Günter Grass. Aspects of ›Die Blechtrommel‹, ›Katz und Maus‹ and ›Hundejahre‹. Diss. Oxford 1970. [Masch.]

– Eine epische Trilogie des Leidens? ›Die Blechtrommel‹, ›Katz und Maus‹, ›Hundejahre‹. In: Günter Grass. München ⁵1978. (Text & Kritik. 1/1a.) S. 60–73.

– ›Cat and mouse‹. In: J. R.: The Danzig Trilogy of Günter Grass. London 1975. Tl. 2. S. 87–169.

Ritter, Alexander: Günter Grass: ›Katz und Maus‹. In: Interpretationen. Erzählungen des 20. Jahrhunderts. Bd. 2. Stuttgart 1996. S. 117–133.

Roberts, David: The Cult of the Hero. An Interpretation of ›Katz und Maus‹. In: German Life and Letters 29 (1976) H. 3. S. 307–322.

Roche, Georges: Jeunesse et dissidence sous le national-socialisme. Quelques remarques a propos ›Katz und Maus‹ de Günter Grass et ›Abseits als sicherer Ort‹ de P. Brückner. In: Revue d'Allemagne 13 (1981) S. 107–122.

Ruhleder, Karl H.: A Pattern of Messianic Thought in Günter Grass' ›Cat and Mouse‹. In: The German Quarterly 39 (1966) S. 599–612.

Ryan, Judith: Resistance and Resignation: A Re-interpretation of Günter Grass' ›Katz und Maus‹. In: Germanic Review 52 (1977) H. 2. S. 148–165.

Scherf, Rainer: ›Katz und Maus‹ von Günter Grass. Literarische Ironie nach Auschwitz und der unausgesprochene Appell zu politischem Engagement. Marburg 1995.

Sera, Manfred: Der Erzähler als Verfolgter in der Novelle ›Katz und Maus‹ von Günter Grass. In: Zeitschrift für Deutsche Philologie 96 (1977) H. 4. S. 586–604.

Spaethling, Robert H.: Günter Grass' ›Cat and Mouse‹. In: Monatshefte für deutschen Unterricht, deutsche Sprache und Literatur 62 (1970) H. 2. S. 141–153.

Tank, Kurt Lothar: Denn was mit ›Katz und Maus‹ begann … In: K. L. T.: Günter Grass. Berlin ⁵1974. S. 59–64.

Thomas, N. L.: An Analysis of Günter Grass' ›Katz und Maus‹ with Particular Reference to the Religious Themes. In: German Life and Letters 26 (1972/73) H. 3. S. 227–238.

Thomas, Noel: Günter Grass' ›Katz und Maus‹. Glasgow 1992.

Tiesler, Ingrid: Günter Grass: ›Katz und Maus‹. München 1971. ²1985.

Uhlmann, Frank: Satirisch-parodistische Darstellung des Dritten Reiches bei Günter Grass: eine Untersuchung zu ›Blechtrommel‹ und ›Katz und Maus‹. Marburg 1996.

Zimmermann, Werner: Günter Grass: ›Katz und Maus‹. In: W. Z.: Deutsche Prosadichtungen unseres Jahrhunderts. Bd. 2. Düsseldorf 1969. S. 267–300.

Ergänzende Literatur und Dokumentationen

Arnold, Heinz Ludwig: Gespräche mit Günter Grass. In: Günter Grass. München [5]1978. (Text & Kritik. 1/1a.) S. 1–39. [Zit. als: Text & Kritik 1/1a.]
– Großes Ja und kleines Nein. Fragen zur politischen Wirkung des Günter Grass. In: H. L. A.: Brauchen wir noch die Literatur? Düsseldorf 1972. S. 81–86.
– Gespräche mit Schriftstellern. München 1975.
– (Hrsg.): Blech getrommelt. Günter Grass in der Kritik. Göttingen 1997.
– / Görtz, Franz Josef (Hrsg.): Günter Grass – Dokumente zur politischen Wirkung. Stuttgart/München/Hannover 1971. [Zit. als: Arnold/Görtz.]
Baumgart, Reinhard: Deutsche Gesellschaft in deutschen Romanen. In: R. B.: Literatur für Zeitgenossen. Frankfurt a. M. 1966. S. 37–58.
Bielefeld, Claus-Ulrich / Grass, Günter / Stolz, Dieter: »Der Autor und sein verdeckter Ermittler« – ein Gespräch. In: Sprache im technischen Zeitalter 34 (1996) S. 289–314.
Braun, Fritz / Lange, Carl: Die freie Stadt Danzig. Natur, Kultur und Geschichte. Leipzig [1929].
Burckhardt, Carl Jacob: Meine Danziger Mission 1937–1939. Gesammelte Werke. Bd. 3. München 1971.
Carstenn, Edward: Führer durch Danzig. Kleine Ausgabe. Mit Stadtplan und Abbildungen. 2. Aufl. Danzig [o. J.] [[1]1926.]
Dombrowski, Hanns (Hrsg.): Orden, Ehrenzeichen und Titel des nationalsozialistischen Deutschlands. Textausgabe. Berlin 1940.
Durzak, Manfred (Hrsg.): Zu Günter Grass. Geschichte auf dem poetischen Prüfstand. Stuttgart 1985.
Edschmid, Kasimir: Rede auf den Preisträger (zur Verleihung des Georg-Büchner-Preises an Günter Grass). Deutsche Akademie für Sprache und Dichtung. Darmstadt. Jahrbuch 1965. S. 82–91.
Epp, Waldemar: Danzig – Schicksal einer Stadt. Esslingen 1983.
Geißler, Rolf (Hrsg.): Günter Grass. Ein Materialienbuch. Darmstadt/Neuwied 1976.
Görtz, Franz Josef (Hrsg.): Günter Grass: Auskunft für Leser. Darmstadt/Neuwied 1984.
Grass, Günter: Rückblick auf ›Die Blechtrommel‹ oder der Autor als fragwürdiger Zeuge. Ein Versuch in eigener Sache. Zuerst im WDR am 16. 12. 1973. Abdruck in: Günter Grass. Ein Materialienbuch. Hrsg. von Rolf Geißler. Darmstadt/Neuwied 1976. S. 80–85.
Grass, Günter / Zimmermann, Harro: Vom Abenteuer der Aufklärung. Werkstattgespräche. Göttingen 1999 [u. ö.].
Grathoff, Dirk: Schnittpunkte von Literatur und Politik. Günter Grass und die neuere deutsche Grass-Rezeption. In: Basis 1 (1970) S. 134–152.
Grün, Max von der: Wie war das eigentlich? – Kindheit und Jugend im Dritten Reich. Darmstadt 1980.

Grunert, Manfred / Grunert, Barbara (Hrsg.): Wie stehen Sie dazu? Jugend fragt Prominente. München/Bern 1967. [Vgl. S. 74–86.]

Grunert-Bronnen, Barbara (Hrsg.): Pubertät. 22 Autoren zu einem Thema. München 1973.

Hermes, Daniela (Hrsg.): Die Deutschen und ihre Dichter. Essays, Gedichte, Interviews. München 1995.

– Der Autor als fragwürdiger Zeuge. Essays, Gedichte, Interviews. München 1997.

Hoffmann, Erich: Das Conradinum. Geschichte einer Danziger Schule im Abriß. Remagen 1968.

Hütte, Werner Otto: Die Geschichte des Eisernen Kreuzes und seine Bedeutung für das preußische und deutsche Auszeichnungswesen von 1813 bis zur Gegenwart. Diss. Bonn 1968.

Jens, Walter: Erwachsene Kinder: Das Bild des Jugendlichen in der modernen Dichtung. In: W. J.: statt einer litaraturgeschichte. Pfullingen ⁵1962. S. 135–159.

Klöne, Arno: Jugend im Dritten Reich. Die Hitler-Jugend und ihre Gegner. Dokumente und Analysen. Köln 1982.

Koch, Hannsjoachim W.: Geschichte der Hitlerjugend. Percha [um 1979].

Kunst oder Pornographie? Der Prozeß Grass gegen Ziesel. Eine Dokumentation. München 1969.

Lewald, Hans: Danzig – so wie es war. Düsseldorf 1974.

Loschütz, Gert (Hrsg.): Von Buch zu Buch – Günter Grass in der Kritik. Eine Dokumentation. Neuwied / Berlin 1968. [Zit. als: Loschütz.]

Matthiesen, Hayo: Pädagogik kann nicht alles. Gespräch mit Günter Grass. In: Die Zeit. 31. 10. 1975. S. 33 f.

Muchow, Hans-Heinrich: Sexualreife und Sozialstruktur der Jugend. Hamburg 1959. (rde 94.)

– Jugend und Zeitgeist. Morphologie der Kinderpubertät. Reinbek 1962.

Nikolaisen, Hans-Dietrich: Die Flakhelfer. Luftwaffenhelfer und Marinehelfer. Berlin / Frankfurt a. M. 1981.

Papenfuß: Geschichte der katholischen Kirche in Danzig. Danzig 1937.

Rothenberg, Jürgen: Anpassung oder Widerstand? Über den ›Blechtrommler‹ Günter Grass und sein Verhältnis zur Zeitgeschichte. In: Germanisch-Romanische Monatsschrift 25 (1975) S. 176–198.

Rukmann, Rüdiger: Danzig. Geschichte einer deutschen Stadt. Würzburg 1971.

Schätz, Ludwig: Schüler-Soldaten. Die Geschichte der Luftwaffenhelfer im Zweiten Weltkrieg. Frankfurt a. M. 1972.

Schiffels, Walter: Geschichte(n) Erzählen. Über Geschichte, Funktionen und Formen historischen Erzählens. Kronberg i. Ts. 1975.

Schönborn, Erwin: Der Fall Brandt in ›Katz und Maus‹. In: E. Sch.: Soldaten verteidigen ihre Ehre. Frankfurt a. M. 1974. S. 7–34.

Serke, Jürgen: pornographie und blasphemie sind keine literarischen begriffe. ein gespräch mit Günter Grass – andrzej wajda verfilmt die novelle ›Katz und Maus‹. In: upi. Kultur. 14. 10. 1963.

Strohmeyer, Hanns: Hansestadt Danzig. Führer durch Stadt und Umgebung. Danzig [1941]. (Mit Stadtplan von Danzig und Danzig-Langfuhr.)
Wolff, Eric W.: Günter Grass. Werk und Wirkung. Bonn 1986.

3. Journalistische Rezeption

[anon.:] In: Die Barke, Frankfurt a. M., H. 1, 1962.
[anon.:] In: Die Besinnung. Nürnberg, Dezember 1964.
[anon.:] In: erlesenes, Gießen, 17. 12. 1962.
[anon.: (Ernst Heinzmann):] In: Lady, Konstanz, Oktober 1962.
[anon.: (Rudolf Mattausch):] In: Literarischer Ratgeber, Würzburg, Oktober 1961.
[anon.:] In: Lübecker Nachrichten, 26. 11. 1961.
[anon.: (Herbert Peitsch):] In: Norddeutsche Nachrichten, Hamburg, 27. 4. 1962.
[anon.:] In: Offenbach Post, 21. 11. 1961.
[anon.:] In: Die Quelle, Köln, Nr. 3, März 1962.
[anon.: (Helmut Olles):] In: Die Welt der Bücher, Freiburg i. Br., Nr. 6, 1961.
[anon.:] Chronik eines bewegten Lebens. In: Mannheimer Allgemeine Zeitung, November 1961.
[anon.:] Grass' Ritterkreuz-Groteske. In: Fränkische Presse, Bayreuth, 25. 11. 1961.
[anon.:] Günter Grass: Katz und Maus. In: magnum, Köln, H. 39, Dezember 1961.
[anon.:] Günter Grass: Katz und Maus. In: Wilhelmshavener Zeitung, 19. 4. 1962.
[anon.:] Herr Grass, das riecht nach Masche. In: Duisburger General-Anzeiger, 17. 11. 1961.
[anon.:] Katz und Maus. In: Brücke, Berlin, Dezember 1961.
[anon.:] Katz und Maus. Das Dingslamdei. In: Der Spiegel 20 (1966) Nr. 53, S. 22–25.
[anon.:] Meister eines vulgären Stils. In: Herner Zeitung, 8. 12. 1961.
[anon.:] Nur mit der Zange anzufassen! In: Das Ritterkreuz, April 1962. Wieder in: Gert Loschütz (Hrsg.): Von Buch zu Buch – Günter Grass in der Kritik. Eine Dokumentation. Neuwied / Berlin 1968. S. 48–50.
[anon.:] Pornographie oder schockierende Kunst? In: Hannoversche Rundschau, 25./26. 11. 1961.
[anon.:] Unflätiger Grass. In: Das Deutsche Wort, Köln, 1. 9. 1963.
[anon.:] Wallerands Weh (Grass-Kritik). In: Der Spiegel 16 (1962) Nr. 9, S. 68 f.
A., F.: Katz und Maus. In: druck und papier, Stuttgart, 1. 2. 1962.
Arnold, Heinz Ludwig: Katz und Maus im Sack gekauft. In: Badische Neueste Nachrichten, Karlsruhe, 19. 5. 1962.

ay [Alfred Mayerhofer]: Günter Grass: Katz und Maus. In: Generalanzeiger der Stadt Wuppertal, 6. 12. 1961.

B., A. [Alfred Brugger]: Der neue Grass. In: Der Allgäuer, Kempten, 8. 12. 1961.

B., W. [Wolfgang Bühl]: Grass spielt Katz und Maus. In: Nürnberger Nachrichten, 17. 11. 1961; Neue Presse, Coburg, 30. 11. 1961; Die Freiheit, Mainz, 8. 12. 1961.

Baranowsky, W.: Das Holz aus dem man Helden schnitzt. In: Das andere Deutschland, Hannover, Januar 1962.

Baumgart, Reinhard: Günter Grass: Katz und Maus. In: Neue Deutsche Hefte, Januar 1962.

Black, R.: Katz und Maus. In: Panorama, München, Dezember 1961.

Burkhardt, Benno: Im literarischen Experimentierfeld. In: Hannoversche Allgemeine Zeitung, 3./4. 2. 1962.

Caban, Jacques: ›Le chat et la souris‹ par Günter Grass. In: L'Express, Paris, 29. 11. 1962.

Carpelan, Bo: Günter Grass. In: Hufstudstadsbladet, Helsinki, 28. 12. 1962.

-ch-: Katz und Maus. In: Der Bogen, Berlin, Januar 1962.

Courtenay, Claire: Le jeu dangereux du ›chat et la souris‹. In: Nouveau Candide, Paris, 29. 8. 1962.

Cysarz, Herbert: Verdient unsere Zeit diesen Bestseller? In: Deutsche National-Zeitung und Soldatenzeitung, München, 15. 11. 1963.

Dahne, Gerhard: Wer ist Katz und wer ist Maus? In: Neue Deutsche Literatur, November 1965; Neues Deutschland, November 1965. Wieder in: Gert Loschütz (Hrsg.): Von Buch zu Buch – Günter Grass in der Kritik. Eine Dokumentation. Neuwied / Berlin 1968. S. 35–37.

Dillmann, Willi: Nun trommeln sie wieder Blech. In: Neue Bildpost, Nr. 22, 30. 5. 1965, S. 2.

–e. [Hans Franke]. In: Neckar-Echo, Heilbronn, 25./26. 11. 1961.

Eichholz, Armin: In: twen, München, Nr. 7, 1962.

–elha–: Ein virtuoser Provokateur. In: Der Nordschleswiger, 29. 9. 1962.

Enright, D. J.: After the Dwarf. In: New York Statesman, 23. 8. 1963.

Enzensberger, Hans Magnus: Wilhelm Meister, auf Blech getrommelt. (Zusatz: Der verständige Anarchist.) In: H. M. E.: Einzelheiten. Frankfurt a. M. 1962. S. 227–233.

– Trommelt weiter. In: Frankfurter Hefte, Dezember 1961.

–er: Nur mit der Zange anzufassen! In: Alte Kameraden. Zeitschrift für Kameradenwerke und Traditionsverbände 1, 1962.

Eyssen, Jürgen: Günter Grass' ›Katz und Maus‹. In: Bücherei und Bildung 2 (1962) S. 75.

F., K. [Kurt Fried]: Der Große Mahlke und das Dingslamdei. In: Donauzeitung, Ulm, 5. 10. 1961.

Fehse, Willi: Chronique scandaleuse der Kriegsjugend. In: Stuttgarter Nachrichten, 18. 11. 1961.

fh [Oskar Fehrenbach]: In: Schwäbisches Tageblatt, Tübingen, 13. 10. 1961.

Fink, Humbert: Dennoch mehr als ein Abfallprodukt. In: Die Presse, Wien, 9. 11. 1961.
– Gut, besser, fast am besten. In: Deutsche Zeitung, Köln, 25./26. 11. 1961.
Fischer, Gerd: Vom Dingslamdei. In: Neue Rheinzeitung, Essen, 7. 10. 1961.
Franzel, Dr.: In: Der Büchermarkt, München, H. 1, 1962.
Gensecke, Hanns: Wie man ein Held wird. In: Telegraf am Sonntag, Berlin, 3. 12. 1961.
Gneuss, Christian: Mehr als ein Sprachkunstwerk. In: Die Neue Gesellschaft, Bielefeld, H. 3, Mai/Juni 1962.
–gpf–: In: Der Mittag, Düsseldorf, 2. 12. 1961.
Grözinger, Wolfgang: Epik ohne Gesellschaft. In: Hochland, 2. 12. 1961.
h., w.: In: Wilhelmshavener Rundschau, 28. 11. 1961.
Hartung, Rudolf: Norddeutscher Rundfunk, Hannover, 6. 11. 1961.
– Porträt eines Kriegshelden. In: Der Tagesspiegel, Berlin, 26. 11. 1961. Südwestfunk, Baden-Baden, 5. 4. 1962.
HB [Hans Berndt]: Katz und Maus. In: Weser-Kurier, Bremen, 19. 4. 1962.
Heise, H.-J.: Günter Grass: Katz und Maus. In: Konkret, 5. 11. 1961.
Hensel, Georg: Nicht nur von der Maus gefressen. In: Darmstädter Echo, 18. 11. 1961.
Hoffmann, O. M.: Katz und Maus. In: Berliner Stimme, 28. 10. 1961.
Höller, Franz: Das Kraftgenie aus Danzig. In: Ost-West-Kurier, Frankfurt a. M. 1961.
Holzinger, Alfred: In der Nachfolge der Blechtrommel. In: Wort und Wahrheit, Freiburg i. Br., H. 2, 1962.
Horst, Karl-August: Ferne Trommelschläge. In: Merkur 15 (1961) S. 1197 f.
Hübner, Hans: Ein Nebenprodukt der ›Blechtrommel‹. In: Hildesheimer Allgemeine Zeitung, 27./28. 1. 1962.
Ihlenfeld, Kurt: Rarität und Realität. In: Eckart-Jahrbuch 1961/62. Witten/Berlin 1961. S. 278 ff.
Kaiser, Joachim: Die Unbefangenheit des Raubtiers. In: Süddeutsche Zeitung, München, 7./8. 10. 1961. Ausführlicher: Süddeutscher Rundfunk, Stuttgart, 1. 2. 1962.
Karasek, Hellmuth: Der Knorpel am Hals. In: Stuttgarter Zeitung, 11. 11. 1961. Wieder in: Gert Loschütz (Hrsg.): Von Buch zu Buch – Günter Grass in der Kritik. Eine Dokumentation. Neuwied/Berlin 1968. S. 27 f.
Kayser, Beate: Grass überwuchert die Stadt Danzig. In: Merkur, 21. 10. 1961.
Klunker, Heinz: Unpathetisches Denkmal für Mahlke. In: Europäische Begegnung, Hannover, Juni 1962.
Kö, Dr.: In: Unser Danzig, Lübeck, 5. 1. 1961.
Korn, Karl: Ferne Trommelschläge. In: Frankfurter Allgemeine Zeitung, 7. 10. 1961. Wieder in: Gert Loschütz (Hrsg.): Von Buch zu Buch –

Günter Grass in der Kritik. Eine Dokumentation. Neuwied / Berlin 1968. S. 28–31.

KPF: Hinreißend. In: Welt der Arbeit, Köln, 10. 11. 1961.

Kr. [Karl-Heinz Krüger]: In: Der Abend, Berlin, 10. 11. 1961.

Lattmann, Dieter: Bayerischer Rundfunk, München, 11. 11. 1961.

Luidley, Denver: Disarming the Nazi-Era with Gallows Humor. In: New York Herald Tribune Books, 7. 4. 1963.

m.: Die Katze mit dem Ritterkreuz. In: Die Andere Zeitung, Hamburg, 26. 10. 1961.

M., Dr. F.: Das Ritterkreuz am Adamsapfel. In: Westfälische Rundschau, Dortmund, 22./23. 11. 1961.

Migner, Karl: Günter Grass: Katz und Maus. In: Welt und Wort 16 (1961) S. 345 f.

Mudrich, Heinz: Was erzählen deutsche Erzähler? In Saarbrücker Zeitung, 22. 2. 1962.

MvH [Michael von Hamm]: Günter Grass: Katz und Maus. In: Schleswiger Nachrichten, 24. 1. 1962.

n., a.: Katz und Maus. In: Fränkische Volkszeitung, Schweinfurt, 29. 12. 1961.

Nöhbauer, Hans F.: Joachim Mahlkes Vierklee. In: Abendzeitung, München, 25. 10. 1961.

Nolte, Jost: ›Ich schreibe, denn das muß weg.‹ In: Die Welt, Hamburg, 29. 10. 1961. Wieder in: Gert Loschütz (Hrsg.): Von Buch zu Buch – Günter Grass in der Kritik. Eine Dokumentation. Neuwied / Berlin 1968. S. 31–34.

port [Gerhard Portele]: ›Das Dingslamdei‹. In: Mannheimer Morgen, 4. 11. 1961.

Ra., Dr. [Friedrich Rasche]: ›Katz und Maus‹. In: Hannoversche Presse, 28./29. 10. 1961.

Rainer, Wolfgang: Welt im Adamsapfel. In: Der Tag, Berlin, 3. 12. 1961.

Rand, Max: Günter Grass. Katz und Maus. In: Unsi suomi, Helsinki, 5. 5. 1963.

Reich-Ranicki, Marcel: Die Geschichte des Ritterkreuzträgers. In: Die Zeit, 10. 11. 1961,

Ricaumont, Jacques: ›Le chat et la souris‹ par Günter Grass. In: Combat, Paris, 10. 1. 1963.

Roth, Richard R.: Im kommerziellen Kielwasser der ›Blechtrommel‹. In: Die Kultur, München, Oktober 1961.

S., M: [Manfred Schwan]: In: Der Heimkehrer, Bad Godesberg, 25. 1. 1962.

sb: Halsschmerzen. In: Evangelischer Digest, München, Februar 1964.

Schauser, Karlheinz: Ein Nachtrag zur Blechtrommel. In: Deutsche Post, Frankfurt a. M., 20. 4. 1962; Zeitwende, Nr. 5, 1962.

Schlossarek, G. Dieter: Eine Novelle von Günter Grass. In: Die Bücherkommentare, 15. 11. 1961.

Schüler, Gerhard: ›Katz und Maus‹. In: Südkurier, Konstanz, 30. 12. 1961.

Schulz, L.: dpa, Hamburg, 30. 11. 1961.

Schwedhelm, Karl: Eine Danziger Wucht. Süddeutscher Rundfunk, Stuttgart, 5. 11. 1961; Düsseldorfer Nachrichten, 23. 12. 1961.

– Danziger schweres Goldwasser. In: St. Galler Tagblatt, 19. 11. 1961.

Schwerbrock, Wolfgang: Günter Grass: Katz und Maus. Eine Novelle. Hessischer Rundfunk, Frankfurt a. M., 26. 11. 1961.

Segebrecht, Dietrich: Günter Grass' ›Katz und Maus‹. In: Bücherei und Bildung 2 (1962) S. 73–75.

Spender, Stephen: ›Cat and Mouse‹. In: New York Times, 11. 8. 1963.

Stutzke, Peter: Klein ist Günter Grass' Neuigkeit. In: Der Kurier, Berlin, 25. 10. 1961.

Todd, Oliver: ›Le chat et la souris‹. In: France Observateur, Paris, 18. 10. 1962.

Villelaur, Anne: ›Le chat et la souris‹. In: Les Lettres Françaises, 14. 12. 1962.

Wagenbach, Klaus: Günter Grass: Katz und Maus. In: Evangelischer Literaturbeobachter, Dezember 1961, S. 882 f.

Wallerand, Theodor: Günter Grass, ein Danziger Schriftsteller? In: Unser Danzig 3 (1962) S. 8.

Wallraf, Karlheinz: Umstrittene Bücher. Günter Grass: Katz und Maus. In: Bücherei und Bildung 4 (1962) S. 186 f.

Widmer, Walter: Baal spielt Katz und Maus. In: National-Zeitung, Basel, 19. 12. 1961. Wieder in: Gert Loschütz (Hrsg.): Von Buch zu Buch – Günter Grass in der Kritik. Eine Dokumentation. Neuwied / Berlin 1968. S. 34 f.

Winkler-Sölm, Oly: Junge Literatur. In: Deutsche Rundschau, Baden-Baden, Februar 1962.

Wolken, Karl Alfred: Neues aus der Kaschubei. In: Christ und Welt, 20. 10. 1961.

Zampa, Giorgio: Günter Grass. In: La Stampa, Rom, 22. 1. 1964.

Inhalt